W0314053

Kohlhammer

Praktische Theologie heute

Herausgegeben von

Stefan Altmeyer
Christian Bauer
Kristian Fechtner
Thomas Klie
Helga Kohler-Spiegel
Benedikt Kranemann
Isabelle Noth
Birgit Weyel

Band 185

Thomas Klie / Jakob Kühn (Hrsg.)

Kasualdinge

Anmutung und Logik kirchlicher Gegenstände

Verlag W. Kohlhammer

1. Auflage 2023

Alle Rechte vorbehalten

© W. Kohlhammer GmbH, Stuttgart
Reproduktionsvorlage: Frank Hamburger, Rostock
Gesamtherstellung: W. Kohlhammer GmbH, Stuttgart

Print:
ISBN 978-3-17-041482-2

E-Book-Format:
pdf: 978-3-17-041483-9

Für den Inhalt abgedruckter oder verlinkter Websites ist ausschließlich der jeweilige Betreiber verantwortlich. Die W. Kohlhammer GmbH hat keinen Einfluss auf die verknüpften Seiten und übernimmt hierfür keinerlei Haftung.

Dieses Werk einschließlich aller seiner Teile ist urheberrechtlich geschützt. Jede Verwendung außerhalb der engen Grenzen des Urheberrechts ist ohne Zustimmung des Verlags unzulässig und strafbar. Das gilt insbesondere für Vervielfältigungen, Übersetzungen, Mikroverfilmungen und für die Einspeicherung und Verarbeitung in elektronischen Systemen.

Inhalt

Thomas Klie, Jakob Kühn
KasualDinge – Einleitung 7

Hans Peter Hahn
Umstrittene Dinge –
Zur konstitutiven Ambivalenz bedeutungsvoller Objekte 29

Gustav Roßler
Der Anteil der Dinge an der Gesellschaft. Eine Skizze 45

Christian Grethlein
Die Taufe und die Taufdinge 61

Sonja Beckmayer
Konfirmationsdinge
Konfirmationsbibel, Urkunde und Gruppenfoto
mit Pfarrperson und ihr Einfluss auf die Konfirmand:innen-Zeit 73

Kristian Fechtner
Trauringe, Brautkleid & zwei Stühle vor dem Altar
Die Bedeutung der Dinge in der kirchlichen Trauung 85

Manuel Stetter
Handschuh und Handschmeichler
Die Partizipation der Dinge an der Konstitution der Toten 97

Emilia Handke
Unter Bäumen
Empirische Analysen zum Wald als Trauer- und Bestattungsort
aus der Sicht von Angehörigen, Pastor*innen und
freien Ritualbegleiter*innen 113

Jakob Kühn
Die Kasualrede und ihre Dinglichkeit
Artefaktorientierte Überlegungen zu einem Praxisphänomen der Homiletik 131

Autorinnen und Autoren 147

KasualDinge – Einleitung

Thomas Klie, Jakob Kühn

1. Die Tücke des Objekts

Die in diesem Band versammelten Aufsätze entwerfen eine absichtsvoll verstörende Sicht auf die evangelische Kasualkultur. Denn im Vordergrund stehen weder seelsorgliche[1] noch kybernetische[2] Aspekte, auch spielen hier die in jüngster Zeit prominent vorgetragenen religionstheoretischen[3] und zeitdiagnostischen[4] Sichtweisen nur eine untergeordnete Rolle. Im Zentrum des Interesses stehen vielmehr die verschiedenen *Sachverhalte*, die sich im Kontext von Kasualien abbilden. Es geht also darum, wie sich die Sachen, die im gottesdienstlichen Geschehen in Gebrauch genommen werden, zu ihrem rituellen Resonanzraum verhalten. Wo bestehen sublime Wechselwirkungen zwischen liturgischem Habitus und liturgischem Hantieren? In welche zeremoniellen Abhängigkeiten drängt die Formation aus kirchenräumlichen Gegebenheiten und notwendigen Darstellungshandlungen?[5] Wie werden Berührungen von Objekten begründet und wahrgenommen?[6] Welche Verbindung gehen Kanzel bzw. Ambo mit der an bzw. mit ihnen agierenden Predigerin ein?[7] Welche Umstände bereitet der Umgang mit unbelebter Materie im Kontext religiöser Handlungen?[8]

Die leitende Generalthese eines solchen Zugriffs auf *Kasualdinge* setzt voraus, dass die Objekte, die die kasuellen Darstellungshandlungen religiös orchestrie-

---

1 Exemplarisch WAGNER-RAU, Segensraum.

2 Vgl. BOHREN, Unsere Kasualpraxis.

3 Vgl. GRÄB, Lebensgeschichten; FECHTNER, Kirche.

4 Vgl. STECK, Horizonte; DERS., Praktische Theologie, insbes. S. 192–461.

5 Wo werden z.B. in einer weiträumigen Kirche die Brautstühle als Platzanweiser auf der Achse zwischen Altar/Bühne und Kirchenschiff/Publikum positioniert? Vgl. dazu den Beitrag von Kristian Fechtner in diesem Band.

6 Die Frage, ob Pfarrpersonen bei der Bestattung den Sarg bzw. die Urne berühren (etwa während des Geleitworts), wird unter Pfarrerinnen und Pfarrern erfahrungsgemäß kontrovers diskutiert. Vgl. hierzu BROUWER, Abschied.

7 Eine wichtige Rolle in der homiletischen Präsenz spielen hier die Hände, die sich an der Kanzelbrüstung festhalten oder sich auf dem Ambo abstützen bzw. sich – im anderen Extrem – diskret verbergen. Thomas Kabel rät ganz lapidar: „Aber bitte nur auflegen, nicht ablegen." KABEL, Handbuch, S. 67.

8 Hier wären z.B. als kritische Kontaktzonen zu nennen: das Eingießen des Taufwassers und das Übergießen beim Taufakt, das Austeilen von Brot und Wein beim Abendmahl, der dreimalige Erdwurf bei der Beisetzung, die (optionale) Salbung bei der Konfirmation. Zum Gebrauch von Salböl vgl. KUNZ, Salböl. – Im Blick auf den Umgang mit Elementen wissen erfahrene Pfarrpersonen ein ganzes Konvolut von Erzählungen des Scheiterns beizutragen. – Instruktiv hierzu PÉPIN, Schönheit.

ren, immer auch Bedeutungsträger sind, sich also nicht einfach neutral „verhalten“. Selbst als weitgehend stumme Teilhaber des Rituals vermögen sie durchaus zu „sprechen“.[9] Auch wenn solche Dinge zumeist sehr diskrete pastorale Vertraute abgeben, die allenfalls sporadisch wahrgenommen werden, sind sie doch gerade bei den Kasualien oft zentrale Handlungsträger. Die Taufschale bei der Taufe[10], der Ringteller bei der Trauung[11], das Kniekissen bei der Konfirmation oder das Urnenpostament bei den Trauerfeiern fallen oft nur dann als solche ins Auge, wenn sie fehlen, unangemessen positioniert werden oder im konkreten Verwendungszusammenhang Probleme bereiten. In der pastoralen Alltagsroutine werden Kasualdinge als vorhanden vorausgesetzt und als zweckmäßig betrachtet. Dinge spielen in der Dramaturgie einer Kasualie allenfalls die Rolle von Komparsen, so das dominante evangelische Narrativ. Man hat sich daran gewöhnt, die Kasualtheorie an den Erscheinungen außerhalb des erkennenden Subjekts vorbei zu denken. Die Gegebenheiten der objektiven Realität, etwa die Prinzipalstücke oder die verschiedenen liturgischen Requisiten, sind zwar zu berücksichtigende Begleitumstände, aber als Objekte eigenen Rechts kaum evangelischer Rede wert, schon gar nicht einer praktisch-theologischen. Exegetische Text-, interpersonale Beziehungs- und sozialweltliche Statusanalysen firmieren als kasualtheoretische Standards, Dinganalysen erscheinen – wenn überhaupt – im Fußnotenapparat oder im Petit.

Dabei sind die Dinge in liturgicis aufs Engste mit bestimmten Prozeduren verknüpft. Diese Verbindung ist sogar so eng, dass sie auch außerhalb des Vollzugs die religionskulturellen Umgangsformen symbolisiert. Ein Taufbecken in einer leeren Kirche lässt eben an den Kasus der Taufe denken. Während des Gottesdienstes erfordern Kasualdinge von den agierenden Pfarrpersonen spezifische Anpassungsleistungen, weil sie die „objektiven“ Bestandteile von Darstellungsüblichkeiten sind. Objekt und Funktion fordern immer auch ein Verhalten-zu. Den Dingen selbst sind diese Nutzungsroutinen und Gebrauchseigenschaften eingeschrieben (Affordanz), aber sie unterliegen auf die Dauer ihres Gebrauchs auch Umnutzungsdynamiken[12] bis hin zu Musealisierungen[13].

Der für die Praktische Theologie, insbesondere die Kasualtheorie noch relativ junge Fokus auf die Dinge im Zusammenhang mit den Amtshandlungen ist motiviert durch die Hinwendung weiter Teile der Kulturwissenschaften zur Materialität der kulturellen Mitwelt (*material turn*). Dort wird schon seit etlichen

9 Zur „sprechenden“ Performanz der Dinge vgl. den instruktiven Sammelband KUMLEHN, M. et al. (Hg.), Dinge zum Sprechen bringen.

10 Thomas Kabel merkt im Zusammenhang „Liturgischer Präsenz“ hervor: „Bei den Requisiten herrscht in Bezug auf die Größe einer Taufschale häufig die Vorstellung, dass es möglich wäre, aus einer Schale, die vielleicht drei bis vier Zentimeter tief ist, vernünftig Wasser zu schöpfen. Auch wenn das Requisit aus dem 16. Jahrhundert stammt, ist es dadurch doch nicht wertvoller, was die Aufgabe angeht, Wasser zum Fließen zu bringen.“ KABEL, Handbuch, S. 26.

11 Vgl. ebd., S. 59ff.

12 Oft sind Patenen als Ringteller in Gebrauch.

13 So manche ausgediente Kirchenglocke dient im Eingangsbereich der Kirche als Schaustück.

Jahren vermehrt die Frage gestellt, welches Wissen sich in kulturell geschaffenen und verwendeten Objekten vergegenständlicht bzw. wie es sich in verschiedenen Gebrauchszusammenhängen artikuliert.

Wie die Kasualdinge als religiöse Zeichen semiotisch mehrdeutig sind, so sind sie materialiter eigenlogisch und bisweilen auch widerständig. Schon die Etymologie liefert erste Hinweise darauf, dass ein Objekt keineswegs in seiner konventionalisierten Handhabung aufgeht. Sprachgeschichtlich verbirgt sich hinter dem *Objekt* etwas „Entgegengeworfenes". Zunächst können dies (im Plural) „Vorwürfe", „Beschuldigungen", „Einwände" sein, dann aber auch (im Mittelateinischen der Scholastik) der „sich den Sinnen darbietende Gegenstand", „Ziel". *Obiectum* als die Substantivierung des neutralen Partizip Perfekt von latein. *obicere* steht für „entgegenwerfen", „-stellen", „vorsetzen", „darbieten", „vorwerfen".[14] Die sprichwörtliche Tücke des Objekts[15] spiegelt sich etymologisch vermutlich genau in dieser sublimen Widerspenstigkeit dessen, was sich einem da materialiter entgegenstellt, vorgesetzt bzw. entgegengeworfen wird. In einem Objekt lauert offenbar ein auf den ersten Blick nicht erkennbarer tückischer (diabolischer?) Eigensinn, der sich mit einer unkalkulierbaren Regelmäßigkeit bei der Ingebrauchnahme offenbart. Das banale Gegeben-Sein von (Alltags-)Gegenständen geht eben nicht einfach in Statik, Gravität und Dienlichkeit auf. Und darum wird es oft tückisch, wenn es zu einer Kooperation kommt, der Gegenstand also einem Subjekt zuhanden sein soll, dann aber unter Umständen, die kaum verobjektivierbar sind, seine Handlichkeit verweigert.

2. Die Praktische Theologie und die Dinge

Die Praktische Theologie, die oft direkt und bisweilen unkritisch, aber immer zeitnah die wesentlichen Einsichten aus den Kultur- und Sozialwissenschaften rezipiert, tat sich mit dem *material turn* eher schwer.[16] Das Interesse für die materialen Aspekte der Religionskultur wurde erst ganz allmählich geweckt. Es liegen bislang nur wenige Arbeiten bzw. empirische Forschungen zu religiösen *Sachverhalten* vor. Die stillschweigende Exkommunikation der Dingwelt aus dem praktisch-theologischen Diskurs überrascht auf den ersten Blick, denn die übergroße Zahl empirischer Qualifikationsarbeiten, von denen nicht wenige einen ethno-

---

14 Als Substantivierung des neutralen Part. Perf. (*obiectum*) von latein. *obicere*: entgegenwerfen, -stellen, vorsetzen, darbieten, vorwerfen (vgl. lat. *ob* ‚entgegen, vor, über etw. hin, wegen, für' und *iacere* ‚werfen'). – BERLIN-BRANDENBURGISCHE AKADEMIE DER WISSENSCHAFTEN (Hg.), DWDS.

15 Diese Redensart geht vermutlich auf den deutschen Literaturwissenschaftler und Philosophen Friedrich Theodor Vischer zurück, der damit in seinem zweibändigen Roman von 1879, Auch Einer. Eine Reisebekanntschaft, die lästige Renitenz von Alltagsgegenständen bezeichnete.

16 Der folgende Abschnitt folgt weitgehend KLIE, Wie die Praktische Theologie zur Sache kam.

graphischen Theoriezugriff für sich beanspruchen, hätte die Vermessung von Objekt-Relationen durchaus wahrscheinlich gemacht. Doch das Ausblenden personaler bzw. pastoraler Ding-Arrangements hat theologiegeschichtliche Gründe, genauer: konfessionelle Gründe. Sie liegen – systematisch – im nominalistischen Grundzug lutherischer Theologie und – sakramententheologisch – in der evangelischen Abendmahlslehre. So hält die Konkordienformel den evangelischen Konsens in folgender Bestimmung fest: „Nihil [...] potest extra [...] usum."[17] Die Wirksamkeit des Sakraments liegt nicht etwa in seiner heiligen Substanz, sondern nur im religiösen Gebrauch. Der Usus heiligt die Dinge – „heilige Dinge" sind genau nicht evangelischer Usus. Aus diesem Grund zählen Tabernakel in protestantischen Kirchen nicht zur sakralen Grundausstattung. Denn nur in der Performanz der Darreichung, in der die Verheißung, so Gott will, auf eine gläubige Akzeptanz trifft, wird ein Ding zum Heilsding. Das Ding wirkt dann, und zwar *nur* dann, wenn es *in usum* durch die geistgewirkte Bedeutungszuschreibung der Glaubenden zu einem Sakrament gemacht wird. Transsubstantiationen und heilige Dinge *extra et post usum* sind evangelisch nicht denkbar. Diese theologisch berechtigte Abwertung von Seins-Verhältnissen in Sachen Religion zieht sich durch die gesamte Theologiegeschichte; sie wurde jeweils durch mentale, kulturelle und philosophische Einflüsse weiter verstärkt.

Die ganz andere Entwicklung in der katholischen Liturgie zeigt dagegen Peter Handke: „Mit Hilfe der Messe lernen die Priester, schön mit den Dingen umzugehen: das sanfte Halten von Kelch und Oblate, das gemächliche Auswischen der Behältnisse, das Umblättern des Buchs; und das Ergebnis des schönen Umgangs mit den Dingen: herzbeflügelnde Fröhlichkeit."[18]

Die evangelische Praktische Theologie hat sich dagegen, beginnend mit Schleiermachers frühromantischer Gefühlstheologie, immer stark am selbstreflexiven Subjekt und an dessen Deutungen im Kontext religiöser Praxis orientiert. Dietrich Rössler sieht die Praktische Theologie definiert in der Verbindung aus den „Grundsätze[n] der christlichen Überlieferung mit Einsichten der gegenwärtigen Erfahrung".[19] Und so standen in der dreifachen Gestalt des neuzeitlichen Christentums undiskutiert grundsätzlich die personalen Akteure im Vordergrund: Wenn Trost gespendet wird in der Seelsorge, wenn einer Gemeinde zu predigen ist und mit ihr der Gottesdienst gefeiert wird, wenn auf die verschiedenen Sozialformen der Kirche reflektiert wird, die evangelische Religion in Prozesse der Selbstvermittlung tritt oder wenn unmittelbar geholfen wird in der Diakonie.

Die religiöse Praxis wurde immer in erster Linie als eine Kommunikation zwischen sprechenden, hörenden und real präsenten Akteuren betrachtet. Die materialen Medien, die hierbei die diskursiven bzw. rituellen Äußerungen abstützen oder ermöglichen, blieben außen vor. Den Dingen wurde also weder eine spezifische *agency* noch ein sachgemäßer Idiolekt zugeschrieben.

---

17 Konkordienformel. Solida declaratio VII.

18 HANDKE, Phantasien, S. 8.

19 RÖSSLER, Grundriß, S. 3.

Zu vielen liturgischen Medien ging man in der evangelischen Spielform der Religion ohnehin schon früh auf Distanz: Weihrauchfass und Aspergill mussten dem reformatorischen Wort-Monismus weichen. Monstranz, Weihwasserbecken, ewiges Licht und andere Requisiten wurden schon aus theologischen Gründen obsolet. Chorhemd, Stola und Casel wichen 1811 durch die Kabinettsordre des Preußenkönigs Friedrich Wilhelm III. dem preußischen Talar. Von der katholischen „Massendinghaltung“[20] finden sich im Protestantismus nur noch marginale Restbestände. Da sich die protestantische Religionspraxis auf das konzentrierte, was sich „singend und sagend“ (EG 24) performierte, verblieben zunächst kaum mehr als Bibel- und Gesangbuch im sächlichen Fundus. Und es ist darum auch kein Zufall, dass eine der wichtigen Arbeiten, die in jüngster Zeit die materiale Kultur wieder ins protestantische Bewusstsein hob, eine Dissertation zum Bibel-Buch ist.[21]

Natürlich war klar, dass eine Pfarrperson vor allem im Gottesdienst auch bestimmte Dinge handhaben musste, wie z.B. Pyxis und Abendmahlskelch, eine Amtstracht in der Wahrnehmung des liturgischen Dienstes und eine Kanzel zur Predigt[22]. Aber die starke materiale Imprägnierung dieser Vollzüge wurde bislang praktisch-theologisch kaum zur Kenntnis gebracht, galt sie doch weithin als Adiaphoron, als „Mittelding“[23] – von sich aus also weder geboten noch verboten.[24] Aber als Utensilien erschienen sie ästhetisch austauschbar und liturgisch beigeordnet. Dinge, selbst religiös in Gebrauch genommene, markieren bis heute keine theologische Systemstelle. Der konfessionelle Akzent auf Wortverkündigung und Sakramentsverwaltung ließ lange kaum Raum für die zeremonialen Äußerungs- und Darstellungsbedingungen liturgischer Kommunikation, die im Grunde erst im Gefolge des theatralen Paradigmas in den 1990er Jahren thematisch wurden.[25] Umso irritierter reagieren Pfarrpersonen auf die ästhetische Staffage, die die Kasualprotagonisten v.a. bei Taufe und Trauung einfordern.

Dessen ungeachtet lassen sich durchaus Sach-Verhalte benennen, die zwar sporadisch in Teilbereichen der Praktischen Theologie aufgegriffen wurden, die jedoch über die z.T. engen Grenzen der jeweiligen Theoriesegmente hinaus nicht als eigenlogische Instanzen wahrgenommen wurden. Im Folgenden sollen exemplarisch drei theoriegeschichtliche Schnittstellen markiert werden, an denen man sich durchaus intensiver den Dingen zuwandte, ohne sie dabei jedoch über Gebühr mit Bedeutung zu belehnen. An allen drei Kontaktzonen blieb die Leitdifferenz von Subjekt und Objekt praktisch-theologisch unangetastet.

---

20 HOFMANN, Massendinghaltung.

21 BECKMAYER, Die Bibel als Buch.

22 Zur Rolle der Kanzel für die Wahrnehmung der Predigt vgl. MEYER-BLANCK, Holz und Stein.

23 Vgl. hierzu NEIJENHUIS, Liturgische Textilien.

24 CA 26 sieht die äußeren Dinge unter Ordnungsaspekten: Sofern sie nicht dazu dienen, „daß man dadurch Gnad verdiene und für die Sunde genugtue“, haben evangelische Christen „Freiheit in äußerlichen Ceremonien“.

25 Vgl. hierzu KLIE und KÜHN (Hg.), Das Jenseits.

3. Frühe Dingbezüge

3.1 Liturgik: Der Kirchenraum, die Prinzipalstücke und die Utensilien

Für die Praktische Theologie evangelischer Spielart waren selbst der Kirchenraum und seine Prinzipalstücke lange Zeit kein Gegenstand eigener Theoriebemühungen. Man erkannte zwar an, dass sich die Mitteilung und Darstellung des Glaubens in der Regel in den eigens dafür errichteten Räumlichkeiten ereignete, aber auf den Kirchenraum wurde in den großen praktisch-theologischen Lehrbüchern des 19. Jh. allenfalls in baugeschichtlicher Perspektive reflektiert.[26] Wenn überhaupt, dann kam die Raumdimension religiöser Praxis im Zusammenhang mit der Liturgie ins Spiel. Die ältere Praktische Theologie stand ganz im Zeichen der grundlegenden Bestimmung, dass der äußere Raum lediglich dazu dient, die liturgisch-homiletische Darstellung formal zu gewährleisten und ihr durch seine Gestaltung funktional zu entsprechen. Solange das Evangelium „pure docetur" und die Sakramente „recte administrantur" (CA 7), waren alle anderen dinglich-kultischen Arrangements untergeordnet und allenfalls Gegenstand pragmatischer Kompromisse. In der Vorrede zur „Deutschen Messe" von 1526[27] heißt es bei Luther in großer protestantischer Gelassenheit: „Da lassen wir die Messgewänder, Altar, Lichter noch bleiben, bis sie alle werden oder es uns gefällt sie zu ändern."

Der praktisch-theologische Historismus des 19. Jh. listete in seinen materialreichen Gesamtdarstellungen all die überkommenen Utensilien, Räume und Prinzipalstücke enzyklopädisch auf – den akribisch zusammengestellten Dingen eine spezifische *Affordanz* oder gar *Agency* zuzuschreiben, war natürlich noch nicht im Horizont. Immerhin fällt auf, dass viele dieser Praktischen Theologien im Gegensatz zu Gesamtentwürfen aus jüngster Zeit durchaus die materiale Seite religiösen Handelns in nennenswertem Umfang berücksichtigten, auch wenn man sie zumeist nur in Form einer historischen Inventurliste aufführte. Geschah dies, dann ging es zunächst um den Kirchenbau bzw. den kirchlichen Raum.[28] Und so findet sich z.B. bei Nitzsch 1851 eine unscheinbare Sequenz über die Einweihung von Kirchräumen, in der er zwar nur den evangelischen Common sense formulierte, die aber ein bezeichnendes Licht wirft auf die Art und Weise der räumlichen Kontaktnahme durch die Akteure: „Diese Einweihung geschieht aber eben durch eine öffentliche Besitznahme, durch einen Einzug und durch die damit verbundene erste Handlung, oder eine Reihe von Handlungen, die darin vollzogen wird, überhaupt durch die erste That des Gottesdienstes und

26 Im sog. Eisenacher Regulativ (1861), einem Vorschriftenkatalog zur Gestaltung von protestantischen Kirchenbauten, wurden dagegen der räumlichen Ordnung bzw. Anordnung der Prinzipalstücke eine entscheidende Bedeutung beigemessen.

27 WA 19, 80, 26f.

28 Exemplarisch schon bei NITZSCH, Theologie, S. 396–402.

das sie begleitende Wort, nicht durch materielle besondere Weihung."[29] Da eine ausschließlich auf das Bauwerk konzentrierte Benediktionshandlung evangelisch nicht in Frage kommt, muss also eine Kooperation in Szene gesetzt werden. Indem die Gottesdienstgemeinde in die neue Kirche einzieht, transformiert sie den immobilen Zweckbau in ein Gotteshaus. Mit Latour gesprochen: Erst das „Kollektiv", das „Netzwerk" aus humanem und steinernem Akteur sozialisiert das Artefakt.[30] Die Vernetzungsprozesse gehen den sozialen Formen voraus und bestimmen sie. Erst die Performanz aus Introitus und initialer Handlung setzt gewissermaßen die religiöse Raumordnung in Kraft.

Die anderen Lehrbücher aus dieser Zeit bieten in den jeweiligen Abschnitten zum Kirchenbau in der Regel Anmerkungen zur historischen Stilkunde, zu Glocken und Orgel, zum Altarraum und den Bänken sowie zur künstlerischen Gestaltung (Malerei, Skulpturen und Retabeln).[31] Danach folgt eine systematische Auf-ordnung des zentralen Enterieurs – vorrangig natürlich die sog. Prinzipalstücke: Altar, Kanzel, Ambo und Taufstein. Als die vornehmsten Einrichtungsteile sind sie kunstvoll gestaltet und sie beziehen ihre Prominenz aus der intensiven liturgischen Interaktion. Prinzipalstücke sind ausgesprochene Handlungsorte. Diese sakralen Ausstattungsgegenstände hören also praktisch auf, tote Dinge zu sein, wenn an, auf und mit ihnen hantiert wird. In der Performanz entsteht also – um erneut Latour zu bemühen – so etwas wie eine „zirkulierende Referenz"[32] zwischen zwei völlig verschiedenen ontologischen Bereichen, die man traditionell in der Praktischen Theologie gewohnt ist zu trennen: Subjekt und Objekt. So wird die Kanzel bestiegen, um in einem übergroßen Raum sichtbar und hörbar einen längeren Monolog verlauten zu lassen.[33] Sie bietet dem Kanzelauftritt der Pfarrperson eine angemessene Bühne. Und zugleich referenziert die Kanzel auf die „Kommunikation des Evangeliums" (Ernst Lange), auf „Martin Luther predigend" (Lucas Cranach 1547/48), auf *den* Protestantismus bzw. *die* Reformation usw. Ähnliche Konnotationen lösen – wenn auch weniger signifikant – auch die übrigen Prinzipalstücke aus.

Claus Harms zählt 1831 im Zusammenhang mit den Prinzipalstücken sogar noch den Beichtstuhl auf[34], dem er als individuellem Beichtort durchaus den Vorzug gibt vor der allgemeinen Beichte der versammelten Gottesdienstgemeinde. Für unseren Zusammenhang ist Harms' Begründung interessant, die unmittelbar in die Affordanz-Thematik[35] hineinragt: Für Harms ist es nämlich gerade die spezifische Ingebrauchnahme, die dieses besondere Sakralmöbel materialiter für das prädestiniert, was es gewährleistet: eine „gedämpfte Stimme,

29 Ebd., S. 396.

30 Vgl. ausführlich dazu LATOUR, Soziologie.

31 Ausführlich hierzu ACHELIS, Theologie, S. 192–234. Ähnlich auch RIETSCHEL, Lehrbuch der Liturgik, S. 77–153.

32 LATOUR, Pandora, S. 36–95.

33 Diese Lesart findet sich z.B. bei MARHEINEKE, Entwurf, S. 175: Dem Sinn für die „geistige Erhebung" ist „die Kanzel der Hauptort der Kirche, und daß diese akustisch wohlgebaut ist, das Haupterforderniß".

34 Vgl. HARMS, Pastoraltheologie, S. 259ff.

35 Vgl. GIBSON, Wahrnehmung.

der Anblick von Nahem, die körperliche Nähe selbst".[36] In einem Beichtstuhl verkörpert sich geradezu ein pastorales Handlungswissen.[37] Ein Wissen darum, was darin wie zu tun ist: der 90°-Winkel zwischen Beichtenden und Pfarrperson, die gedimmte Atmosphäre, die leibliche Nähe und die dezentrale Positionierung des Beichtstuhls.

Bisweilen finden sich in den alten Lehrbüchern anschließend an das Raumkapitel auch Abschnitte zur liturgischen Kleidung. Im Dekorum entscheidet jedoch allein „die Angemessenheit für das Amt und die amtlichen Funktionen"[38], wie Achelis betont. Und schließlich werden die traditionellen Symbole besprochen, die im Ritus begegnen. So zählt Theodosius Harnack auf: „das Aufstellen des Crucifixes oder des einfachen Kreuzeszeichens und der brennenden Kerzen; mehr noch das Entblössen des Haupts, das Wechseln der Ringe, das Aufwerfen der Erde bei dem Begräbnis u.a."[39] Harnack bezeichnet dies alles als „unvermeidlich und natürlich", aber – und dann folgt der obligatorische konfessionelle Vorbehalt – sie sind „im Cultus nur insofern als berechtigt zu betrachten, als sie das Wort begleiten".[40]

Zusammenfassend lässt sich sagen, dass in den großen Gesamtentwürfen der Praktischen Theologie des 19. Jhs. die materiale Seite der evangelischen Religionskultur durchaus mit im Blick ist. Die überwiegend historischen und dogmatischen Lesarten erlaubten es jedoch nicht, hier mehr als nur rein dienliche Funktionen zuzuschreiben. Liest man allerdings die ostinaten antikatholischen Kautelen weniger in normativer als in phänomenologischer Perspektive, dann legt sich die These nahe, dass die aufgerufenen Differenzen zur römischen Religionskultur zumindest implizit eine Ahnung davon vermitteln, dass die Dinge einen durchaus unerwünschten magischen Eigensinn entwickeln können, wenn man diesem Abusus nicht konsequent durch den evangelischen Usus begegnet. Alles was religiös in Gebrauch genommen wird, kann zu „Risiken und Nebenwirkungen" im Bereich der Magie führen, wenn es nicht zuvor durch das Wort gebannt wird. – Von der theologischen Neutralisierung der Dinge bis zu ihrem Vergessen war es dann nur ein relativ kurzer Weg.

---

36 HARMS, Pastoraltheologie, S. 265.

37 Im Gegenzug gibt Harms im Blick auf die damals noch verbreitete Praxis der Haustaufen auch an, welche liturgischen Geräte trotz funktionaler Äquivalenz als häusliche Surrogate unbedingt vermieden werden sollten: „Die Spülkumme, die nachher beim Caffe wiederkam, und das Waschbecken, daraus man sich noch den Morgen gewaschen hatte, sind mir sehr zuwider." Ebd., S. 214f.

38 ACHELIS, Theologie, S. 305f. Achelis verweist hier auf Luthers Schmalkaldische Artikel (3,12): „Die Heiligkeit stehet nicht in Chorhemden, Platten, langen Röcken und anderen ihren Ceremonien, sondern im Wort Gottes und rechten Glauben."

39 HARNACK, Grundlegung, S. 400.

40 Ebd.

3.2 Religionspädagogik: Sakralräume als Lernorte

Als Ende der 1990er Jahre Manfred Josuttis selbstkritisch anmerkte, dass die Frage nach dem religiösen Raum noch „1970 niemand von uns verstanden hätte“[41], zeichnete sich in der Religionspädagogik eine neue Aufmerksamkeit für Kirchenräume ab. So wurden 1998 gleich drei programmatische Publikationen zu dem damals noch nahezu unbekannten Praxisfeld der Kirchenpädagogik vorgelegt.[42] Da die Religionspädagogik durch eine gewisse, nur von ihrer verschlungenen Fachgeschichte her zu verstehende „Zurückhaltung“ gegenüber der Didaktisierung von Formäußerungen der eigenen Religionskultur geprägt ist, waren die maßgeblich von der Museumspädagogik inspirierten Methoden einer religiösen Raumerschließung eine probate Option, sich gewissermaßen „sachkundlich“ der verbauten Religion anzunähern.

Ausgewiesenes Lernziel der Kirchenpädagogik war es, den Kirchenraum mitsamt dem ihn bergenden Interieur als didaktischen Parcours zu begreifen, an dem abgelesen werden kann, was sich hier alles an kirchlicher Religion abspielt bzw. abgespielt hat. Es ging in diesem Lernprogramm also darum, in einem mehrdimensionalen Zugriff induktiv von den Anmutungsqualitäten und der sakralen Ausstattung her auf Liturgie und Predigt, Kirchengeschichte und biblische Geschichten, auf Kultur und Kasualien zu schließen. Die Lernbewegung zielte also von außen nach innen – von den Dingen zur „Dingbedeutsamkeit“[43]. Und so werden unter dem Vorzeichen Kirchenpädagogik Kanzeln abgemalt, in Chorräumen getanzt und Figuren in Standbildern rekonstruiert. Ornamente werden abgepaust, Klang- und Tastübungen angeleitet und „die Predigt der Steine“[44] vernommen. Die Kirchenpädagogik funktioniert also wie eine Art produktive Requisitenkunde. Durch den unmittelbaren Kontakt zu religiösen Dingen und Handlungsorten lässt die Kirchenpädagogik Sakralräume als unterrichtlich befragbare Biotope des Heiligen erscheinen.

Diese Unmittelbarkeit erweist sich allerdings – so wird man als Fazit festhalten können – in doppelter Hinsicht als eine didaktische Chimäre. Denn nur in seltenen Ausnahmefällen sehen diese Übungsgänge vor, die Faszination einer toten Religion in ein Movens für die Erkundung lebendiger Liturgien zu transformieren. Die Raumdinge geraten hier nicht ernsthaft in eine religiöse Bewegung, die informierende Außensicht auf die Artefakte bleibt unhinterfragt.[45] Und zweitens gingen von der Kirchenpädagogik kaum interdisziplinäre Theorieimpulse aus. Zu sehr dominierte hier das vielgestaltige Methodenpotpourri den Diskurs. Die Protagonisten blieben weitgehend unter sich und kultivierten

41 Josuttis, Umgang, S. 34.

42 Vgl. Klie (Hg.), Raum geben; Degen und Hansen (Hg.), Lernort Kirchenraum; Goecke-Seischab und Ohlemacher, Kirchen erkunden.

43 In den 1940er Jahren prägte der deutsche Volkskundler Karl-Sigismund Kramer den Begriff der „Dingbedeutsamkeit“. Vgl. Kramer, Dingbeseelung.

44 Möller, Predigt der Steine.

45 Anders dagegen Klie und Husmann, Gestalteter Glaube.

die Konventikel. Der praktisch-theologische Raumdiskurs[46] diffundierte in andere Richtungen, ohne dabei Bezug zu nehmen auf den *material turn* in den Sozialwissenschaften. Und so verharrt die Kirchenpädagogik in gewisser Weise in der babylonischen Gefangenschaft einer primär kirchengeschichtlich-religionskundlichen Perspektive.

3.3 Pastoraltheologie: Realbenediktionen

Eine dritte Schnittstelle bilden die sog. Realbenediktionen. Unter diesem Sammelbegriff fasst man in der Literatur ein ganzes Bündel unterschiedlicher Anlässe zusammen, bei denen eine Realie, ein Sachgegenstand („Schöpfungsding") zum Anlass einer Benediktion, einer kasuellen Segenshandlung wird. Zumeist besteht der Anlass darin, dass diese Realie eingeweiht wird, um sie dann den Nutzern zum gedeihlichen Gebrauch zu übergeben. Wohl bei keinem anderen pastoralen Handlungsvollzug geht es so unmittelbarer „zur Sache". Wobei natürlich klar ist, dass die Segenshandlung dem Gegenstand nur insofern gilt, als er für die, die ihn handhaben, mit ihm unmittelbar umgehen oder (bei Gebäuden) in ihnen wohnen bzw. arbeiten, liturgisch in eine dienliche Funktion einrückt. Der gemeinschaftsdienliche Zweck heiligt gewissermaßen die religiösen Mittel. Es ist vor allem Christian Eyselein mit seiner 1993 erschienenen Erlanger Dissertation[47] zu verdanken, dass er die kirchlichen Einweihungshandlungen aus der kasuellen Schmuddelecke herausgeholt hat, indem er sie schöpfungstheologisch verortete.

Empirisch spricht allerdings viel dafür, dass dieser Ritus von den Kasualteilnehmenden oft ganz anders verstanden wird, als er von den Pfarrpersonen intendiert ist. Je nach Inszenierungskontext kann auch heute noch die Performanz des rituellen Zeichens (Kreuz schlagen, Auflegen der Hände etc.) die liturgischen Deutungsworte überlagern, so dass sich bei den Anwesenden fast zwangsläufig magische Lesarten einstellen. Dies gilt vor allem dann, wenn in ökumenischer Gemeinschaft der katholische Priester vom Weihwasser Gebrauch macht, also einen Ding-Ding-Kontakt herbeiführt, während die evangelische Pastorin ihre Predigt unter Rückgriff auf die Heilige Schrift ausschließlich an die beteiligten Subjekte adressiert.[48]

---

46 Exemplarisch wären hier zu nennen JOOSS, Raum; UMBACH, Heilige Räume; CLAUSSEN, Gottes Häuser; BETHGE, Kirchenraum; KELLER, Kirchengebäude; EHLERT, Raumdeutungen; ERNE, Hybride Räume.

47 EYSELEIN, Segnet.

48 Josuttis beschreitet innerhalb der Praktischen Theologie einen Sonderweg, wenn er in diesem Kontext auf den ontologisch aufgeladenen Atmosphärenbegriff zurückgreift: „Die Priesterinnen und Priester, die durch ihre Taufe geweiht sind, bringen bei allen Weihehandlungen an Personen, Gebäuden und Gegenständen eine Wirklichkeit zur Sprache, die ‚über allen und bei allen und in allen' (Epheser 4,6) ist und die jetzt mit der Präsenz Leibräume, Ortsräume, Sachräume gnädig erfüllen mag." JOSUTTIS, Handwerk, S. 141.

Theologiegeschichtlich wirkmächtig wurde vor allem Luthers Demarche im letzten Abschnitt der Schmalkaldischen Artikel, wo er die Kirchweihpraxis, die üblichen Glocken- und Altartaufen bis hin zu den Kerzen-, Palmen-, Gewürz-, Hafer- und Fladenweihen als „närrische und kindische Artikel" aus dem „Gaukelsack des Papstes" bezeichnete. Weil all diese Realien schlicht nicht Träger eines Segens sein können, habe man es hier nur mit „eitel Spott und Betrug" zu tun, zumal in der katholischen Praxis dabei auch permanent die sakramentale Grenzlinie zur Taufe überschritten werde.[49]

Trotzdem sprechen viele Indizien dafür, dass es diese besondere Form der Weihe- bzw. Einweihungspraxis auch in evangelischen Kirchentümern wohl immer gegeben hat, auch wenn sie das Odium des Heterodoxen und Kryptokatholischen nie ganz hat ablegen können. Der Umstand, dass in der praktisch-theologischen Literatur des 19. Jh. immer wieder der Unterschied zwischen evangelischer und katholischer Benediktionspraxis aufgerufen wird, lässt darauf schließen, dass Benediktionen durchaus regelmäßig im pastoralen Alltag vorkamen. Und so kann schließlich auch Paul Graff anhand zahlreicher Quellen nachweisen, dass „alle in Frage kommenden Weihehandlungen [...], falls nur Gelegenheit dazu da war, auch bereits im 16. und 17. Jahrhundert ausgeführt" wurden.[50] Die Grenzen zu ontologisch missverständlichen Gesten und Sätzen waren offenbar in der Praxis recht fließend, wenn sie denn überhaupt bewusst gezogen wurden.

In jüngster Zeit mehren sich interessanterweise die Berichte über Einweihungen unter pastoraler Mitwirkung.[51] Die Bandbreite der initialisierten Sachen ist groß: Sie reicht von der Segnung eines Zirkuszeltes (Rostock), einer innerstädtischen Shoppingmall (Schwerin; nach kontroversen öffentlichen Diskussionen wurde der religiöse Teil der Einweihung allerdings abgesagt), einer Reitanlage (Hann. Münden), einer Hotelanlage (Brandenburg), einer Segleranlage (am Sorpesee) bis hin zum Fahrgeschäft eines Schaustellerbetriebs (Hamburg). Eyseleins empirische Befunde, wonach in den frühen 1990er Jahren in den katholischen Diasporagebieten die von evangelischen Pfarrpersonen „privat erbetenen Handlungen" die der kirchlichen „um mehr als ein Drittel" übersteigen[52], zeigen an, dass diese Kasualie offenbar auch von einer katholischen Sogwirkung geprägt ist[53] bzw. die öffentliche Wahrnehmung der ökumenischen Kooperation

49 AS XV.

50 Bemerkenswert ist hier bei Graff der implizite Hinweis auf die kasuelle Veranlassung von Realbenediktionen: Sie geschehen, wenn sich „die Gelegenheit" bietet. GRAFF, Geschichte der Auflösung, S. 401.

51 Vgl. auch die Auflistung aufschlussreicher Beispiele bei EYSELEIN, Segnet, S. 8f. u. 18f.

52 Eyseleins Fragebogen wurde allerdings schon Anfang der 1990er Jahre ausgewertet (die Dissertation erschien 1993). Erfahrungen aus dem mehrheitlich konfessionslosen Kontext Ostdeutschlands scheinen darauf hinzuweisen, dass die Nachfrage nach kirchlich begleiteten Einweihungshandlungen gerade auch in diesen Regionen gestiegen ist. Empirische Untersuchungen liegen allerdings nicht vor.

53 1993 benutzten immerhin 63% der befragten evangelischen Pfarrpersonen in Bayern katholische Einweihungsordnungen. EYSELEIN, Segnet, S. 20. – Dagegen warnte Fr. Niebergall in seiner „Kasualrede" noch deutlich davor, den Versuchungen des *„catholicismus naturalis decorativus"* nicht zu erliegen. NIEBERGALL, Die Kasualrede, S. 167.

kaum etwas von den nach wie vor kirchentrennenden theologischen Differenzen ahnt. Nicht nur in Westdeutschland, sondern auch im postprotestantischen Ostdeutschland ist der Wunsch nach kirchlich praktizierten Realbenediktionen in erstaunlich hohem Maße präsent. Die späte Moderne gebiert eben auch spätmoderne Segensoptionen.

Als Fazit und Ausblick bleibt auch und gerade unter der diesen Band motivierenden Fragestellung festzuhalten, dass möglicherweise die dogmatische Demarkationslinie nicht dem gerecht wird, was aktuell in den Kulturwissenschaften unter dem Stichwort „material turn“[54] bzw. der „Akteur-Netzwerk-Theorie“[55] diskutiert wird. Nicht nur treffen die evangelischen Restriktionen in der allgemeinen Wahrnehmung auf „eine völlig andere Erwartungshaltung“[56], auch lassen sich bei den Realbenediktionen die Sachen und die Personen nicht so einfach auseinanderhalten. So zeigt sich gerade bei biographisch bedeutsamen Dingen eine wechselseitige Verschränkung von der menschlichen Prägung von Gegenständen und dem Geprägt-Werden durch Vergegenständlichungen.[57] Artefakte sind weder einfach nur gegeben, noch stehen sie dem Menschen neutral gegenüber. Sie sind mehr als nur Gegenstände zum beliebigen Gebrauch. Gebrauchsgegenstände gehen über ihre Verwendung eine mehr oder weniger enge Beziehung mit ihren Nutzern ein. Eine Wohnung will bezogen werden, ein Löschfahrzeug sieht den Einsatz vor und eine Taufschale ist sakramental zuhanden. Oder andersherum: Was ein Akteur mit einer Wohnung anfängt, wie er sich zu einem Löschfahrzeug verhält bzw. wozu er eine Taufschale nutzt, ist keineswegs arbiträr. So bezeichnet der amerikanische Wahrnehmungspsychologe James J. Gibson solche als Eigenschaften des Objekts wahrgenommenen Handlungsangebote als Affordanz-Phänomene.[58]

Folgt man dieser These, dann teilen einem die Dinge mit, was mit ihnen zu machen ist. Sie fordern gewissermaßen zum Gebrauch auf und leiten darüber die Alltagspraxis in bestimmter Weise an. Oder anders: Wer mit Artefakten hantiert, weiß sich durch ihre funktional relevanten Eigenschaften aufgefordert, sich ihrer in einem bestimmten Modus zu bedienen. Die soziomateriale Interaktion zwischen Subjekt und Ding ist durch dessen Angebotscharakter bestimmt, so Gibson. Die Relation zwischen Erkenntnisgegenstand und handelndem Subjekt besteht gerade nicht in einer unaufhebbaren Differenz, vielmehr sind beide Instanzen immer schon kulturell involviert. Die Welt der Dinge bietet nicht einfach

---

54 Exemplarisch aus der Fülle der Literatur: DEPNER, Dinge in Bewegung; HABERMAS, Geliebte Objekte; SELLE, Siebensachen. Einen guten Überblick gibt das TILLEY et al., Handbook of Material Culture.

55 Vgl. hierzu die instruktive Anthologie BELLIGER und KRIEGER, ANThology.

56 SCHWIER, evangelische Realbenediktionen, S. 112.

57 Vgl. MÄDLER, Transfigurationen, S. 15. – Mädlers Generalthese ist in jüngster Zeit prominent wieder aufgenommen worden durch SCHIVELBUSCH, Leben: „Wir werden die Sofas, auf denen wir sitzen, und die Sofas werden wir.“ (S. 5).

58 *Affordance* – engl. Neologismus, der sich von „to afford“: anbieten, gewähren, ableitet. Vgl. GIBSON, Wahrnehmung. Gibson beschreitet mit seiner Affordanz-These einen Mittelweg zwischen semiotisch-konstruktivistischen und objektivierenden Vorstellungen von Materialität.

nur die Medien moderner Welt*bewältigung*, sie sind auch Medien spätmoderner Welt*deutung*. Ein Stuhl ist eben sitz-bar, ein Haus bewohn-bar und eine Kanzel besteig-bar. Die materiellen Eigenschaften von Artefakten korrespondieren mit den entsprechenden (erlernten) Dispositionen eines Akteurs. Im interaktiven Zusammenspiel realisiert sich dann das verkörperte Handlungswissen.

Eine Realie ist immer auch eine Instanz, die imprägniert ist von spezifischen Nutzungsgewohnheiten und den Bedeutungen, die ihnen dabei zugeschrieben werden. Wenn aber die materiale Kultur nicht nur einen rationalen Gebrauchswert hat, sondern ihr von ihren Nutzern auch ein durchaus sozialer Mehrwert zugeschrieben werden kann[59], dann können Artefakte durchaus zu „Doppelagenten“ (Schivelbusch)[60] werden. Danach ginge es bei dem Wunsch, sein Haus beim Einzug segnen zu lassen, nicht nur darum, ein immobiles Anwesen mit „Segenskräften“ aufzuladen[61] bzw. es der Obhut Gottes anheim zu stellen, sondern vielmehr auch darum, es als das das familiale Miteinander situierende Zuhause zuzueignen.[62] Der Segen gilt dem Haus, dem Haus das Menschen beleben. (Im Rahmen der Akteur-Netzwerk-Theorie spricht Latour darum auch nicht von Akteuren, sondern von „Hybriden“.) Und danach wäre die Einweihung eines Feuerwehrhauses (einer Schule, einer Forschungseinrichtung) darum immer auch die anerkennende Autorisierung eines Sachzusammenhangs, der einem Gemeinwesen von Nutzen ist – im konstitutiven Zusammenspiel von Ding und Person. Die Benediktion solcher Interaktionen kann ihrerseits nur von einer Institution vollzogen werden, die in besonderer Weise „über den Dingen“ steht.

Soweit die deutende Rekonstruktion dreier praktisch-theologischer Schnittstellen mit dem Dingdiskurs.

4. Der Anteil der Dinge an den Kasualien

Kasuelle Handlungen sind immer auch dingliche Arrangements, handelt es sich doch um Gottesdienste, die auf dingbasierten Riten aufruhen. Sakral beanspruchte Dinge stellen darum wichtige Ko-Akteure dar. Nimmt man diese Spur auf, dann kommen in deren Beurteilung handwerklich-zeremonielle[63], semiotisch-kognitive und pastoraltheologische Aspekte zum Tragen. Denn erst mit den Kasualdingen bekommen gottesdienstliche Handlungen einen rituell identifizierbaren Ort, gewinnt die liturgische Praxis an Prägnanz und Dauer. Die Dinge,

59 Vgl. MÄDLER, Transfigurationen, S. 64ff.

60 SCHIVELBUSCH, Leben, S. 24.

61 Vgl. hierzu JOSUTTIS, Segenskräfte.

62 So zeigten die alten Hausmarken (Hauszeichen, Handgemal) nicht einfach nur einen Besitzanspruch an, sie verliehen der Generationenfolge, die in diesem Haus wohnte, eine Sippenidentität. Das Haus war oft Träger eines Namens, während seine Bewohner wechselten. Heute ist dieser Usus allenfalls noch bei alten Wirtshausnamen ablesbar. Vgl. VELKD (Hg.), Segnung beim Umzug.

63 Vgl. JOSUTTIS, Handwerk.

mit denen kasuell hantiert wird, formulieren in der ihnen eigenen Materialität, Gravität und Widerspenstigkeit einen Anspruch an die Gestaltqualität des liturgischen Vollzugs.

Und die liturgische Kleidung übergreift als artifizielle Konstante die Kasualgottesdienste als praktisch-theologisch kaum reflektiertes Begleitmedium.[64] Wer sein gottesdienstliches Gewand vom jeweiligen Kasus bestimmen lässt, trägt bei Taufen z.B. eine Albe als symbolisches Taufkleid. Analog kann der Taufbezug auch bei Beerdigungen zum Ausdruck gebracht werden. Kleidung verhüllt, formt und moduliert den Körper. Liturgische Kleidung ist (Über-)Kleidung, sie firmiert gewissermaßen als „dritte Haut". In semiotischer Hinsicht markiert sie damit den Körper als zentrales Rollenrequisit. Dabei verschwindet der Körper nicht etwa, sondern das Gewand zeigt ihn in anderer Weise und in anderer Funktion. Das Gewand wirkt auf den Körper zurück, wenn sich aus den erhobenen Armen ein Segensgestus formt. Die Hände bekommen ihre religiöse Signifikanz, weil sie aus einem (liturgischen) Gewand herausragen. Das textile „Mittelding"[65] wird in der religiösen Praxis zu einer wichtigen Resonanzfläche des körperlichen Ausdrucks. Das Gewand bedeutet nicht nur, sondern es macht auch etwas („Kleider machen Leute."). Denn auch die liturgische Bekleidung ist ein Bestandteil der materiellen Religionskultur, wenn man sie als einen veritablen Ko-Akteur der pastoral inszenierten Religion sieht. Das liturgische Gewand zu wechseln, ist nicht nur von Bedeutung für die ästhetische Anmutung des Gottesdienstes, sondern ist ein materieller Ausdruck der protestantischen Religionspraxis selbst.

5. Agency: die Macht der dinglichen Akteure

In den Kultur- und Sozialwissenschaften wird die Figur des Agierens der Dinge in Handlungszusammenhängen mit dem nur schwer übersetzbaren Begriff der *agency* konzeptualisiert.[66] Agency bezeichnet eine Dynamik bzw. Wirkungsmacht, die – und das ist seine Pointe – nicht explizit auf menschliche oder nichtmenschliche Handlungen anwendbar ist. Das Lexem ist semantisch schillernd. Es kann synonym für Handeln stehen, eine besondere Handlungsursache oder aber das Handeln als solches bezeichnen (i. S. v. *action*). In der wissenschaftlichen Literatur wird es übersetzt mit „Handlungsträgerschaft", „Handlungspotenzial", „Handlungsmacht", „Wirksamkeit" oder einfach unübersetzt gelassen.[67] Von der *Wirkungsmacht* nicht agierender Dinge zu sprechen, setzt einen „schwachen", eher dispositionalen und weniger intentionalen Handlungsbegriff voraus. So lie-

64 Vgl. KLIE und KÜHN (Hg.), FeinStoff; hier v.a. die programmatische Einleitung von FECHTNER und KLIE, Evangelische Textilien.

65 Im zehnten Artikel der Konkordienformel werden die liturgischen Gewänder zu den Adiaphora gezählt.

66 Prominent u.a. bei BÖHME, Fetischismus und Kultur.

67 Hier und im Folgenden vgl. ROSSLER, Anteil, S. 85ff., sowie den Beitrag von Roßler in diesem Band.

ße sich z.B. die Wirkungsmacht ästhetischer Artefakte (Kirchraum, Altarretabel, Antependien etc.) beschreiben.

Die zweite Facette der agency von Dingen besteht in ihrer *Akteurhaftigkeit*. So weist bspw. die Kanzel einer Predigt ihren Ort zu, sie erleichtert und ermöglicht sie. Analoge Komparsenrollen spielen Taufbecken, Altar und Ambo.

Die dritte Bedeutung ist die der *Handlungsmacht*. Hier werden die Dinge als Handlungsträger gesehen, als bevollmächtigte Mitspieler in einer Handlungssequenz. Wenn z.B. Luther fordert, das Taufwasser solle unbedingt „sichtbarlich fließen", dann nötigt die Dinglichkeit des Wassers dem Täufer einen entsprechenden Gestus ab, eben deutlich in das Taufbecken zu fassen, in der hohlen Hand ein ausreichendes Quantum zu schöpfen, es mit einem gewissen Abstand zur Stirn des Täuflings fließen und von dort dann erkennbar ins Taufbecken zurückfließen zu lassen. Auch beim funeralen Erdwurf wird die Symbolhandlung an den Erdaushub (bzw. die zeremoniale Schaufel) delegiert.

Der vierte Bedeutungsaspekt von *agency* ist die passive Variante der Handlungsmacht: das Vermitteln von Handeln im Sinne einer Agentur oder Vermittlungsinstanz. Im Zusammenhang von liturgischen Sequenzen bzw. normativen Vorgaben stellt sich durchaus die Frage nach dem Autor einer Handlung. Gerade bei einer agendarisch angeleiteten Liturgie sind es nicht selten mehrere Akteure, die gemeinsam, wenn auch nicht synchron, eine Bedeutungswelt zur Geltung bringen.

Die fünfte Bedeutung von *agency* ist die der Handlung selbst. Versteht man sie als intentional gesteuerten Akt, dann wird man hier Dinge schwerlich subsummieren können. Aber schon, wenn man Handlung „schwach" als Disposition denkt und sie löst von der Vorstellung eines Akteurssubjekts, sondern sie kontextuell als ein Feld betrachtet, in dem sich Handlungsverantwortung auf ein Netzwerk verteilt, dann erscheint es nur konsequent, auch in diesem Sinne den Dingen *agency* zuzugestehen.

Für den Bereich der Kasualien erweist sich die Kategorie der *agency* wegen ihrer breiten Semantik als eine wichtige Erschließungsgröße. Sie ermöglicht es, auf verschiedene Handlungsaspekte und dingliche Vermittlungen scharf zu stellen, um von dorther die jeweiligen Objektbeziehungen zu deuten. Dabei scheint, dies zeichnet sich in den Beiträgen dieses Bandes ab, ein eher anspruchsloserer, hybrider Handlungsbegriff eher geeignet, die vielgestaltigen Performanzen, Objektinstitutionen und rituellen Netzwerke im Kontext von Kasualien abzubilden.

6. Neuere Impulse

Für die neuere Diskussion setzte hier Inken Mädler 2006 mit ihrer unzeitgemäßen Untersuchung des Interieurs von „Frauenzimmern" den Anfang.[68] Ihr geht es um den metaphorischen Transfer, der im individuellen Erleben Gegen-

68 MÄDLER, Transfigurationen.

stände, die ans Herz gewachsen sind, und die Person, die sich auf sie bezieht, „verklärt" bzw. umgekehrt: Wie der Gegenstand durch die Person verklärt wird. Mädler enttrivialisiert die Dinge des Alltäglichen, indem sie sie als Hab-*selig*-keiten identifiziert. – Diesen Faden nimmt dann 2018 Sonja Beckmayer auf, die in ihrer Mainzer Dissertation „Die Bibel als Buch" untersucht.[69] Sie fragt danach, wie Pfarrpersonen mit ihrer Arbeitsbibel umgehen. Wie arbeiten Theologen mit diesem Bibel-Buch, diesem papierenen Artefakt? Welche Rolle spielt es in ihrer alltäglichen Arbeit? Wo wird dieses Artefakt platziert? – Diese beiden Theologinnen haben in einem je spezifischen Feld Pionierarbeit geleistet, die derzeit von verschiedenen Forschern fortgeschrieben wird. – Thomas Klie hat zusammen mit den beiden Passauer Soziologen Thorsten Benkel und Matthias Meitzler das Phänomen der sog. Aschediamanten untersucht.[70] Es geht hier um die Frage, welche „Dingbedeutsamkeit" von den Besitzern industriell gefertigter Diamanten diesen Preziosen zugeschrieben wird, die aus der Kremierungsasche von Verstorbenen gewonnen werden. – Kontextualisiert wurden diese Forschungsergebnisse in der Rostocker Reliquien-Tagung von 2019, deren Beiträge ein Jahr später publiziert wurden.[71] – Eine weitere Rostocker Tagung beschäftigte sich mit dem „FeinStoff", den Anmutungen und der Logik liturgischer Textilien. Dieser Band, an dem auch Kristian Fechtner maßgeblich beteiligt war, ist 2021 erschienen.[72] – Der Diskurs findet u.a. seine Fortsetzung in dem von Ursula Roth und Anne Gilly herausgegebenen Sammelband „Die religiöse Positionierung der Dinge. Zur Materialität und Performativität religiöser Praxis", dessen Beiträge an einen interdisziplinären Forschungsschwerpunkt anknüpfen und der 2021 erschienen ist. Materialität und Performativität religiöser Praxis werden hier aus unterschiedlichen fachwissenschaftlichen Perspektiven beleuchtet.[73]

Schon dieses knappe Screening zeigt, dass in der Praktischen Theologie die Dinge in Bewegung kommen. Es werden vielerorts Antworten auf die Materialitätsfrage gesucht (empirisch, historisch, systematisch), die – möglicherweise als eine Art Gegenbewegung zur Digitalisierung – die materialen Aspekte religiöser Praxis stärker gewichten. Ob diese Impulse die exponierte Stellung des Subjekts im praktisch-theologischen Theoriezugriff zu relativieren vermögen, wird sich zeigen. Aber wahrscheinlich ist dies auch gar nicht nötig, sofern es gelingt, v.a. den Kasualdiskurs für die *agency* der Dingwelt und ihre irreduzible Ereignishaftigkeit zu sensibilisieren.

---

69 BECKMAYER, Die Bibel als Buch.

70 KLIE et al., Der Glanz des Lebens.

71 DERS. und KÜHN (Hg.), Die Dinge, die bleiben.

72 DIES. (Hg.), FeinStoff.

73 ROTH und GILLY (Hg.), Die religiöse Positionierung der Dinge.

7. Die Beiträge in diesem Band

Die folgenden Beiträge gehen den Sachverhalten einzelner Kasualien nach. Darin betreten sie in gewisser Weise Neuland. Die Suchbewegungen, eine spezifische kasualtheoretische Systemstelle im Dingdiskurs zu besetzen, sind allenthalben spürbar. Um diese tentativen Zugänge zu kontextualisieren, sind ihnen zwei grundsätzliche Beiträge aus Disziplinen vorgeordnet, die die Praktische Theologie immer schon angeregt und bereichert haben: Ethnologie und Soziologie. Hans Peter Hahn hat sich bereits in vielen Publikationen mit Problemen der materiellen Kultur beschäftigt. Mit Roland Barthes legt er den Akzent auf das Spezifische des Materiellen, auf seine Polyvalenz in der Mehrstimmigkeit der Einbettungen und Bewertungen. Gustav Roßler betont dagegen mit Bruno Latour die *agency* der Dinge im gesellschaftlichen Kontext. Seine Veröffentlichungen bewegen sich im Bereich der Wissenschafts-, Technik- und Umweltsoziologie.

Es schließen sich praktisch-theologische Überlegungen an, die kasusspezifisch ausgerichtet sind. Neben der Taufe (Christian Grethlein), der Konfirmation (Sonja Beckmayer) und der Trauung (Kristian Fechtner) kommt die Bestattung (Manuel Stetter) in den Blick. Mit dem Wald als Bestattungsort wird die Kasualtheorie in einen sepulkralkulturellen Kontext eingerückt (Emilia Handke), und mit der Kasualrede kommen dingliche Aspekte des homiletischen Zentralvollzugs zur Sprache (Jakob Kühn).[74]

Gustav Roßler bestimmt vier (theorie-)strategische Punkte, die zur Integration dinglicher Vermittlungen in Gesellschafts- bzw. Sozialitätskonzepte beitragen: Handeln, Normativität, Assoziation, Kognition. Dabei nimmt der Verfasser hauptsächlich auf technische Gegenstände Bezug. So wird zunächst der *agency*-Begriff semantisch ausdifferenziert, um dann die Wirksamkeit von Dingen hinsichtlich ihrer Normativität zu erörtern. In philosophischer Perspektive wendet sich Roßler dann dem Verhältnis von Dingen und Assoziationen zu, also einer relativ anspruchslosen menschlichen Verbindung mit Dingen. Erkenntnistheoretisch geht es um die Frage nach dem Mitwirken der Dinge beim Erkennen. Roßler kann zeigen, dass die Dinge mehr sind als Stützen im alltäglichen Handeln. Sie haben als normative Impulsgeber bzw. als Beteiligte bei Assoziations- bzw. Kognitionsprozessen immer dann einen wichtigen Anteil an gesellschaftlichen Prozessen, wenn Objektrealitäten und soziale Realitäten gewissermaßen verschmelzen.

Hans Peter Hahn arbeitet die konstitutive Ambivalenz von Dingen des Alltags heraus. Die Vielzahl möglicher Interpretationen bzw. die Polyvalenz der Dinge fordert eine eigene Methodologie, um die Rolle der Dinge in sozialen Kommunikationen verstehen zu können. Anhand von zwei Fallstudien zeigt Hahn auf, wie sich der Eigensinn der Dinge konkretisiert: das Kunstprojekt der „Stolpersteine" von Gunter Demnig und die Sammlungen der Franckeschen Stiftungen aus

74 Die Verwendung gendergerechter Sprache in den Beiträgen ist den jeweiligen Autor:innen überlassen worden.

dem 18. Jh. Die Voraussetzung für den Umgang mit der materiellen Welt ist der dauerhaft verfügbare Überschuss an möglichen Wahrnehmungen, wie es sich schon in der Wahrnehmungsphänomenologie Merleau-Pontys bzw. im Lebensweltbegriff von Husserl widerspiegelt. So erklärt sich der Umstand, dass sich bei scheinbar gleicher Wahrnehmung unterschiedliche Zugriffe einstellen. Dinge sind in diesem Sinne, methodologisch, immer als umstrittene Dinge aufzufassen. In der wissenschaftlichen Wahrnehmung gilt es Überbestimmungen zu vermeiden, vielmehr ist die heterogene Struktur der Dinge zu berücksichtigen, auf Assemblagen und Dingbewegungen zu achten.

Christian Grethlein untersucht den Dingkosmos der Taufe. Die Taufe nimmt historisch wie auch theologisch eine Sonderstellung unter den Kasualien ein, was möglicherweise auch dazu geführt hat, dass sich hier eine Vielzahl von Taufdingen angelagert hat. Neben dem Taufkleid, dem Taufbecken, dem Öl und den Fotos sind es insbesondere das Taufwasser und die Taufkerze, die der dinglichen Vermittlung der Tauferinnerung dienlich sind. Dabei kommen sie nicht nur in ihrer materiellen Ambivalenz in den Blick (Leben geben/Leben nehmen bzw. leuchten/verzehren). In theologischer Hinsicht zeigt sich auch eine Spannung von Taufe und Dingkontext: Die Mimesis Jesu bei der Taufe betont die Kommunikation zwischen Menschen. Die Dinge können allenfalls die Modi von Lehren und Lernen, gemeinschaftlichen Feiern und dem Helfen zum Leben unterstützen.

Sonja Beckmayer nimmt die Konfirmationsdinge über die gesamte Konfirmationszeit in den Blick, zumal die Konfirmation eine gestreckte Kasualie darstellt. In der religiös interessierten materiellen Kulturforschung haben sich drei Ebenen für den Umgang mit den Dingen herausgestellt: die Materialität selbst, der Gebrauch und die Bedeutung. Dinge wie das Bibelbuch, die Konfirmationskerze und -urkunde, aber auch Geschenke bzw. die Dinge, die nach der Konfirmation bleiben (Gruppenfoto mit Pfarrperson), werden hier darum hinsichtlich ihrer Materialität, ihres Gebrauchs und ihrer Bedeutsamkeit analysiert. Zugleich ist angesichts der zunehmenden Digitalität von einer „Entmaterialisierung" auszugehen. Es zeigt sich, dass die Konfirmation weniger von einem zentralen Ding, als vielmehr von einer Vielzahl von Dingen geprägt ist.

Kristian Fechtner geht der Materialität der Traudinge nach. Als Insignien der kirchlichen Feier sind die Trauringe und das Brautkleid besonders signifikant. Insbesondere an den Ringen zeigt sich die Liminalität des Ritus, da den Dingen eine Handlungs-, Wirkungs- und Deutungsmacht zukommt. Das Brautkleid als vestimentäre Spielfläche betont nicht nur die Einzigartigkeit des Ereignisses und die Besonderheit der Braut bzw. des Brautpaares. Als zweite Haut prägt es die kasuelle Inszenierung im Hinblick auf die Rollenausgestaltung und dient als Instrument des *doing gender*. Darüber hinaus kommt die besondere Bestuhlung einer Trauung in den Blick. Auch sie sind ein Element des Kasualgottesdienstes und strukturieren als „Traubühne" den Raum und das sich darin vollziehende Geschehen.

Manuel Stetter fragt im Kontext des Umgangs mit den Toten anhand empirisch gewonnener Daten nach den funeralen Dingen. Sie spielen zur Konstitution der Toten insofern eine Rolle, als sie in actu, d.h. am Ort ihres Auftretens in Gebrauch genommen werden. So zeigt sich exemplarisch am „doppelten Handschuh“ nicht nur eine Grenzziehung zwischen totem Körper und Umwelt, sondern auch eine mitunter nicht eindeutige Designation: der Tote als Körper, als Ding oder als Person. Der Handschmeichler, eine funerale Praxis, bei der dem Verstorbenen und den Angehörigen ein Herz aus Holz in die Hand gelegt wird, konstituiert ebenfalls die Toten als Tote. In dem Maße, wie sich eine Verbindung über den Sachgegenstand ausbildet, wird der Tote zu einer erinnerbaren Person. Der funerale Dingkontext kommt so in seiner Materialität und situativen Ingebrauchnahme an der Schnittstelle von Körper, Sache und Diskurs in den Blick.

Auch *Emilia Handke* widmet sich dem funeralen Kontext. Dabei kommt der Trauer- und Bestattungsort „Wald“ (Friedwald/Ruheforst) insofern als material bestimmter Raum in den Blick, als diesem soziale Akteure mitunter Handlungs- und Wirkmächtigkeit zuschreiben. Der Wald predigt offenbar mit. Insbesondere in der Analyse des zugrunde gelegten empirischen Materials zeigt sich, dass das „symbolische Kapital“, das dem Wald auch und gerade in der Poesie zugeschrieben wird, durch Pfarrpersonen und freie Ritualbegleiter nur in Ansätzen liturgisch wie auch homiletisch genutzt wird. Im Gegensatz dazu stehen Aussagen von Angehörigen zum Wald, die diesen zum eigentlichen Tröster erheben.

Jakob Kühn stellt abschließend die Frage nach der Dinghaftigkeit der Kasualrede. Diese ist insbesondere dann von Bedeutung, wenn das Phänomen der Mitgabe von ausgedruckten Kasualreden thematisch wird. Dabei wird im Prozess von pastoraler Produktion, Mitgabe und privater Archivierung das Verhältnis von Erinnerung und Materialität kenntlich. Die dinghafte Kasualrede als Text-Dokument erscheint dabei als aktivierbarer Erinnerungsgarant nicht nur für eine in der Textwelt entfaltete lebensgeschichtliche Vergangenheit, sondern auch für eine entworfene Zukunft.

Die Beiträge verdanken sich einer kleinen Fachtagung, die am 11./12. Juni 2021 von der Theologischen Fakultät Rostock initiiert wurde: „KasualDinge. Anmutung und Logik kirchlicher GegenStände“.

Literaturverzeichnis

ACHELIS, E. Ch.: Lehrbuch der Praktischen Theologie. Einleitung - die Lehre von der Kirche und ihren Ämtern - die Lehre vom Kultus, Bd. 1. Leipzig [3]1911/Freiburg i. B. [1]1890.

BECKMAYER, S.: Die Bibel als Buch. Eine artefaktorientierte Untersuchung zu Gebrauch und Bedeutung der Bibel als Gegenstand. Stuttgart 2018.

BELLIGER, A./KRIEGER, D. J. (Hg.): ANThology. Ein einführendes Handbuch zur Akteur-Netzwerk-Theorie. Bielefeld 2006.

BERLIN-BRANDENBURGISCHE AKADEMIE DER WISSENSCHAFTEN (Hg.): DWDS – Digitales Wörterbuch der deutschen Sprache, (https://www.dwds.de/ (Zugriff 11.6.22)).

BETHGE, C. W.: Kirchenraum. Eine raumtheoretische Konzeptualisierung der Wirkungsästhetik. Stuttgart 2015.

BÖHME, H.: Fetischismus und Kultur. Eine andere Theorie der Moderne. Reinbek 2006.

BOHREN, R.: Unsere Kasualpraxis – eine missionarische Gelegenheit? München 1968 /Erstveröffentlichung in: TEH 83. München 1960.

BROUWER, Ch.: Abschied von Dir. Die persönliche Anrede von Verstorbenen in protestantischen Trauer- und Begräbnisritualen. In: KLIE, Th. et al. (Hg.): Praktische Theologie der Bestattung. Berlin/Boston/München 2015, S. 229–250.

CLAUSSEN, J. H.: Gottes Häuser oder Die Kunst, Kirchen zu bauen und zu verstehen. München 2012.

DEGEN, R./HANSEN, I. (Hg.): Lernort Kirchenraum. Erfahrungen – Einsichten – Anregungen. Münster 1998.

DEPNER, A.: Dinge in Bewegung. Zum Rollenwandel materieller Objekte. Bielefeld 2015.

EHLERT, F.: Raumdeutungen. Eine religionspädagogische Studie zum Potential raumhermeneutischer Perspektiven für die Theorie und Praxis religiöser Bildung, Diss. Univ. Rostock 2017.

Eisenacher Regulativ. Eisenach 1861.

ERNE, Th.: Hybride Räume der Transzendenz. Wozu wir heute noch Kirchen brauchen. Studien zu einer postsäkularen Theorie des Kirchenbaus. Leipzig 2017.

Evangelisches Gesangbuch. Ausgabe für die Kirchenkreis Mecklenburg und Pommern der Evangelisch-Lutherischen Kirche in Norddeutschland. Leipzig 2010.

EYSELEIN, Ch.: Segnet Gott, was Menschen schaffen? Kirchliche Einweihungshandlungen im Bereich des öffentlichen Lebens. Stuttgart 1993.

FECHTNER, K.: Kirche von Fall zu Fall. Kasualien wahrnehmen und gestalten. Gütersloh 2003/[2]2011.

GIBSON, J. J.: Wahrnehmung und Umwelt. Der ökologische Ansatz in der visuellen Wahrnehmung. München/Wien 1982.

GOECKE-SEISCHAB, M. L./OHLEMACHER, J.: Kirchen erkunden – Kirchen erschließen. Ein Handbuch. Lahr 1998.

GRÄB, W.: Lebensgeschichten, Lebensentwürfe, Sinndeutungen. Eine praktische Theologie gelebter Religion. Gütersloh 1998.

GRAFF, P.: Geschichte der Auflösung der alten gottesdienstlichen Formen in der evangelischen Kirche Deutschlands, Bd. 1. Göttingen [2]1937.

HABERMAS, T.: Geliebte Objekte. Symbole und Instrumente der Identitätsbildung. Berlin 1996.

HANDKE, P.: Phantasien der Wiederholung. Frankfurt a. M. 1983.

HARMS, C.: Pastoraltheologie. Reden an Theologie-Studierende. Zweites Buch: Der Priester. Kiel 1831.

HARNACK, Th.: Einleitung und Grundlegung der Praktischen Theologie. Theorie und Geschichte des Cultus. Erlangen 1877.

HOFMANN, K. P. et al. (Hg.): Massendinghaltung in der Archäologie. Der material turn und die Ur- und Frühgeschichte. Leiden 2016.

JOOSS, E.: Raum. Eine theologische Interpretation. Gütersloh 2005.

JOSUTTIS, M.: Religion als Handwerk. Zur Handlungslogik spiritueller Methoden. Gütersloh 2002.

DERS.: Segenskräfte. Potentiale einer energetischen Seelsorge. Gütersloh 2000.

DERS.: Vom Umgang mit heiligen Räumen. In: KLIE, Th. (Hg.): Der Religion Raum geben. Kirchenpädagogik und religiöses Lernen. Münster [2]2000, S. 34–43.

KABEL, Th.: Handbuch Liturgische Präsenz. Zur praktischen Inszenierung des Gottesdienstes, Bd. 1. Gütersloh 2002.

KELLER, S.: Kirchengebäude in urbanen Gebieten. Wahrnehmung – Deutung – Umnutzung in praktisch-theologischer Perspektive. Berlin 2016.

KLIE, Th. et al.: Der Glanz des Lebens. Aschediamant und Erinnerungskörper. Göttingen 2019.

DERS. (Hg.): Der Religion Raum geben. Kirchenpädagogik und religiöses Lernen. Münster [3]2003/[1]1998.

DERS.: Wie die Praktische Theologie zur Sache kam. In: KELLER, S./ROGGENKAMP, A. (Hg.): Die materielle Kultur der Religion. Interdisziplinäre Perspektiven auf Objekte religiöser Bildung und Praxis. Bielefeld 2022. (Im Erscheinen)

DERS./FECHTNER, K.: Evangelische Textilien. Programmatische Überlegungen. In: DERS./KÜHN, J. (Hg.): FeinStoff. Anmutungen und Logiken religiöser Textilien. Stuttgart 2021, S. 7–22.
KLIE, Th./HUSMANN, B.: Gestalteter Glaube. Liturgisches Lernen in Schule und Gemeinde. Göttingen 2005.
KLIE, Th./KÜHN, J. (Hg.): Das Jenseits der Darstellung. Postdramatische Performanzen in Kirche und Theater. Bielefeld 2020.
DIES. (Hg.): Die Dinge, die bleiben. Reliquien im interdisziplinären Diskurs. Bielefeld 2020.
DIES.: FeinStoff. Anmutungen und Logiken religiöser Textilien. Stuttgart 2021.
Konkordienformel. Solida declaratio VII. Torgau 1577.
KRAMER, K. S.: Die Dingbeseelung in der germanischen Überlieferung. München 1940.
KUMLEHN, M. et al. (Hg.): Dinge zum Sprechen bringen. Performanz der Materialität. Festschrift für Thomas Klie. Berlin/Boston 2022.
KUNZ, R.: Streitsache Salböl. Plädoyer für ein Sakrament der Berührung. In: KUMLEHN, M. et al. (Hg.): Dinge zum Sprechen bringen. Performanz der Materialität. Festschrift für Thomas Klie. Berlin/Boston 2022, S. 77–105.
LATOUR, B.: Die Hoffnung der Pandora. Untersuchungen zur Wirklichkeit der Wissenschaft. Frankfurt a. M. 2002.
DERS.: Eine neue Soziologie für eine neue Gesellschaft. Einführung in die Akteur-Netzwerk-Theorie. Frankfurt a. M. 2007.
LUTHER, M.: Schmalkaldische Artikel. Wittenberg 1537.
DERS.: Schriften (1526). In: WA 19.
MÄDLER, I.: Transfigurationen. Materielle Kultur in praktisch-theologischer Perspektive. Gütersloh 2006.
MARHEINEKE, PH.: Entwurf der practischen Theologie. Berlin 1837.
MELANCHTHON, Ph.: Confessio Augustana. Das Augsburgische Bekenntnis. 1530.
MEYER-BLANCK, M.: Mehr als Holz und Stein. Die Kanzel als *locus principalis* evangelischer Liturgie und evangelischen Kirchenbaus. In: KUMLEHN, M. et al. (Hg.): Dinge zum Sprechen bringen. Performanz der Materialität. Festschrift für Thomas Klie. Berlin/Boston 2022, S. 121–133.
MÖLLER, Ch.: Die Predigt der Steine. Zur Ästhetik der Kirche. In: SEIM, J./STEIGER, L. (Hg.): Lobet Gott. Beiträge zur theologischen Ästhetik. Festschrift Rudolf Bohren zum 70. Geburtstag. München 1990, S. 171–178.
NEIJENHUIS, J.: Liturgische Textilien als Texte. Zur Semiotik gottesdienstlicher Gewänder. In: Pastoraltheologie 89, 2000, S. 158–174.
NIEBERGALL, F.: Die Kasualrede. Göttingen [3]1917.
NITZSCH, C. I.: Praktische Theologie, Bd. II/2. Bonn 1851.
PÉPIN, Ch.: Die Schönheit des Scheiterns. Kleine Philosophie der Niederlage. München 2017/ Original: Les Vertus de l`échec. Paris 2016.
RIETSCHEL, G.: Lehrbuch der Liturgik. Die Lehre vom Gemeindegottesdienst, Bd. 1. Berlin 1900.
RÖSSLER, D.: Grundriß der Praktischen Theologie. Berlin/New York 1986.
ROSSLER, G.: Der Anteil der Dinge an der Gesellschaft. Sozialität – Kognition – Netzwerke. Bielefeld 2015.
ROTH, U./GILLY, A. (Hg.): Die religiöse Positionierung der Dinge. Zur Materialität und Performativität religiöser Praxis. Stuttgart 2021.
SCHIVELBUSCH, W.: Das verzehrende Leben der Dinge. Versuch über die Konsumtion. München 2015.
SCHWIER, H.: Sind evangelische Realbenediktionen möglich? In: KLIE, Th. et al. (Hg.): On Demand. Kasualkultur der Gegenwart. Leipzig 2017, S. 109–133.
SELLE, G.: Siebensachen. Ein Buch über die Dinge. Frankfurt a. M. 1997.
STECK, W.: Praktische Theologie. Horizonte der Religion – Konturen des neuzeitlichen Christentums – Strukturen der religiösen Lebenswelt, Bd. 1. Stuttgart 2000.
DERS.: Praktische Theologie. Horizonte der Religion – Konturen des neuzeitlichen Christentums – Strukturen der religiösen Lebenswelt, Bd. 2. Stuttgart 2011.
TILLEY, Ch. et al.: Handbook of Material Culture. Los Angeles u.a. 2006.

UMBACH, H.: Heilige Räume – Pforten des Himmels. Vom Umgang der Protestanten mit ihren Kirchen. Göttingen 2005.

VELKD (Hg.): Segnung beim Umzug in eine neue Wohnung. Entwurf einer Handreichung zu Agende IV, Teilband 2. Hannover 2010.

VISCHER, F. Th.: Auch Einer. Eine Reisebekanntschaft, Bd. 1, Bd. 2. Stuttgart 1879.

WAGNER-RAU, U.: Segensraum. Kasualpraxis in der modernen Gesellschaft. Stuttgart 2000/ ^{2}2008.

Umstrittene Dinge – Zur konstitutiven Ambivalenz bedeutungsvoller Objekte

Hans Peter Hahn

1. Einleitung

Materielle Kultur hat etwas von einem Scheinriesen. So wie Tutur in Michael Endes Roman „Jim Knopf" aus der Ferne monumental und ehrgebietend aussieht, bei Annäherung aber immer mehr zusammenschrumpft, so geht es auch mit den Dingen des Alltags: In der Summe und aus einiger Distanz betrachtet, handelt es sich um eindeutige Objekte mit zweifelsfrei klaren Bedeutungen sowie einer eindeutigen und klaren Botschaft.[1] Bei einer allmählichen Annäherung hingegen entfällt die Provokation; die zuvor angenommene Eindeutigkeit weicht einer Vielzahl möglicher Interpretationen. Das gilt auch für religiöse Objekte, deren transzendentaler Gehalt nur in einer bestimmten Perspektive zweifelsfrei feststeht, in anderen Momenten hingegen ohne Weiteres hinterfragt werden kann.

Dieser *slippery ground* hat mancher Untersuchung zu materieller Kultur den Boden entzogen, nicht wenigen Ausstellungen ihrer Glaubwürdigkeit beraubt, und die Verquickung von Alltag und Materialität zu einem schwierigen Terrain für wissenschaftliche Untersuchungen werden lassen. Dennoch wäre es falsch, in diesem Phänomen eine Problematik zu sehen, die den Stellenwert des Materiellen in Frage stellt. Das würde einer alten westlichen Denkweise entsprechen, der zufolge der unterstellten Uneindeutigkeit des Materiellen nur durch den Entzug an Relevanz zu begegnen ist. Ideen, Denkweisen, abstrakten Werten und schließlich „textlichen" Aussagen wird demnach der Vorzug gegeben, gegenüber der Gegenständlichkeit des Alltags. Gegen eine solche Asymmetrie hat sich besonders deutlich Bruno Latour[2] gewandt, indem er das Selbstverständnis moderner Gesellschaften in Frage stellt. Wenn das Materielle nicht als Quelle der Erkenntnis herangezogen wird, wie ist es dann um die „Objektivität" im Umgang mit Quellen bestellt?

---

1 In diesem Kontext sei an Heideggers Unterscheidung zwischen Ding, Werk und Zeug erinnert (vgl. HAHN, Materielle Kultur, S. 20). Heidegger differenziert zwischen unterschiedlichen Modalitäten der Generierung von Bedeutung: Während das „Zeug" unansehnlich ist und nur aus dem Kontext heraus als „bedeutungsvoll" gelten darf, steht das „Werk" als autonome und offensichtlich bedeutsame Struktur dem Betrachter gegenüber. So überzeugend diese Auffächerung zwischen verschiedenen Formen der Erfahrung des Materiellen ist, so verfehlt Heidegger doch einen entscheidenden Punkt: Abgrenzung und zeitliche Kontinuität eines Objektes in einer Kategorie sind in vielen Fällen unklar und instabil (vgl. PORATH, Die Frage nach der Dinglichkeit).

2 Vgl. LATOUR, Anthropologie.

Der Ausgangspunkt dieses Beitrags behauptet die Notwendigkeit einer spezifischen Befassung mit dem Materiellen. Die Rolle der Dinge in der Gesellschaft muss besonders und in eigenständiger Weise berücksichtigt werden. Um die Bedeutungen des Materiellen zu verstehen, bedarf es einer eigenen Methodologie; und die Natur der daraus resultierenden Erkenntnisse muss sich notwendigerweise deutlich unterscheiden von der Interpretation von Texten.[3] Das Spezifische des Materiellen, dies sei hier provisorisch den weiteren Ausführungen vorangestellt, liegt in seiner Polyvalenz, in der Mehrstimmigkeit der Einbettungen und Bewertungen, wie es Roland Barthes schon vor über 50 Jahren geschrieben hat.[4]

Im Folgenden soll dies anhand von zwei Kategorien von wichtigen und als bedeutungsvoll geltenden Objekten beispielhaft erläutert werden. Bei beiden Fallstudien – den sogenannten Stolpersteinen und den Sammlungen der Franckeschen Stiftungen aus dem 18. Jh. – wird zu zeigen sein, dass die eigentlich intendierte Verweisfunktion in überraschender Weise in Frage gestellt wird und sich aus Konnotationen neue Hauptbedeutungen entwickeln, die eine einfache Lesart unmöglich machen. Diese Beispiele belegen eindringlich die Notwendigkeit einer offenen Lesart des Materiellen. Dies soll im Schlussteil näher ausgeführt werden, wobei auch auf die Geschichte solcher „offenen" Interpretationen im Bereich der Forschung zu materieller Kultur einzugehen sein wird.

2. Fallstudie 1 „Stolpersteine"

Seit nunmehr fast 30 Jahren engagiert sich der Künstler Gunter Demnig für die Umsetzung einer von ihm selbst entwickelten Idee, die sich in den breiten Strom der Erinnerungskultur an den Holocaust einordnet. Sein Anliegen ist es, das historische Geschehen mit dem Alltag der Gegenwart zu verknüpfen und vermittels der Kontinuität der Orte eine breitere Öffentlichkeit für das inhumane Handeln der Vergangenheit zu sensibilisieren.[5] Vor den Häusern und vor Häusern mit Wohnungen von Verfolgten und Opfern des Nazi-Regimes werden etwa handtellergroße Messingquader in den gepflasterten Boden des öffentlichen Gehwegs eingelassen.[6] In diesen Messingobjekten sind – für jeden Passanten lesbar – Name, Geburtsjahr, Datum der Deportation und, soweit bekannt, Ort und

---

3 Vgl. HAHN, Episteme; DERS., Dinge erkennen.

4 vgl. BARTHES, Mythen; SELLE, Ding ansieht.

5 vgl. HESSE, Stoplersteine.

6 Wie KAVČIČet al., Steine, S. 17, berichten, fokussiert sich das öffentliche Gedenken viel zu sehr auf zentrale Orte, wie z.B. ehemalige Konzentrationslager, während in der Bevölkerung kein hinreichendes Bewusstsein dafür existiert, dass Verbrechen der Nazi-Zeit auch in den Städten, in jeder Straße und in vielen Wohnungen begangen wurde. Gunter Demnigs Kunstwerk möchte einer solchen Verschiebung, die zugleich eine Verdrängung ist, entgegenwirken. *„Vor der eigene Haustür wird die Verdrängung schwieriger"* (Deming in CAMARADE, Le mémorial, S. 72).

Jahr des Todes eingraviert. Getreu dem Motto „Wissen schafft Aufmerksamkeit“ soll durch diese Information nicht nur auf das historische Unrecht hingewiesen werden, sondern auch die damalige Alltäglichkeit des verbrecherischen Handelns deutlich werden. Nach Auffassung des Künstlers ist es wichtig, Kunst nicht als abstrakte Werke zu inszenieren, sondern sie so nah als möglich mit Straßen, Nachbarschaften und Familienschicksalen zu verknüpfen.[7]

Diese Kunstobjekte scheinen auf den ersten Blick an Eindeutigkeit nicht zu überbieten sein. Nicht nur leuchtet die Oberfläche aus Messing und tritt gegenüber allen denkbaren Farben der Pflasterung deutlich hervor. Zusätzlich vermittelt die Inschrift eine eindeutige Botschaft: Es geht um Menschen, mit deren Namen und Lebensdaten sich Schicksale verbergen. Die Erinnerung wird konkret, das materielle Objekt stellt sich dem Vergessen buchstäblich in den Weg und fordert eine bewusste Auseinandersetzung mit dem Schicksal anderer und mit der Geschichte des Ortes. Allerdings führt das künstlerische Konzept und die Materialität des Messingquaders zu einer mitunter als gefährlich wahrgenommenen „Komplexitätsreduktion“.[8] So gibt es häufig die falsche Vorstellung, Stolpersteine würden nur an das Schicksal der verfolgten Juden erinnern. Richtig ist vielmehr, dass Demnig‘s Konzept ausdrücklich alle Opfer des Nazi-Regimes berücksichtigt. [9]

Obgleich bis zum Jahr 2021 über 90.000 solche Stolpersteine in über 1.800 Ortschaften in vielen Ländern Europas verlegt wurden,[10] bleibt diese Kunstform umstritten. Die Bedeutung scheint auf der Seite der Wahrnehmung in der breiten Öffentlichkeit viel weniger eindeutig als der Künstler und die mit ihm verbundenen Aktivisten es intendieren. Diana Popescu und Tanja Schult[11] haben es so formuliert: Der Erinnerung haftet stets ein Element der Unsicherheit an. Daraus ergibt sich diesen Autorinnen zufolge die Notwendigkeit von Rezeptionsstudien, um abzusichern, wie Erinnerungsobjekte wirklich verstanden werden.

Es gibt sogar einige Städte, wie z.B. München und Paris, die sich explizit gegen die Verlegung von „Stolpersteinen“ ausgesprochen haben. Auch wenn dafür im Einzelnen sehr unterschiedliche Gründe genannt wurden, so ist der Ablehnung doch eines gemeinsam: Die Verantwortlichen in diesen Städten misstrauen der Eindeutigkeit dieser Kunstform. „Stolpersteine“ sind ambivalente Objekte, deren Bedeutungen umstritten sind.[12]

7 Vgl. Demnig in KAVČIČ et al., Steine, S. 9.

8 Ebd., S. 39.

9 Zugleich ist eine signifikante Ausweitung der Bedeutungsfelder zu beobachten. Mittlerweile werden Stolpersteine auch für Verfolgte des Franco-Regimes in Spanien, für Opfer von Rassismus und Sklaverei in den USA und in Erinnerung an die Verbrechen der Diktatur in Chile installiert (vgl. KAVČIČ et al., Steine, S. 32).

10 Vgl. https://www.stolpersteine.eu/schritte Zugriff 21.04.2022.

11 Vgl. POPESCU und SCHULT, Holocaust, S. 137.

12 Vgl. Claire KAISER, (K)Ein Konzept, legt die unterschiedlichen Argumente gegen Stolpersteine in Frankreich dar. Insbesondere stören sich französische Behörden daran, dass die Erinnerung an Deportationen als eine Anklage gegen die französische Öffentlichkeit verstanden werden könnte. Deportationen waren jedoch in der Auffassung Frankreichs immer in der Verantwortung der deutschen Besatzer oder einzelner Kollaborateure.

Jasmin Wrobel[13] nähert sich dieser Ambivalenz von der Mehrdeutigkeit des Begriffs „Stolpern“ her. Wenn jemand stolpert, handelt es sich keinesfalls um einen intentionalen Akt; die sprachliche Konnotation verweist eher auf etwas Unvorbereitetes, das sich dem Stolpernden aufzwingt. Bedeutsamer im Hinblick auf das materielle Objekt ist aber wohl, dass es um die Füße geht und um etwas, auf das man treten kann und soll. Menschen treten auf Stolpersteine; sie tun dies sicher oftmals achtlos, und auch dem aufmerksamen Passanten kann ein achtloser Schritt, ein „drauftreten“ als erste Berührung widerfahren.

Stolpersteine markieren einen Ort und schaffen durch ihre Materialität eine Verbindung zwischen der einen, auf dem Stein genannten Person und den vielen, die den Fußweg täglich oder zumindest immer wieder einmal benutzen.[14] Diese Angleichung im Zugang – niemand muss einen besonderen Aufwand treiben, um das Objekt zu sehen – ist zweifellos die erste Provokation. Zudem wird durch die Nivellierung alles Verbindliche entwertet, jeder kann sich seine eigene Geschichte zu den im Messingobjekt eingravierten Namen und Daten machen. Verwandte von Opfern haben das Anbringen dieser Steine sogar mit dem Tragen eines Judensterns verglichen.[15] Den Weg der graduellen Überwindung der ursprünglichen Skepsis beschreibt Hélène Camarade[16] als „Aneignung“ dieser Objekte (z.B. durch Patenschaften) bis schließlich aus den Stolpersteinen insgesamt „soziale Skulpturen“ geworden sind.

Diese kleinen Mahnmale aus Messing sind ohnehin nicht gegen Vandalismus zu schützen: Während das Herausreißen aus dem Gehweg noch zu den weniger skandalösen Aktionen gehört, wurde auch schon die mutwillige Beschädigung, das Beschmieren und ähnliches beobachtet. Die Steine werden in solchen Fällen zwar als Objekte der Verbindung zu den Opfern wahrgenommen, aber das damalige Unrecht scheint nicht beachtet zu werden. Die Kritik von Ulrike Schrader[17] geht noch genauer auf die aus ihrer Sicht mit dem Objekt und seiner Positionierung verbundenen, problematischen Wissensstrukturen ein: Ihr zufolge erzeugt die Inschrift ein indexikalisches Wissen, fördert jedoch nicht die eigentlich zu erwartende Empathie. Das Faktische der Inschrift könnte sogar als Affirmation gelesen werden, wo doch eigentlich eine Sensibilisierung gefordert ist.

Im Jahr 2014 wurde flankierend zur Einsetzung der Steine selbst eine Initiative mit „virtuellen Stolpersteinen“ gestartet.[18] Durch das Einscannen eines QR-Codes sollen interessierte Passanten die Möglichkeit zur umfassenden, im Internet bereitstehenden Information in Text und Bild erlangen. Diese sicherlich gut begründete Erweiterung des Projekts stimmt in überraschender Präzision mit dem in der Einleitung erwähnten Misstrauen gegenüber den Botschaften des Materiellen überein: der konstatierten Uneindeutigkeit begegnet man mit einer zusätzlichen Vertextlichung des Mahnmals.

13 Vgl. Wrobel, Stolpern.
14 Vgl. ebd., S. 58f.
15 Vgl. ebd., S. 61.
16 Vgl. CAMARADE, Le mémorial, S. 79.
17 Vgl. SCHRADER, Die „Stolpersteine“.
18 Vgl. https://virtuellestolpersteine.wordpress.com Zugriff 21.04.2022.

Während die Kritik am Projekt „Stolpersteine" also die fortbestehende Ambivalenz des Kunstobjektes selbst hervorhebt, da die Klarheit in der Positionierung des Betrachters nicht in der erwünschten Weise gegeben ist, bemühen sich die Unterstützer, die Polyvalenz des Materiellen durch die (erwartete) Eindeutigkeit von Texten und Bildern entgegenzuwirken. Weil ein Objekt – aus der Nähe betrachtet – eben keine eindeutige Botschaft hat, wird versucht, mit heterogenen Assemblagen von Objekt, Bild und Text die intendierte Botschaft unmissverständlich zu überbringen. Die Trennlinie zwischen „Vernachlässigung" oder gar Respektlosigkeit einerseits und „Hochachtung" andererseits ist kaum eindeutig zu ziehen. Sie kann von verschiedenen Betrachtern immer wieder anders definiert werden. In der Unmittelbarkeit der Präsenz verschwimmen die Dinge; und die „Stolpersteine" verbleiben allzu oft in der Offenheit multipler oder gar widersprüchlicher Interpretationen. Bedeutungen entstehen im Moment der Betrachtung und sind – im Verhältnis zu einer textlichen Quelle – überraschend variabel.

3. Fallstudie 2 „Unterrichtsobjekte der Franckeschen Stiftungen"

Wissen entsteht vielfach über die Erkundung der materiellen Umwelt. Die Materialität des Lernprozesses ist bis in die Gegenwart ein hoch bewertetes Anliegen zahlreicher pädagogischer Prinzipien .[19] In jüngster Zeit ist sogar die Rede von „material literacy"[20], um die Komplexität des durch materielle Objekte vermittelten Erkenntniserwerbs zu betonen.[21]

Demnach ist der Reichtum der unmittelbaren Erfahrung konkreter, gegenständlicher Dinge ein wichtiger Zugang zum Erwerb von Wissen. Dafür sollten Kinder materielle Objekte anfassen, fühlen, sehen, riechen, und auf sie zeigen können. Deshalb sind das Materielle und der Umgang damit wichtig. Im Moment der Untersuchung des Gegenstands entsteht ein Empfinden für seine Eigenschaften. Das Material zu beherrschen, heißt auch, seine Stärken und Schwächen erkannt zu haben.[22]

Bedeutsame historische „Wissensorte", an denen diese Dimension erprobt wurde, sind die sogenannten Wunderkammern (oder Kuriositätenkabinette). Diese seit der frühen Neuzeit bei Feudalherren und auch vereinzelt in wohlha-

19 Vgl. ELSCHENBROICH, Die Dinge; MOLLENHAUER, Die Dinge.

20 Vgl. BECKER, Material Literacy.

21 Eine alternative Bezeichnung, die ebenfalls in der Schulpädagogik genutzt wird, ist „artifactual literacy" (vgl. PAHL und ROWSELL, Artifactual Literacies).

22 Die genaue Befassung mit materiellen Objekten verhilft dem Lernenden zur Einsicht in Komplexität und die oft widersprüchliche Natur des Materiellen. Dinge erfüllen oft gerade nicht bestehende Erwartungen, sie verlangen nach bestimmten Umgangsweisen etc. (vgl. PRIEM et al., Materialität der Erziehung).

benden bürgerlichen Kreisen beliebten Inszenierungen von Objekten verstand man als ein verdichtetes Abbild der Welt. Sie waren nicht nur Instrumente Distinktion des Fürsten, sondern dienten gleichermaßen der Belehrung und der Erbauung der Besitzer (durch die aufmerksame Betrachtung) der Objekte. Nach Ilse Jahn können sie als logische Ergänzung zur Bibliothek, genauer: als Ikonothek aufgefasst werden.[23]

Dabei waren diese Sammlungen weniger „einmalig" als es die Besitzer oft glauben wollten: Es gab sogar regelrechte Warenkataloge, nach denen die Besitzer ergänzende Materialien aus Amsterdam bestellen konnten. Die Vorstellung eines weltumspannenden Netzes von Handelsbeziehungen, die für die Verfügbarkeit von Objekten aus allen Kontinenten sorgten, ist auch für diese frühe Zeit nicht abwegig. Neben der Serialität der Beschaffung dieser Dinge als Waren trat im 17. und 18. Jh. auch eine standardisierte Ordnung, der zufolge diese Dinge in die Gruppen der Naturalia und Artificialia unterschieden wurden.[24]

Den hier interessierenden Sonderfall bilden die Franckeschen Stiftungen, da es sich dabei nicht um einen feudalen Palast handelt, sondern um ein Internat für Waisenkinder. Entsprechend der im Grundsatz eher bilderfeindlichen Einstellung der protestantischen Theologie, die die ideelle Basis der Anstalt bildete, wurden die dort verfügbare Sammlungen als ein wichtiges Instrument der Naturerkenntnis im schulischen Unterricht verstanden.[25] Die Objekte in der Sammlung könnten auch in einem weiteren Sinne als Weg der Erbauung verstanden werden.[26]

Für den Gründer und Namensgeber dieser Einrichtung, Herrmann Francke, bildeten die ab dem Jahr 1698 allmählich aufgebaute Sammlung mit der Stiftung eine Synthese.[27] Das Vorzeigen und Untersuchen der Dinge war ein integrierter Bestandteil des Unterrichts, ähnlich wie in den neuen reformpädagogischen Bewegungen. Man vertraute darauf, dass „emsige Naturforschung einen Begriff von der Vollkommenheit der Natur ermögliche".[28] Die Kunst der Verbindung

---

23 Vgl. JAHN, Sammlungen, S. 477.

24 Vgl. ebd., S. 81.

25 Vgl. MÜLLER-BAHLKE, Wunderkammer. BURKHARDT, Objekte und Materialien, betont die spezifische, von Francke selbst festgelegte Konzeption, nämlich durch die gesammelten und gezeigten Objekte die Welt kennenzulernen. Sie zitiert die historische Anleitung im Wortlaut: *„Da es nun der Haupt Zweck ist, die große Welt (und zwar Natur und Kunst) allhier im kleineren beisammen zu haben ... zum Nutzen der hiesigen Schuljugend und andere Gott und die Welt besser und zeitiger kennen zu lernen. (Instructionen für den Herumführer 1741)"* (BURKHARDT, Objekte und Materialien, S. 17).

26 Vgl. RIEKE-MÜLLER, Welt.

27 Vgl. LAUBE, Ordnung der Dinge. Wie MÜLLER-BAHLKE, Wunderkammer, S. 14, anschaulich schildert, verlief das Zustandekommen dieser Sammlung bis ca. 1740 anders als in den ähnlichen, feudalen Sammlungen: Da es für den Ankauf keinen Etat gab, war Francke auf die Überlassung von Doubletten und auf Spenden vermögender Bürger angewiesen. Dies zeigen die Bittschreiben von Francke. Diese Notwendigkeit verstärkte vermutlich den ungeordneten, arbiträren Charakter der Sammlung.

28 RIEKE-MÜLLER, Welt, S. 61.

unterschiedlicher Formen aus Natur und Kultur sollte zudem die Fähigkeit des objektiven Urteils fördern.[29]

Wichtig war auch die Idee der göttlichen Ordnung: Jedes Objekt im Naturreich (Pflanzen, Tiere, Mineralien) und im Bereich der Artefakte stand für die Verkörperung, die pietistische Theologen wie Caspar Friedrich Neickel in der Welt zu erkennen glaubten.[30] Spätestens für das Jahr 1741 ändert sich dieser eher „theologische" Zugriff und wird durch eine wissenschaftlich begründete Ordnung der Objekte ersetzt. Im Zentrum dieses Paradigmenwechsels steht Gottfried August Gründler, der beauftragt worden war, eine Klassifikation und ein Inventarbuch zu verfassen, und zudem spezielle Möbelstücke herstellen zu lassen, die sodann im obersten Stockwerk der Anstalt aufgestellt wurden. Es handelt sich um sechs Schränke für die Naturalien und zehn Schränke für die Artefakte.

Wobei viele der Objekte der Kunstkammer von Missionen kamen, die diese ordnungsgemäß als Objekte des „Götzendienstes" etikettierten. Eine wichtige Innovation dieser Sammlungen war es nach Rieke-Müller,[31] die Ethnographica nicht den Naturalien zuzuordnen, sondern daraus eine eigene Kategorie unter den Artefakten zu bilden.[32] Wie Rieke-Müller weiter berichtet, wurden jedoch die zahlreichen religiösen Objekte, die unmittelbar neben indigenen Formen von Kruzifixen standen, zu einem didaktischen Problem.

Deshalb ist das Ergebnis der 1736–40 von Gründler geschaffenen „Ordnung" paradoxal: die Arbeit an den Schränken wurde niemals vollendet, Gründler vorzeitig von seiner Arbeit suspendiert. Nach der Einordnung in Schränke genoss die Sammlung eine beträchtliche öffentliche Aufmerksamkeit, aber sie wurde nicht mehr für den Unterricht verwendet. Ab diesem Zeitpunkt hatten die Schüler keinen regelmäßigen Zugang mehr zu den Sammlungen, und auch eine kleinere Unterrichtssammlung schien keine Bedeutung für die schulische Praxis mehr zu haben.[33]

Die genauen Gründe für den Verzicht auf die Verwendung im ursprünglichen Sinne wurden nicht schriftlich dokumentiert, und müssen interpretativ erschlossen werden. Aber die Gleichzeitigkeit der Anerkennung als „sehenswerte Sammlung" und die Marginalisierung im Unterrichtskontext liefert doch starke Anhaltspunkte. Vermutlich führt die unüberbrückbare Differenz zwischen dem pietistischen Weltbild und den Aussagen der nunmehr wohlgeordneten Sammlung zur zunehmenden Distanz zu den unterrichteten Inhalten. Die Evidenz der

29 Vgl. LAUBE, Ordnung der Dinge.

30 Vgl. TREPP, Matters of Belief, S. 133.

31 Vgl. RIEKE-MÜLLER, Welt.

32 Der allmähliche Übergang von der universalistischen Betrachtung hin zu einer mehr und mehr nach Wissensdisziplinen gegliederten Betrachtung im Verlauf des 18. Jh. wurde von Ingo UHLIG, Ordnung, genauer nachgezeichnet.

33 Vgl. MÜLLER-BAHLKE, Wunderkammer, S. 18. Als ein Ergebnis der Objektbetrachtungen früherer Generationen von Schülern, die später als Missionare in vielen Teilen der Welt tätig waren, ist die Rücksendung von Objekten aus diesen Regionen zu betrachten (vgl. TREPP, Matters of Belief, S. 135. Die Ausstrahlung der ursprünglichen – ungeordneten – Sammlung führte auch nach 1741 zum Zustrom an Objekten, die allerdings nicht mehr für den Unterricht verwendet wurden.

unmittelbaren Objektbetrachtung, der zufolge alle Kulturen der Welt, die eine oder andere Form einer Religion praktizieren, wurde als eine theologisch nicht vertretbare Perspektive verstanden. Die Dinge der Wunderkammer wurden deshalb aus dem pietistischen Erkenntnisprozess ausgesondert.

Auf einer allgemeineren Ebene ist auch hier mit der Polyvalenz der Dinge zu argumentieren. Die Objekte in den Schränken waren eben zugleich „mehr" als nur ein Abbild der bekannten Welt, weil sie nicht der vorgegebenen Ideologie entsprachen, und zugleich „weniger", weil sie sich als wertgeschätzte Spezialsammlungen der Entomologie oder im Feld der Conchylien erwiesen. Es galt nicht mehr „die Welt insgesamt", anstelle dessen traten „spezialisierte Wissensgebiete" in den Vordergrund. Der Eigensinn der Dinge äußerte sich in einem geänderten Referenzrahmen, der aufgrund der Systematisierung von Gründler offenkundig wurde: Weder konnten die Objekte für die universelle Gültigkeit des pietistischen Weltbildes einstehen, noch war die zunächst intendierte Adressatengruppe, die Schüler des Internats, in der Lage den spezifischen Wert bestimmter Sammlungsteile als Lernobjekte für das pietistische Weltbild zu nutzen.

Die Dinge in der Sammlung sind zugleich eindeutig (z.B. für die Fachleute) als auch unspezifisch (als „Abbild der Welt"). Beide Dimensionen wirken aber auch in andere, nicht vorhergesehene Richtungen: So wird aus dem Ort der Kontemplation ein Ort der Wissenschaft, aus der Intention ein bestimmtes Weltbild zu festigen, wird durch die Betrachtung der Sammlung eine Öffnung hin zur Vielfalt der Weltbilder.

Vor einigen Jahren versuchte eine aktuelle Ausstellung durch eine Verfremdung der Objekte und durch neue, von der historischen Wunderkammer inspirierte Sammlungen die Dynamik immer neuer Bedeutungen anschaulich zu machen. In dieser Ausstellung mit dem Titel „Assoziationsraum Wunderkammer"[34] wurden Künstler aufgefordert, eigene auratische Objektassemblagen zu schaffen, ohne Rücksicht auf die ursprüngliche Intention einer „Abbildung der Welt" zu nehmen. Nike Bätzner[35] ging es nach eigener Auffassung darum, den Weg der Rationalisierung, der in Foucaults Diskursanalyse seinen Gipfel und seine Vollendung fand, umzukehren. Die banalen Dinge sollten sich wieder im assoziativen Nebeneinander auratisch aufladen.

Bätzner[36] sieht im lustvollen Nebeneinander und im freien assoziativen Denken über Dinge eine Gemeinsamkeit zwischen der Wunderkammer des frühen 18. Jh. und dem „objet trouvé" der Surrealisten. Sie verweist unter anderem auf André Breton[37], der ebenfalls eine Sammlung anlegte, ohne dabei eine wissenschaftliche Ordnung der Sammlung anzustreben.[38] Nun ist es eher unsicher, ob

34 BÄTZNER, Assoziationsraum.

35 Vgl. ebd., S. 34.

36 Vgl. ebd., S. 27.

37 In einem frühen Dokument (vgl. BRETON, Équation) betont Breton die Freiheit der Assoziation, die ein „objet trouvé" konstituiert. Das ist natürlich exakt das Gegenteil der historischen Motivation von Hermann Francke.

38 BÄTZNER, Assoziationsraum, S. 28, bezieht sich auf frühe Ausstellungen der Surrealisten in Berlin, bei denen ein „Sammelsurium" an Dingen gezeigt worden sei.

es möglich sein wird, durch künstlerische Intervention die Rationalität im Objektzugang zurückzudrängen. Offensichtlich ist aber, dass der Paradigmenwechsel in den Sammlungen der Franckeschen Stiftung und der Zeit um 1740 nicht zu der erwarteten Aufwertung und Eindeutigkeit geführt hat. Anstelle dessen entstand eine Patt-Situation, in der zwar das öffentliche und wissenschaftliche Interesse gegeben waren, die Nutzung im ursprünglichen Interesse der Stiftung nicht mehr zweckmäßig erschien.

4. Über die Polyvalenz der Dinge

Die beiden hier etwas ausführlicher referierten Beispiele scheinen auf den ersten Blick wenig miteinander zu tun haben. Sie liegen zeitlich weit auseinander und betreffen recht unterschiedliche Wissenskategorien. Geht es bei den Stolpersteinen um ein zeitgenössisches und öffentlich weithin sichtbares Phänomen, so betreffen die Sammlungen der Franckeschen Stiftungen eine historisch alte Wissensinstitution, deren größte Relevanz in der ersten Hälfte des 18. Jh. lag. Diese Sammlung ist heute in erster Linie ein Museum der Wissensgeschichte.

Betrachtet man diese Dinge jedoch unter dem Blickwinkel der in ihrem Kontext zu beobachtenden epistemischen Verschiebungen, so gibt es einige Verbindungen. In beiden Fällen gibt es eine starke und öffentliche Positionierung: Die Bedeutungen der Dinge sind durch Aussagen der wichtigsten Akteure (Hermann Francke und Gunther Demnig) zunächst einmal mit weithin anerkannten Themenkomplexen verknüpft; sie scheinen aus diesem Grunde klar konturiert. Dennoch sind die Vorstellungen einer eindeutigen und unwidersprochenen Bedeutung der Dinge und der Glaube an die Möglichkeit der sozialen Übermittlung einer solchen Bedeutung naiv oder wenigstens „banal". Wie hier dargelegt wurde, drängen sich Widerspruch und differierende Auffassungen auf und werden ihrerseits in der öffentlichen Wahrnehmung wirksam. Nach Theodor Adorno[39] würde ein auf eine singuläre und homogene Interpretation aufbauendes semiotisches Modell gegenüber dem Menschenbild der modernen Gesellschaft in unerträglicher Weise zurückfallen und mithin die Komplexität von Wahrnehmung unterschätzen.

Wie Adorno in seiner fundamentalen Kritik an der Kulturtheorie von Thorstein Veblen herausstellt, gilt Folgendes: Obgleich in jeder Kultur Bedeutungen existieren, und diese auch eine gewisse Dominanz haben, impliziert kulturelles Handeln stets auch Widerspruch und das Generieren von neuen Bedeutungen. Da Kultur niemals lediglich ein Nachahmen des Vorgegebenen ist, bedeuten die Freiräume der Re-Definition und der kritischen Auseinandersetzung den humanitären Kern einer jeden Kultur.[40] Wenn Kultur als Inbegriff einer solchen Dy-

39 Vgl. ADORNO, Veblens Angriff.

40 In Adornos konkretem Beispiel geht es um die Zurückweisung der These von Th. VEBLEN, Theorie, der zufolge kulturelle Innovation stets von der Elite ausgeht und von den ande-

namik aufgefasst wird, muss das zweifellos auch für Dinge gelten: Eine Sammlung exotischer Objekte ist niemals exklusiv ein Zeichen für Gottes Präsenz auf Erden, sondern in ihr schlummern immer auch das Fachwissenschaftliche und sicher auch Zeugnisse religiöser Pluralität. Niemals ist ein Stolperstein nur Erinnerungsobjekt! Dieses Kunstwerk ist potenziell immer auch vernachlässigter Alltagsgegenstand. Die Vorstellung von der „Stabilität" einer bestimmten Bedeutung ist Adorno zufolge nicht mehr als eine Strategie der Mächtigen, um ihre Macht zu erhalten.[41]

Während Adorno also eine epistemische Öffnung in der gesellschaftlichen Perspektive auf das Materielle fordert, sind die Dynamiken in den Fallstudien noch weitergehend: Hier finden echte Kontroversen statt, und die epistemische Verschiebung zwingt, dann auch die Relevanz der Gegenposition anzuerkennen. Diese Erweiterung ist wichtig, um das Spezifische materieller Kultur herauszuarbeiten. Für ein Gedankenexperiment ist es nützlich, für einen Moment die Perspektive umzukehren. Aus Sicht der Dinge sind verschiedene Relevanzniveaus und unterschiedliche Perspektiven der Bedeutung nämlich viel weniger relevant. Dinge kommen recht gut damit aus, über lange Zeit hinweg vernachlässigt oder gar vergessen zu werden. Genauso wenig „schadet" es ihnen, plötzlich im Licht der Aufmerksamkeit zu stehen. Auch Änderungen im Status überstehen sie in vielen Fällen unbeschadet.[42]

Es ist sinnvoll, sich solche in Statusänderungen resultierenden epistemischen Verschiebungen genauer anzusehen. Was passiert mit den Dingen in den Augen der Betrachter? Warum ist es möglich, zuvor nicht Erkanntes, nicht intendierte Bedeutungen so prominent in den Dingen zu sehen, obgleich diese sich materiell nicht verändern?

Eine überzeugende Antwort darauf hat Maurice Merleau-Ponty mit seinem Buch „Phänomenologie der Wahrnehmung"[43] vorgelegt. Sein Ansatz besteht darin, der Wahrnehmung eines Objekts seine Objektivität zu nehmen, und die wahrgenommenen Qualitäten der Umwelt (laut – leise, hell – dunkel, warm – kalt, variierend – eintönig, etc.) insgesamt in das Handeln und Denken des Betrachters hinein zu verlegen. Das gilt insbesondere für materiell erfahr-

---

ren sozialen Gruppen lediglich nachgeahmt wird. Deutungsoffenheit und die Freiheit zur Kritik als Basis von Kultur sind auch in der von Adorno so genannten „Kulturindustrie" zu erkennen: Eine in der Affirmation erstarrte Gesellschaft verliert zunächst ihre Urteilsfähigkeit und schließlich auch ihre Kultur.

41 Schon im Jahr 1941 hat Adorno seine Skepsis gegenüber der Kulturindustrie so formuliert, in der im Jahr 1977 erschienenen deutschen Übersetzung ist vom „Habitus der Kulturindustrie" die Rede, dessen Aufgabe die „Affirmation des Lebens" (ADORNO, Leichte Musik, S. 53) sei, allerdings ohne jede kritische Reflexion.

42 Geschichten aus der Perspektive der Objekte zu erzählen ist ein problematisches aber vielfach angewendetes stilistisches Mittel. Obgleich damit eine unangemessene Anthropomorphisierung einhergeht, gibt es doch auch das Momentum der völlig ungewohnten Perspektive (vgl. HAHN, Dinge erzählen). Diese treibende Kraft ermöglicht Verknüpfungen, die sonst kaum zu erzählen wären. Insbesondere geht es um „Entbettung" und „Wiedereinbettung" in einen anderen Kontext, was literarisch in sogenannten „Dinggeschichten" schon vielfach genutzt wurde.

43 MERLEAU-PONTY, Phänomenologie.

bare Objekte. Das klassische Beispiel der Wahrnehmungsphänomenologie ist der Phantomschmerz, eine Empfindung, die von einem aufgrund von Amputation nicht mehr vorhandenen Arm oder Bein ausgeht.[44] Nach Merleau-Ponty sind die Besonderheiten der Wahrnehmung (als Empfindung gedacht) auch im Bereich der Farben relevant: Wie genau eine Farbe wirkt, wo die Grenze zwischen hellgrün und dunkelgrün liegt, ist stets im Bereich des subjektiven Empfindens des Wahrnehmenden festgelegt. Dinge, so wäre dieses Konzept auf das hier interessierende Problem anzuwenden, ermöglichen ein Spektrum unterschiedlicher Wahrnehmungen, die mit verschiedenen Bewertungen einhergehen.

Merleau-Ponty konnte diese Zusammenhänge nur deshalb so klar herausstellen, weil er auf die Philosophie seines Lehrers Edmund Husserl und dessen Konzept der Lebenswelt zurückgriff. In den 1930er Jahren veröffentlicht, versuchte Husserl mit der philosophischen Bestimmung des Begriffes der „Lebenswelt" auf die Variabilität der subjektiven Erfahrung in jeder gesellschaftlichen Realität zu reagieren.[45] Eine Lebenswelt entsteht aus der Verbindung der Erfahrungen eines Individuums mit den auf ihn einströmenden Wahrnehmungen. Die Aufnahme solcher Wahrnehmungen – also die daraus resultierende Empfindung – ist notwendigerweise immer selektiv: Die Zahl der möglichen Wahrnehmungen ist stets höher als die subjektiv als bedeutungsvoll bewerteten Empfindungen. Für die Lebenswelt im Sinne Merleau-Pontys ist die Körperlichkeit aller Empfindungen wichtig: Die Voraussetzung für die Aufnahme einer Wahrnehmung ist der eigene wahrgenommene Körper.[46]

Die Lebenswelt ist stets mit der Intentionalität verbunden, zugleich aber hat sie keine scharfe räumliche Grenze und entsteht letztlich im Denken des Subjekts über seine Umwelt.[47] Besser als jedes andere Konzept erklärt die „Lebenswelt", warum unterschiedliche Empfindungen auch bei einer scheinbar gleichartigen Wahrnehmung möglich sind. Bezogen auf die Frage epistemischer Verschiebungen erklärt der Begriff der Lebenswelt zudem, wie die gleichen" Objekte zu verschiedenen Empfindungen und in der Folge unterschiedlichen Bewertungen führen können. Stets strömen auf das Subjekt eine größere Menge an Sinnesreizen ein, als dieser wahrnehmen, realisieren und als bedeutungsvoll empfinden kann.

Im Rahmen dieses Modells der Lebenswelt kann der permanent verfügbare Überschuss der möglichen Wahrnehmungen, gemessen an dem, was als Empfindung für ein Subjekt Relevanz erlangt, als eine Voraussetzung des Umgangs mit der materiellen Umwelt aufgefasst werden.[48] Dinge entziehen sich der sozialen

---

44 MERLEAU-PONTY, Phänomenologie, S. 100–107, begründet den Phantomschmerz zunächst mit der Frage der Gewohnheit: Die Gewöhnung einer Empfindung führt zu dieser kognitiven Besonderheit. Dabei geht es nicht nur um die „Erinnerung", sondern um die – nicht zutreffende – Vorstellung der Präsenz des amputierten Körperteiles. Vgl. auch Sónia SILVA, Mobility.

45 Vgl. HUSSERL, Krisis; LEISTLE, Bemerkungen.

46 Vgl. THRIFT, Strange Country, S. 9.

47 Vgl. ESSBACH, Gesellschaft, S. 55.

48 In der zeitgenössischen Debatte um material culture hat niemand deutlicher als Graham HARMAN, Introduction, die Möglichkeiten unterschiedlicher „Objektwahrnehmungen"

und kulturellen Kontrolle ihrer Bedeutungen, indem sie die Möglichkeit bieten, immer wieder andere Aspekte wahrzunehmen. Diese Unabgeschlossenheit des Materiellen ist konstitutiv für die Rolle der Dinge in der Gesellschaft.

5. Schluss: Gegen die Trägheit der Materie

Geisteswissenschaftliche Analysen bestimmter historischer oder zeitgenössischer Konfigurationen der Gesellschaft ziehen vielfach materielle Objekte als Niederschlag oder Ausdruck der beschriebenen Verhältnisse heran. Die in das Zentrum dieses Beitrags gestellten Fallbeispiele gehen noch einen Schritt weiter. Das Zeigen dieser Objekte ist intendiert, um einen bestimmten Zusammenhang deutlich zu machen, um eine Ordnung oder ein historisch relevantes Verbrechen sichtbar zu machen. Im Lichte der im letzten Abschnitt präsentierten Ausführungen über die Offenheit der Wahrnehmungen muss das „In-Dienst-stellen" der Objekte scheitern.[49]

Dinge sind weder passive Zeugen einer Ideologie, noch sind sie immerwährend gleichbleibende Träger irgendwelcher Botschaften. Dinge sind auch nicht die ruhende Masse, die verlässliche Basis oder ein Art Sediment gesellschaftlicher Bedeutungen. Die Bedeutungen und die Fähigkeit kontroverse Bedeutungen an sich zu ziehen sind genuine Eigenschaften des Materiellen. Erst diese methodologisch begründete „Verunsicherung" macht aus den Dingen lohnende Studienobjekte. Dinge, so wie z.B. die Stolpersteine oder die Sammlungen der Franckeschen Stiftung, stehen für Kontroversen, sie helfen Konfliktlinien zu verstehen. Daraus folgt eine Reihe von Anregungen zum Studium materieller Kultur, die sich zweifellos verallgemeinern lassen:

1. Überbestimmung vermeiden! Wann immer ein Objekt lediglich als Zeuge einer bestimmten Bedeutung herangezogen wird, ist aus der Sicht der materiellen Kultur zu fragen, welche anderen Bedeutungen zugleich mit diesem Objekt verknüpft sind.

2. Formen der Integration des Materiellen im Alltag beobachten! Welchen Status zwischen „Hochachtung" und „Marginalisierung" ein Objekt im Alltag einnimmt, ist von größter Bedeutung für die Interpretation. Nicht alle Dinge sind gleich wichtig, auch wenn eine besondere Bedeutung oft nicht explizit ist, sondern nur durch genaue Beobachtung aufgedeckt werden kann.

3. Auf Assemblagen achten! Materielle Kultur besteht zunächst einmal nicht aus Einzeldingen, sondern aus einer heterogenen Struktur von Objekten, die

---

thematisiert. Aus seiner Sicht muss geradezu jedes Objekt aus zumindest drei Perspektiven gesehen werden (vgl. HARMAN, Quadruple; Ders., Tisch): Welche Perspektive nun „relevant", welche hingegen vernachlässigt wird, ist eine Frage der Lebenswelt des Betrachters.

49 Gudrun KÖNIG zeigt in dem Aufsatz mit dem Titel „Auf dem Rücken der Dinge" die Problematik einer vereinfachenden Interpretation, die Widersprüche ausklammert und damit Dinge spezifischen Kontexten dienlich macht.

unterschiedliche Eigenschaften haben. Typischerweise ist vielen Menschen der zusammengesetzte Charakter nicht bewusst und tritt erst hervor, wenn die Geschichten zu Dingen thematisiert werden.[50]

4. Unvorhergesehene Dingereignisse verstehen! Dinge sind viel öfter in Bewegung als es wahrgenommen wird. Dieser Feststellung liegt ein erweiterter Begriff von Bewegung zugrunde: Es geht nicht nur um zielgerichtete Warenströme oder Wohnungsauflösungen,[51] sondern auch um Mikrobewegungen, wie das neue Arrangement des Mobiliars in einer Wohnung, die neue Ordnung in einer Schublade, oder das Vergessen-Werden eines Gegenstands im Keller. Jeder Veränderung im Raum, jede dadurch entstehende neue Assemblage ist es wert, als neue Bedeutung gelesen zu werden. Gerade die Momente der Verschiebung im Raum oder der Veränderung der Kontexte sind Ereignisse, die viel über Assoziationen und Bedeutungen aussagen.

Dinge sind in Bewegung, Dinge bewegen die Gesellschaft insgesamt wie auch die Individuen. Aus diesem Grund ist es vorrangig, auf Aushandlungen über den Staus und die Bedeutung von Dingen zu achten und dabei auftretende Widersprüche als einen eigenständigen Zugriff zum Verstehen von Gesellschaften zu begreifen.

Literaturverzeichnis

ADORNO, Th. W.: II. Leichte Musik. In: DERS. (Hg.): Einleitung in die Musiksoziologie. Frankfurt a. M. ²1977, S. 35–54. (original: On Popular Music. In: Zeitschrift für Sozialforschung/Studies in Philosophy and Social Science 9, Heft 1, 1941, S. 17–48.)

DERS.: Veblens Angriff auf die Kultur. In: DERS. (Hg.): Prismen. Kulturkritik und Gesellschaft. Frankfurt a. M. 1955, S. 82–111. (original: Veblen's Attack on Culture. In: Studies in Philosophy and Social Science, Heft 3, 1941, S. 389–413.)

BARTHES, R.: Mythen des Alltags. Frankfurt a. M. 1964. (original: Mythologies. Paris 1957)

BÄTZNER, N.: Assoziationsraum Wunderkammer. Expeditionen einer Art combinatoria. In: DERS. (Hg.): Assoziationsraum Wunderkammer. Zeitgenössische Künste zur Kunst- und Naturalienkammer der Franckeschen Stiftungen zu Halle. Wiesbaden 2015, S. 25–38.

BECKER, Chr.: Material Literacy – Eine Perspektive für den Textilunterricht. In: BÖKWE (Berufsverband Österreichischer Kunst- und WerkerzieherInnen), Heft 1, 2007, S. 129–139.

BRETON, A. (1934): Équation de l'objet trouvé. In: Documents 34, 1934, S. 17–24.

BURKHARDT, S.: Objekte und Materialien. Zur Bedeutung des Zeigens in kunstpädagogischen Zusammenhängen (Kunstpädagogische Positionen 39). Hamburg 2018.

CAMARADE, H.: Le mémorial des Stolpersteine. Histoire, enjeux et phénomènes d'appropriation à l'ère de l'essoufflement de la commémoration. In: Allemagne d'aujourd'hui 225, Heft 3, S. 69–86.

DEPNER, A.: Dinge in Bewegung. Zum Rollenwandel materieller Objekte. Eine ethnographische Studie über den Umzug ins Altenheim. Bielefeld 2015.

ELSCHENBROICH, D.: Die Dinge. Expeditionen zu den Gegenständen des täglichen Lebens. München 2010.

ESSBACH, W.: Die Gesellschaft der Dinge, Menschen, Götter. Wiesbaden 2011.

50 Vgl. SELLE und BOEHE, Leben.

51 Vgl. DEPNER, Dinge in Bewegung.

HAHN, H. P.: Dinge erkennen. Materialität und die Formierung der Ethnologie als Wissenschaft. In: HILGERT, M./HOFMANN, K.P./SIMON, H. (Hg.): Objektepistemologien (Berlin Studies of the Ancient World 59). Berlin 2018, S. 69–87.

DERS.: Fragwürdige Episteme der Materialität. Warum Theorien materieller Kultur die Komplexität der Dingwelt unterschätzen. In: Österreichische Zeitschrift für Volkskunde 120, Heft 3 u. 4, 2017, S. 189–208.

DERS.: Materielle Kultur. Eine Einführung. Berlin 2005.

Ders.: Wenn Dinge erzählen. Potential und Problematik der Objektbiografien. In: BLAMBERGER, G./GÖRNER, R./ROBANUS, A. (Hg.): Biography – A Play? Poetologische Experimente mit einer Gattung ohne Poetik. Paderborn 2020, S. 209–228.

HARMAN, G.: Der dritte Tisch. Ostfildern 2012.

DERS.: Editorial Introduction for the Topical Issue "Object-Oriented Ontology and Its Critics". In: Open Philosophy 2, 2019, S. 592–598.

DERS.: The Quadruple Object. Alresford 2011.

HESSE, H.: Stolpersteine. Idee. Künstler. Geschichte. Wirkung. Essen 2017.

HUSSERL, E.: Die Krisis der europäischen Wissenschaften und die transzendentale Phänomenologie. Philosophia , 1936, S. 77–176.

JAHN, I.: Sammlungen – Aneignung und Verfügbarkeit. In: GROTE, A. (Hg.): Macrocosmos in Microcosmo. Die Welt in der Stube. Zur Geschichte des Sammelns 1450–1800 (Berliner Schriften zur Museumskunde 10. Opladen 1994, S. 475–500.

KAISER, C.: (K)Ein Konzept für Frankreich? Das Projekt Stolpersteine im Erinnerungskontext der Fünften Republik. In: KAVČIČ, S. et al. (Hg.): Steine des Anstoßes. Die Stolpersteine zwischen Akzeptanz, Transformation und Adaption. Berlin 2021, S. 124–147.

KAVČIČ, S. et al.: Steine des Anstoßes. Die Stolpersteine zwischen Akzeptanz, Transformation und Adaption. Berlin 2021.

KÖNIG, G. M.: Auf dem Rücken der Dinge. Materielle Kultur und Kulturwissenschaft. In: MAASE, K./WARNEKEN, B. J. (Hg.): Unterwelten der Kultur. Themen und Theorien der volkskundlichen Kulturwissenschaft. Köln u.a. 2003, S. 95–118.

LATOUR, B.: Wir sind nie modern gewesen. Versuch einer symmetrischen Anthropologie. Berlin 1995. (original: Nous n'avons jamais été modernes. Essai d'anthropologie symétrique, Paris 1991).

LAUBE, S.: Eine andere Ordnung der Dinge. Die Kunst- und Naturalienkammer der Franckeschen Stiftungen in Halle. In: FAZ, Heft 15, 2006, S. 3.

LEISTLE, B.: Einige Bemerkungen zum Verstehen fremder Lebenswelten in der Ethnologie. In: Curare. Journal of Medical Anthropology and Transcultural Psychiatry 30, Heft 2 u. 3, 2007, S. 163–176.

MERLEAU-PONTY, M.: Phänomenologie der Wahrnehmung. Berlin 1966. (original: Phénoménologie de la perception. Paris 1945).

MOLLENHAUER, K.: Die Dinge und die Bildung. In: BRAUN, K.-H./WUNDER, D. (Hg.): Neue Bildung, neue Schule. Weinheim 1987, S. 32–46.

MÜLLER-BAHLKE, Th.: Die Wunderkammer der Franckeschen Stiftungen. Halle 1998.

PAHL, K./ROWSELL, J.: Artifactual Literacies: Every Object Tells a Story. New York 2010.

POPESCU, D. I./SCHULT, T.: Performative Holocaust Commemoration in the 21st Century. In: Holocaust Studies 26, Heft2, 2020, S. 135–151.

PORATH, E.: Die Frage nach der Dinglichkeit - Heidegger und das Geschlecht der Dinge zwischen Entzug und Ereignis. In: ECKER, G./BREGER C./SCHOLZ, S. (Hg.): Dinge. Medien der Aneignung, Grenzen der Verfügung. Königstein i. Ts. 2002, S. 256–272.

PRIEM, K. et al.: Die Materialität der Erziehung. Kulturelle und soziale Aspekte pädagogischer Objekte. Weinheim 2012.

RIEKE-MÜLLER, A.: Die außereuropäische Welt und die Ordnung der Dinge in Kunst- und Naturalienkammern des 18. Jahrhunderts - das Beispiel der Naturalienkammer der Franckeschen Stiftungen in Halle. In: LÜSEBRINK, H.-J. (Hg.): Das Europa der Aufklärung und die außereuropäische koloniale Welt. Göttingen 2006, S. 51–73.

SCHRADER, U.: Die „Stolpersteine“ oder: Von der Leichtigkeit des Gedenkens – Einige kritische Anmerkungen. In: FRESE, M./WEIDNER, M. (Hg.): Verhandelte Erinnerungen. Der Umgang mit Ehrungen, Denkmälern und Gedenkorten nach 1945. Paderborn 2018, S. 237–250.

SELLE, G.: Wie man ein Ding ansieht, so schaut es zurück. In: MOEBIUS, S./PRINZ, S. (Hg.): Das Design der Gesellschaft. Zur Kultursoziologie des Designs. Bielefeld 2012, S. 131–140.

DERS./BOEHE, J.: Leben mit den schönen Dingen. Anpassung und Eigensinn im Alltag des Wohnens. Reinbek bei Hamburg 1986.

SILVA, S.: Mobility and Immobility in the Life of an Amputee. In: JACKSON, M./PIETTE, A. (Hg.): What is Existential Anthropology? Oxford 2015, S. 125–154.

THRIFT, N.: Strange Country: Meaning, Use and Style in Non-Representational Theories. In: DERS. (Hg.): Spatial Formations. London 1996, S. 1–50.

TREPP, A.-CH.: Matters of Belief and Belief That Matters German Physico-theology, Protestantism, and the Materialized Word of God in Nature. In: BLAIR, A./VON GREYERZ, K. (Hg.): Physico-Theology. Religion and Science in Europe, 1650–1750. Baltimore 2020, S. 127–140.

UHLIG, I.: Ordnung des Lebendigen. Naturgeschichtliche Materien im Kabinett des Franckeschen Stiftungen zu Halle. In: MCCARTHY, J.A. (Hg.): The Early History of Embodied Cognition 1740–1920. The Lebenskraft-Debate and Radical Reality in German Science, Music, and Literature. Leiden 2016, S. 75–96.

VEBLEN, Th.: Theorie der feinen Leute. Eine ökonomische Untersuchung der Institutionen. Frankfurt a. M. 1986. (original: The Theory of the Leisure Class. An Economic Study of Institutions. New York 1899).

WROBEL, J.: Stolpern und Stolpersteine in der Erinnerungskultur. In: DIES. (Hg.): Topografien des 20. Jahrhunderts. Die memoriale Poetik des Stolperns in Haroldo de Campos‘ Galáxias. Berlin 2020, S. 46–80.

Der Anteil der Dinge an der Gesellschaft. Eine Skizze[1]

Gustav Roßler

Gesellschaft und Sozialität sind angewiesen auf dingliche Vermittlungen, für die traditionelle Konzepte der Gesellschaft und des Sozialen blind sind. Denn darin wird das Soziale in Differenz und Opposition zu Natur oder Materie bestimmt, etwa durch intentionales Handeln oder subjektiven Sinn.

Dinge werden bzw. wurden in der Soziologie vor allem deshalb ausgegrenzt oder ausgeblendet, weil in einer dualistischen Weltsicht für sie kein Platz innerhalb der Sozialwissenschaften, sondern nur in den Naturwissenschaften denkbar war.[2] Als Opfer dieses Dualismus führen die Dinge in der Soziologie ein gespenstisches Schattendasein.

Es existiert eine empiristische Variante dieses Dualismus, die auf der Zweiteilung zwischen Sinnesdaten und subjektiven Verstandeskategorien aufbaut (die den einzelnen Menschen per Sozialisation vermittelt worden sind). Sie bildet eine weitverbreitete Erkenntnistheorie in den Sozialwissenschaften, insbesondere im Sozialkonstruktivismus: Aus einem Chaos an Mannigfaltigkeit, an Sinnesdaten, an Informationen rechnet oder denkt „das Subjekt" sich seine Objekte zurecht.

In den letzten Jahrzehnten sind diese Vorstellungen und Sozialontologien aufgebrochen worden zugunsten einer heterogenen Konzeption des Sozialen, in einer Bewegung, die nicht nur soziologisch orientiert ist, sondern ebenfalls Anthropologie, Wissenschaftsgeschichte, Technikforschung, Ethnologie und Kognitionsforschung umfasst.[3] In der Soziologie steht dafür programmatisch die sogenannte Akteur-Netzwerk-Theorie.[4]

Mit dieser plädiere ich für eine stärkere und begrifflich reflektierte Berücksichtigung der Dinge in der Soziologie. Dazu will ich an einigen (theorie-) strategischen Punkten die Dinge auf ihre „Gesellschaftstauglichkeit" prüfen, d.h. auf ihre Kompatibilität mit soziologischen Grundbegriffen. Diese Punkte lauten: 1.

---

1 In diesem Text fasse ich die Argumentation aus ROSSLER, Anteil, zusammen, allerdings gehe ich auf einige Punkte etwas detaillierter ein. Ausführlichere Erörterung und bibliografische Belege finden sich dort.

2 Zum Dualismus ausführlicher: ebd., S. 72ff.

3 Zum Beispiel JOERGES, Überlegungen; LATOUR, Science; DERS., Technology; DERS., modern; DERS. und AKRICH, A Summary; HEUBACH, Das bedingte Leben; RAMMERT, Technik; THÉVENOT, Le regimé; HUTCHINS, Cognition; CLARK, Being there; KNORR CETINA, Sozialität; RAMMERT, Sozialtheorie; DERS. und SCHULZ-SCHAEFFER, Maschinen; DASTON, Biographies; RHEINBERGER, Experimentalsysteme; HAHN, Materielle Kultur; SAMIDA et al., Materielle Kultur.

4 Vgl. LATOUR, Soziologie.

Dinge sozial durch Handeln, 2. Dinge sozial durch Normativität, 3. durch Assoziation, 4. durch Kognition. Ich liefere Argumente dafür, die Dinge unter dem jeweiligen Gesichtspunkt in die Soziologie einzubeziehen, wobei mir hauptsächlich technische Gegenstände als Beispiel dienen.

Diese „Resozialisierungsprogramme" für Dinge weisen mit einer Ausnahme auch auf Gegenargumente hin, wonach Dinge und andere nicht-menschliche Entitäten sich gerade nicht in die Gesellschaft bzw. Soziologie einbeziehen ließen: Dinge könnten nicht handeln, nicht normativ sein, nicht denken. Einzig mit dem dritten Punkt, der Assoziation, rennt man seiner Anspruchslosigkeit wegen gewissermaßen offene Türen ein.

1. Dinge sozial durch Handeln

Wie lässt sich das Miteinander von Menschen und Dingen in Gesellschaft fassen? Beim Handeln mündet die Diskussion oft in die Zuspitzung: Können Dinge handeln? Dinge und andere nicht-menschliche Entitäten mögen aktiv oder tätig sein – wie etwa Maschinen, Vulkane, Mikroben, Roboter –, aber sind sie darum schon soziale Akteure?

Vielleicht lassen sich manche unter ihnen als gesellschaftliche Akteure akzeptieren. Zumindest bauen neue technische Objekte neues Handlungspotenzial auf. Auch vollziehen sie Aktionen und entfalten Interaktivität.

Dinge haben „agency" heißt es bisweilen – „objects too have agency"[5] –, oder Kunstwerke hätten sie.[6] Agency für sich genommen ist allerdings keine Antwort auf die Frage, können Dinge handeln? Das zeigt sich schon an der ambivalenten Übersetzung dieses letztlich unübersetzbaren Begriffs: Überträgt man agency ins Deutsche, so gerät man in eine dualistische Zwickmühle: entweder „Wirkungsmacht" oder „Handlungsmacht", entweder „Aktionspotenzial" oder „Handlungsfähigkeit", entweder „Agieren" oder „Handeln".[7]

Verfolgt man die Begriffsgeschichte von agency, so hat ein Bedeutungswandel stattgefunden: von einer als Handlungsursprung, Wirkungsmacht, aktive Kraft zu verstehenden agency hin zu einem dezentrierten, verteilten, dispositionalen Handlungs- bzw. Aktionsbegriff.[8] Ein solcher unterläuft die Trennung aktiv-passiv und macht verschiedene Handlungs- und Aktionsmodi denkbar.

Diese Verlegenheit bei der Übersetzung habe ich genutzt, um ein Bedeutungsspektrum zu differenzieren, in dem sich fünf verschiedene Facetten des Agierens oder Handelns unterscheiden lassen: agency 1 oder Wirkungsmacht;

5 LATOUR, Reassembling, S. 63.

6 Vgl. GELL, Art.

7 Handlungsmacht, Handlungsträgerschaft sind die häufigsten Übersetzungen, vgl. RAMMERT und SCHULZ-SCHAEFFER, Technik und Handeln; BECKER et al., Unmenge; BERGER und GETZINGER, Das Tätigsein. Siehe zur Problematik der Übersetzung von agency auch ROSSLER, Nachwort.

8 Vgl. BALIBAR und LAUGIER, „Agency".

agency 2 oder Akteurhaftigkeit; agency 3 oder Handlungsmacht; agency 4 oder Agentur; agency 5 oder Handeln.[9]

Ausgehen von der Mitte, der Vermittlung

Dabei bin ich nicht von einem der Extreme ausgegangen (agency 1 oder 5), wodurch nahezu zwangsläufig ein Dualismus vorgezeichnet wird zwischen sozialem Handeln und naturaler (oder dinglicher) Kausalität oder zwischen (menschlichem) Handeln und (tierischem oder organismischem) Verhalten. Sondern von den unreinen, vermischten, hybriden Handlungstypen (agency 2–4). Gesellschaftliches oder soziales Handeln ist aus vielfachen Handlungs-, Aktivitäts- und Aktionsbestandteilen zusammengesetzt, die oft einen anspruchsloseren Handlungsbegriff wünschenswert machen. Mein Begriffsvorschlag lautet: „soziales Handeln", „vermitteltes Handeln", ein Handeln, das längere Handlungsketten umfasst oder komplexere Vermittlungsinstanzen durchläuft. Als solche Instanzen kann man sich Computer, Datenbanken, Algorithmen vorstellen bzw. traditioneller soziologisch gedacht: Organisationen, Institutionen, soziale Systeme.

Genauer unterscheide ich drei verschiedene Formen dieses vermittelten sozialen Handelns: *Akteurhaftigkeit (agency 2)* meint die performative, theatralische, dramatische Dimension des Handelns, wie sie vor allem in der Interaktion zutage tritt (und in der Rollentheorie soziologisch wirkmächtig geworden ist). *Handlungsmacht (3)* und *Agentur (4)* bilden in ihrem Wechselspiel einen Großteil desjenigen sozialen Handelns, das uns zur Diskussion über den Anteil der Dinge an Handlungen vor allem motiviert, nämlich die Delegation von Handlungen oder Handlungsbestandteilen an eine Maschine, einen Automaten oder einen elektronischen Agenten. Diese führen Tätigkeiten für uns aus, die wir im Prinzip selbst erledigen könnten (oder für die wir selbst nicht geschickt genug sind). Beispiele: Kaffeemaschinen, Hotelreservierungssysteme oder selbstfahrende Autos.

Handlungsmacht und Agentur (agency 3 und 4)

Verweilen wir kurz bei den beiden Handlungsformen agency 3 und 4, die eng zusammenhängen und sich ergänzen. Denn Agent zu sein (Agentur, agency 4) ist die ausführende, wenn man so will, passive Variante von Handlungsmacht (agency 3).

Im Englischen hat das Wort agency eine juristische Bedeutungsnuance: Handlungsvollmacht. Wir können Handeln bzw. Handlungsmacht (agency 3) an eine Handlungsbevollmächtigte, eine Agentur, einen Agenten (agency 4) übertragen. Schon in menschlicher Form stellt ein solcher Agent ein durchaus doppeldeutiges Wesen aus Aktivität und Passivität dar; zwar ist er nur passiver Er-

9 Die folgende Darstellung verschiedener Handlungsfacetten (ursprünglich ROSSLER, Anteil, S. 87ff.) entspricht in etwa der, die ich schon 2019 in ROSSLER, Handlungsmacht, geliefert habe, dort illustriert am Beispiel der agency von Bildern.

füllungsgehilfe von jemand anderem (dem „Prinzipal", wie es juristisch heißt), und doch ist *er* es (oder *sie*), der (oder die) aktiv ist, tätig ist und agiert.

Nach dem gleichen Muster ließe sich die Handlungsdelegation an Dinge konzipieren: Dinge als soziale Agenten, Handlungsbevollmächtige, Handlungsträger. Es sind Geldautomaten, Autopiloten und schon Anrufbeantworter, die im buchstäblichen Sinne eine Handlung tragen, die Menschen an sie delegiert haben. Und es sind elektronische Agenturen, die inzwischen für uns ein Hotel heraussuchen und buchen. Auch viele unauffällige alltägliche Dinge dienen als *Vermittlungsinstanzen* oder Agenturen des Handelns. Um einige anschauliche Beispiele aufzuzählen: Verkehrsampeln, Schaltkreise (Chips), Websites. Auch Architektur, räumliche Gefüge, Häuser und Straßen lassen sich als Agenturen, Schaltstellen, Vermittlungen verstehen.

Vielleicht könnte man hier anmerken, dass auch wir Menschen selbst oft „nur" Handlungsvermittler, Agentur sind, nicht immer Handlungsursprung, Handlungsinitiierende, Handlungssubjekte in einem emphatischen Sinne. Es könnte sein, dass Handeln uns (als Handelnde) oft übersteigt, nicht nur in die Welt hinein erfolgt, sondern oft auch aus der Welt heraus motiviert ist, von außen an uns übertragen, von uns aufgenommen, weitergetragen wird. Das gilt für einen Großteil des sozialen Handelns. Institutionen etwa sind Formen der Verselbständigung von Handlungserwartungen, -impulsen, -verkettungen.

Auch von ihnen werden wir dazu gebracht, etwas zu tun.[10] Dagegen macht man sich oft ein allzu subjektivistisches Bild vom Handeln, wonach die Zwecke oder Ziele des Handelns nur im Subjekt liegen können. Uns zu etwas bringen können auch Dinge. Und die verlängerten Handlungsketten lassen sich als Dinge und Menschen umfassende Akteur-Netzwerke begreifen. In diesen sind Agentur, Handlungsmacht und Akteurhaftigkeit verschmolzen.

Akteur-Netzwerke treten an die Stelle von sozialen Akteuren in der traditionellen Soziologie.[11] Sie betonen zum einen den Performanz- und Erfolgs-Aspekt des Handelns (Akteurhaftigkeit, Agentur und Handlungsmacht), zum anderen bezeichnen sie, da sie nicht vom menschlichen Handlungssubjekt als Elementareinheit des Sozialen ausgehen, immer schon Assoziationen, Ketten von Agierenden.[12]

Akteurhaftigkeit (agency 2)

Soziale Situationen lassen sich als ein Geflecht sozialer Handlungen, Interaktionen, Rollenerwartungen und Rollenerfüllungen beschreiben.[13] Auf der gesell-

10 Für Latour die Standardsituation sozialen Handelns: „Jemanden dazu bringen, etwas zu tun" (LATOUR, Soziologie, S. 102). Zu diesem „faire faire" vgl. auch RAUER, Über-Leben, S. 64.

11 Vgl. LATOUR, Soziologie.

12 In den „Existenzweisen" (LATOUR, Existenzweisen) wird begrifflich zwischen verschiedenen Akteur-Netzwerken wie Technik, Politik, Kunst, Recht und Religion differenziert.

13 Vgl. GOFFMANN, Theater.

schaftlichen Bühne spielen Dinge mit, wenn auch möglicherweise nur als Mitspieler in ähnlicher Form wie auf der Theaterbühne.

Sie mögen nicht die Hauptdarsteller sein, aber Dinge sind Akteure, und sei es als Komparsen, Souffleure, Handlungsstützen, Impulsgeber oder auch „nur" als Requisiten. Diese Theater- oder Rollen-Begrifflichkeit lässt sich erweitern um die vielen nicht so spektakulären, eher subtilen Rollen, die alltägliche Dinge spielen. Uns als Gegenpart nötigen sie dabei andere Rollen zu spielen auf, oder sie ermöglichen sie uns. Wie etwa das Rednerpult, das seine Rolle spielt zwischen dem Menschen, der eine Rede hält, und seinem Publikum und das beiden ihre Rolle zuweist, andeutet, erleichtert.

Eine noch weiter gefasste Akteurhaftigkeit der Dinge wird sichtbar, wenn sie als nicht-menschliche Interaktionspartner fungieren. Etwa Computer: Wir personalisieren diese Geräte ganz anders, als wir es beispielsweise mit einem Schreibgerät wie einem Bleistift, Kugelschreiber oder Füller tun. Personalisierung weniger im Sinne von menschlicher Person verstanden, sondern von Maske, Part und Rolle.

Akteurhaftigkeit – also Dinge als Akteure zu betrachten, zu beschreiben – entbindet uns, genauso wie die Rollentheorie bei Menschen, davon zu sagen, was Dinge *wirklich*, in ihrem tiefsten Inneren sozusagen, sind. Oder was ihr Agieren wirklich ist (ob ein Handeln oder ein Tun oder eine Aktivität oder ein Mechanismus). Andererseits können wir recht gut beschreiben, *wie* sie agieren und/ oder handeln. Die Frage, wie Akteure wirklich agieren, führt uns zurück auf die Wirkungsmacht, agency 1.

Wirkungsmacht (agency 1)

Das Agieren nicht-menschlicher Entitäten lässt sich zunächst als „materielle Wirkungsmacht" charakterisieren.[14] Dazu gehört nicht nur das Agieren von Elementarteilchen in Nebelkammern und Teilchenbeschleunigern, sondern auch das Agieren jener Maschinen, welche die Teilchenbeschleuniger selbst sind. Als materielle „Agenten" in diesem Sinn lassen sich nicht nur Maschinen, sondern auch Wirbelstürme und Flüsse betrachten.[15]

In einem noch umfassenderen Sinn ist „agency" auch ein begrifflicher Vorschlag, um in der Diskussion von Ökologie, Klima und Anthropozän die verschiedensten „Wirkungsmächte" zu kennzeichnen, die in der „kritischen Zone" der Erde am wirken sind.[16] Auch Umweltdinge und nicht-menschliche Entitäten und Wesen lassen sich in eine soziologische Handlungs- oder Akteurstheorie einbeziehen. Soziale Akteure und Rollen ändern sich, wenn das Soziale heterogen zusammengesetzt wird und man sich als „terrestrial member among terrestrial members" verstehen kann .[17]

14 Vgl. PICKERING, Mangle, S. 562; DERS., Kybernetik, S. 22.
15 Vgl. ebd.
16 LATOUR, Kampf, S. 90; S. 170f. und passim.
17 LATOUR, Against Critique, S. 29.

Doch Dinge müssen nicht notwendigerweise agieren, um Wirksamkeit zu entfalten. Ein Kunstwerk besitzt Wirkungsmacht, auch wenn es keine Maschine im buchstäblichen Sinne ist (wie etwa manche Kunstwerke Tinguelys). Sein Sinn, seine Bedeutung, Schönheit und Aktualität wirken fort, könnte man sagen. Aktualität ist im Doppelsinn zu verstehen: als Akthaftigkeit und als Ereignishaftigkeit.[18]

Außerdem lässt sich hier auf das nicht Verflüssigbare an Dingen hinweisen: auf ihr beharrendes Bleiben, ihre Konturiertheit, ihre Gegenständlichkeit, ihre Widerspenstigkeit.[19]

Handeln im emphatischen oder engeren Sinn (agency 5)

Als letzte Facette von agency lässt sich das Handeln im engeren oder emphatischen Sinn anführen. Während man sich leicht vorstellen kann, dass Dinge *wirkmächtig* sind, dass sie *als Akteure* in unseren Interaktionen mit ihnen fungieren, dass sie sogar *Handlungsmacht oder Handlungspotenzial* freisetzen können oder als *Agenturen* für unser Tun und Treiben dienen, scheint „das Handeln" den Menschen vorbehalten zu sein.

Dinge können nicht handeln, heißt es. Dieser Aussage lässt sich kaum widersprechen, wenn man denn Handeln definiert als spezifisches Charakteristikum des Menschen. Wenn (intentionales) Handeln das ist, was Menschen, im Unterschied zu Tieren oder Maschinen tun können, dann ist es offenkundig ein Widersinn zu sagen: Dinge handeln. Denn Dinge sind keine Menschen.

Neben dieser kategorialen Vorentscheidung scheint in der Debatte um das Handeln von Maschinen und anderen nicht-menschlichen Entitäten für Verwirrung zu sorgen, dass man die grundlegende Sozialität menschlichen Handelns unberücksichtigt lässt. Oft spricht man vom Handeln, als sei es die isolierte Aktivität eines einzelnen Akteurs, dabei lässt sich „Handeln" von Anfang an als „soziales Handeln" verstehen. Schon Gabriel Tarde hob hervor, „dass kein Individuum in einer Gesellschaft sozial handeln kann – oder überhaupt handeln kann – ohne die Mitarbeit einer großen Anzahl anderer Individuen, von deren Existenz es zumeist nicht einmal etwas ahnt."[20] Und Luhmann betont noch grundsätzlicher, „daß Sozialität zu den konstituierenden Bedingungen des Handelns gehört".[21]

Wir sind in vielfältigem sozialen Handeln ... befangen, möchte man sagen, oder vielleicht besser: begriffen, und wenn wir dieses Geflecht analysieren, so können wir in oder aus diesem intentionales Handeln (agency 5) einerseits, blo-

18 Die „aktualen Entitäten" (actual entities) bei Whitehead sind im Rahmen einer Ereignis-Ontologie zu verstehen, z.B. WHITEHEAD, Prozeß, S. 98, dort als „wirkliche Einzelwesen" übersetzt.

19 Zur Gegenständlichkeit vgl. FIGAL, Gegenständlichkeit. In WHITEHEAD, Wissenschaft, S. 13, ist die Rede von „widerspenstigen, eigenwilligen Tatsachen". Vgl. auch KUBLER, Form der Zeit.

20 TARDE, Monadologie, S. 60.

21 LUHMANN, Handlungstheorie, S. 218.

ßes Agieren (agency 1) andererseits abstrahieren; ein Gegensatz, der juristisch und philosophisch bedeutsam sein mag, jedoch nicht als Ausgangspunkt jeder Debatte zum Handeln dienen sollte.

Ist die Fragestellung erst einmal auf diese beiden Extreme zugespitzt, ergibt sich nahezu zwangsläufig eine dualistische Problemstellung. Der interessante Bereich aber ist der mittlere: der Bereich des sozialen Handelns, der schlanken Praktiken, der eingeschliffenen Gewohnheiten, aber auch der überraschenden Assoziationen und Kooperationen.

Damit ist die soziologische Relevanz nicht-menschlicher sozialer Akteure herausgearbeitet und agency als begrifflicher Vorschlag differenziert, der verschiedene Handlungs- und Aktionsmodi denkbar macht.[22] In einem Feld oder einer Situation von Akten, Aktionen, Handlungen, Handlungsträgern, Handlungsinstanzen und Agenzien ist nicht von vorneherein bereits klar, wer denn die, der, das Agierende oder Handelnde genauer ist. Hier kann man sich durchaus Dinge oder Geräte als Beteiligte vorstellen, wenn auch nicht unbedingt als zu guter Letzt den Titel „Handelnde" beanspruchende. Sie sind gesellschaftlich Mithandelnde, in Assoziationen aktiv Beteiligte, die das menschliche Handeln stützen, binden, treiben oder verändern.

2. Dinge sozial durch Normativität

Ein anderer Weg, um Dinge in die Soziologie einzubeziehen, führt über die normative Mittlerrolle technischer Objekte. Diese lässt sich gut mit dem „Berliner Schlüssel" illustrieren.[23]

Dieser doppelbärtige Schlüssel ist so konstruiert, dass man ihn, wenn man die Haustür aufgeschlossen hat, erst abziehen kann, nachdem man die Tür wieder hinter sich verschlossen hat. Tagsüber wird der Mechanismus durch den Hauswart außer Kraft gesetzt. Bei diesem Schlüssel sind soziale Verhaltenserwartungen und Normativität ganz deutlich in das Ding eingebaut, eingelassen, eingeschrieben. Man kann nämlich sagen, dass er „mich *autorisiert*, nach Hause zu kommen, mich *verpflichtet*, nachts hinter mir abzuschließen, und mir *verbietet*, das tagsüber zu tun".[24] In diesem „stählernen" Ding lässt sich „die Fortsetzung sozialer Beziehungen mit *anderen Mitteln*" sehen.[25]

Ein ähnliches Reglement wie durch den Berliner Schlüssel ließe sich auch durch einen elektronisch kontrollierten Türöffner mit einem Zahlencode verwirklichen. Oder durch einen Concierge aus Fleisch und Blut. In solchen Ersetzungen funktionale Äquivalente zu sehen, ist nur die halbe Geschichte. Denn

---

22 Ich plädiere für eine Differenzierung im Unterschied zu einer Gradualisierung, wie sie RAMMERT und SCHULZ-SCHAEFFER, Technik und Handeln, vorschlagen.

23 Vgl. LATOUR, Berliner Schlüssel.

24 Ebd., S. 49.

25 Ebd.

Äquivalenz der Funktion heißt auch Differenz des Materials, bedeutet einen anderen Mittler.

Die Vermittlung wird in ein anderes Material, ein anderes Mittel „übersetzt“.[26] Das Eigentümliche, das Besondere der jeweiligen Vermittlung, das unterschiedliche Format der Übersetzung, ginge verloren, wenn wir uns nur für dieselbe soziale Funktion interessieren würden, die unterschiedlich erfüllt wird.

Jede Realisierung, jede Machart – durch ein Ding, durch einen Concierge, durch einen Zahlencode – mobilisiert andere Mittler, Dinge, Menschen, Zeichen, eine andere Form von Normativität, Sanktionen und vielleicht letztlich auch: Subjektivität. Wenn man die unterschiedlichen Delegationen der Schlüsselgewalt an Dinge, Menschen und Passwörter auf Begriffe bringen wollte, könnte man von Verdinglichung (beim Berliner Schlüssel) sprechen,[27] von Personalisierung (beim Concierge) und schließlich von Verinnerlichung, Internalisierung, Mentalisierung (beim Zahlencode). Die Kompetenz des menschlichen Akteurs, die sich verbalisieren lässt als „ist berechtigt, die Türe zu öffnen“, kann im Schlüssel ausgelagert oder im Kopf inkorporiert, verinnerlicht werden.[28] Jedes Mal haben wir eine veränderte Aktion, ein etwas anderes Handlungssubjekt und eine andere Sanktion der Norm.

Objektinstitutionen

Auch der Begriff der „*Objektinstitution*“[29] fängt ganz gut die normative Wirksamkeit von Dingen bzw. technischen Objekten ein. Damit wird nicht nur auf deren interne Organisation Bezug genommen, also auf die Komplexität und interne Funktionsweise des Geräts, sondern auch auf damit verbundene Erwartungen und Praktiken des Umgangs. Sowohl relativ schlichte Dinge als auch komplexere Geräte, Automaten, Maschinen lassen sich als Objektinstitutionen in diesem Sinne betrachten.

In einem technischen Objekt eine Institution sehen impliziert zunächst, dass es, indem es existiert und da steht (Exteriorität[30]), gewisse Verhaltenserwartungen jedem gegenüber birgt, der sich ihm nähert. Als simples Beispiel: Man muss um es herumgehen, wenn es eine gewisse Größe und Schwere hat. Weitere und komplexere Verhaltenserwartungen kommen bei der Nutzung ins Spiel. Interessanterweise betrachtet auch Max Weber „einen elektrischen Trambahnwagen, einen hydraulischen Lift oder eine Flinte“, wenn wir sie „sachgemäß benutzen“,

26 Ebd., S. 47.

27 Indem man dem Ausdruck „Verdinglichung“ deskriptiv verwendet. Siehe ROSSLER, Anteil, S. 150f.

28 Vgl. AKRICH und LATOUR, A Summary, S. 262.

29 Den ich Bruno Latour entlehne, der ihn allerdings nur beiläufig verwendet: LATOUR, Aramis, S. 209.

30 Zur Exteriorität der Dinge siehe SERRES, Atlas. Auch bei Durkheim ist die Exteriorität, hier allerdings sozialer Phänomene, die sich wie Dinge untersuchen lassen, ein Thema; vgl. dazu SCHULZ-SCHAEFFER, Akteur-Netzwerk-Theorie, S. 54ff.

als soziale Institutionen wie andere auch.[31] Dafür relevant sind nur Erwartungshaltungen bzw. „die praktisch wichtigen Erwartungen des Verhaltens dieser Artefakte".[32]

Es gibt einen weiteren begrifflichen Vorschlag, der ähnliches leistet wie Objektintitutionen, nämlich „Quasi-Objekte".[33] Dieser Begriff akzentuiert stärker den zirkulierenden und durch die Zirkulation wirksamen Charakter dieser Objekte, wie etwa bei einem Ballspiel der Ball.

Einen anderen normativen Aspekt fasst der Begriff der „Affordanz" oder des Angebots, das Dinge dem Handeln machen.[34] Wir nehmen in einer Umwelt wahr, in der Dinge bestimmte Wertigkeiten für uns haben (um nur die allgemeinsten zu nennen: Sitzflächen, Stützflächen, Kanten, Hindernisse, Durchgänge etc.), also Oberflächenanordnungen, die in ihrer Bedeutsamkeit bereits vorstrukturiert sind.[35] Wir nehmen also nicht in einem abstrakten Raum wahr, in dem Objekte erkannt und identifiziert werden, denn wir sind keine bloß betrachtenden Subjekte mit starrem Blick.

Man könnte auch sagen: Dinge haben Bedeutungen, diese werden ihnen nicht bloß zugeschrieben. Die Bedeutung in diesem Sinn ließe sich in Weiterführung von George Herbert Meads Überlegungen auch als Verhaltenserwartung bezeichnen: Dinge als Zukunft von Handlungen; genauer: die Einnahme einer Haltung (durch das Ding) als zukünftiger Bestandteil der (korrespondierenden) Handlung.[36] Angedeutet wurde dies bereits bei der Interaktivität in der stummen und bescheidenen Mittlerrolle, die solche Dinge wie ein Rednerpult spielen können.

Die relevanten Wahrnehmungsdimensionen sind hier nicht Sinnesreize, die interpretiert, symbolisch verarbeitet werden, sondern Dinge und Gegenstände, die bestimmte Verhaltensweisen, Handlungen und Haltungen erfordern, nahelegen, ermöglichen oder erleichtern.

3. Dinge sozial durch Assoziation

Dinge können auch als die stillen Begleiter der Menschen in Gesellschaft einziehen. „Assoziation" formuliert eine relativ anspruchslose Verbindung mit Dingen. Latour macht aus der Anspruchslosigkeit eine Tugend und formuliert seine Soziologie als eine Soziologie der Assoziationen: das Soziale ist Assoziation. „Das Soziale läßt sich nicht aus Sozialem aufbauen, es braucht Schlüssel und Schlösser."[37]

---

31 Vgl. WEBER, Kategorien, S. 148.
32 Ebd.
33 Vgl. SERRES, Der Parasit; LATOUR, Aufklärungen.
34 Vgl. GIBSON, Wahrnehmung.
35 Vgl. ebd., S. 34.
36 Vgl. MEAD, Faktor, S. 135; DERS., Geist, S. 326f.
37 LATOUR, Berliner Schlüssel, S. 49.

Es besteht nicht nur aus sozialem Handeln (wie bei WEBER), noch aus Interaktionen zwischen Individuen (SIMMEL) oder aus Kommunikation (LUHMANN), sondern aus Assoziationen. Genauer gesagt, aus heterogenen Assoziationen, aus Assoziationen zwischen Menschen und Dingen (oder soziologischer gesprochen: zwischen Sozialem und Nicht-Sozialem[38]).

4. Dinge sozial durch Kognition

Damit sind wir beim letzten Passage-Punkt, um Dinge in Gesellschaft hineinzubringen: „Dinge sozial durch Kognition". Dabei geht es um die Mitwirkung der Dinge beim Erkennen (und nicht um das Erkennen der Dinge).

Oft ist von gesellschaftlichen Vorstellungen oder gesellschaftlichem Bewusstsein die Rede (heutzutage eher von „Wissen"). Mir geht es zusätzlich darum, die Darstellungen der Vorstellungen (oder die Repräsentationen und Speicher des Wissens) einzubeziehen in das, was Gesellschaft ist.

Verteilte Kognition

Zu dieser programmatischen Überlegung gelangt man ausgehend von den Studien zur verteilten Kognition.[39] In ihnen wird die Verteilung der Kognition auf mehrere Menschen und auch auf Dinge untersucht. Eine klassische Studie ist „Cognition in the wild" von Edwin Hutchins,[40] worin die Kognition bei der Navigation eines Schiffes (eines Hubschrauberträgers) erforscht wird.

Hier ist ein ganzes Team (4–5 Leute) für die Navigation verantwortlich. Einige, die markante Punkte am Ufer anpeilen – wir befinden uns noch vor der Navigation mittels GPS bei der Einfahrt in einen Hafen – , ihre Ablese-Ergebnisse weitergeben, und zuletzt jemand, der diese Daten in eine Seekarte überträgt. Und es sind Peilgeräte, Seekarten, Kompass etc. beteiligt.

Denken spielt sich nicht nur im Kopf ab, man könnte auch sagen: steckt nicht im einzelnen Kopf fest. Denken ist aufgeteilt z.B. zwischen mir und meinem Schreibzeug, mir und meinem Computer, mir und meinem Publikum. Bücher und andere Medien vergrößern den Radius möglicher Teilhabe.

Denken ist also in mehrfacher Hinsicht, d.h. auch durch die Beteiligung der Dinge, ein sozialer Prozess. Es muss aber *auch* die einzelnen Köpfe durchqueren, zumindest bisweilen, sonst wäre es kein Denken. Differenzierter formuliert: ver-

---

38 Diesen Gedanken habe ich etwas ausführlicher entwickelt in ROSSLER, Realisierung. Grundsätzlicher dazu SCHILLMEIER, Jenseits der Kritik. Siehe als Standardwerk LATOUR, Soziologie, wo eine „Soziologie der Assoziationen" (ebd., S. 23) programmatisch entwickelt wird.

39 Vgl. Kapitel 3 in ROSSLER, Anteil.

40 Vgl. HUTCHINS, Cognition.

teilte Kognition durchläuft die Köpfe (Denken), die Kommunikation (sprachlich und nonverbal) und die Instrumente (darunter die Schrift).[41]

Die Betonung verteilten, verkörperten, situierten Wissens in der neueren Kognitionsforschung wartet nur darauf, an traditionelle soziologische Überlegungen und Begriffe angeschlossen zu werden. Vom Außenhalt, den Dinge und externe kognitive Medien bieten, ist es nur ein kleiner Schritt zum Außenhalt, den soziale Institutionen bieten. Kognition wird nicht nur dinglich gestützt, sondern auch von gesellschaftlichen Institutionen.

Der entlastende Charakter von Institutionen ist in der Soziologie ein klassisches Thema. „Außenhalt" lautet der Begriff von Helmuth Plessner und Arnold Gehlen dafür.[42] Wenn als Außenhalt des kognitiven Handelns nicht nur kognitive Medien, also etwa Rechenmaschinen und Schriftstücke, in Betracht kommen, sondern auch soziale Institutionen im traditionellen Sinn – wie ist dann das Verhältnis zwischen beiden Formen von kognitiven Außenstützen zu denken?

Auch Institutionen brauchen Dinge zum Denken

Außenhalt in der Kognition (aber auch im Handeln) bieten zwar Institutionen (in diesem Fall als ein Außen des Individuums, Beispiel Verkehrsregeln), aber brauchen auch Institutionen (in diesem Fall als ein Außen der Institutionen, Beispiel Ampeln, Verkehrsschilder).

Weitere Dinge, die Institutionen brauchen, um zu denken, sind Formulare und Formatierungen, „Forminvestitionen", wie Laurent Thévenot sie nennt,[43] Klassifikationen, die materiell (inskriptiv) gesichert sind, nicht zu vergessen die traditionellen bürokratischen Hilfsmittel wie Schreibstifte, Akten und Ordner, oder die neueren wie Beamer, Server und Netze (und natürlich auch Gebäude, um diese Hilfsmittel und die mit ihrer Hilfe Denkenden unterzubringen).

Soziale Bedeutungen werden nicht nur durch Praktiken und Institutionen hervorgebracht, sondern sind auch in kognitiven Instrumenten und externen Darstellungen sedimentiert, auf die sich Individuen einstellen und möglicherweise verpflichten. Äußerungen und schriftliche oder grafische Darstellungen dienen als Vermittler zwischen Individuum und Individuum, zwischen Individuum und Gruppe, zwischen Gruppe und Gruppe; sie sind etwas Drittes wie Formulare oder wie instrumentell vermittelte Kategorisierungen und statistische Auswertungen.

41 Vgl. ROSSLER, Anteil, S. 177; S. 216f. Das, was im Kopf oder menschlichen Bewusstsein sich abspielt, würde man „Denken" im engeren Sinn nennen. Wissen ist gespeicherte Kognition, z.B. in Geräten, in Speichermedien oder in Köpfen. Philosophisch ist Denken damit noch keineswegs ausgelotet, gilt es doch in mancher Hinsicht als der Gegenstand der Philosophie. Siehe als zwei aktuellere Veröffentlichungen: STEKELER-WEITHOFER, Denken, und GABRIEL, Sinn.

42 GEHLEN, Urmensch, S. 47, und PLESSNER, Die Frage, S. 196.

43 „Form investments": THÉVENOT, Rules, S. 21. Fremdsprachige Zitate habe ich übersetzt.

Verbreitung und Koordination von Kognitionen durch Dinge (am Beispiel des Kalenders)

Dinge sind Bindeglieder zwischen Situationen und können diese standardisieren, insbesondere für Institutionen. Als Instrumente der intellektuellen Technologien und als kognitive Medien helfen sie bei der Verbreitung und Koordination von Kognitionen. Man denke an Kalender. Auch physisch realisierte Kalender, Zeit- und sonstige Messgeräte sind Denkinstrumente.

Wenn man das, was einen Kalender ausmacht, reduziert auf Rituale und Zeremonien (auf gesellschaftliches Bewusstsein, gesellschaftliche Vorstellungen, soziale Praktiken),[44] so hat man eine konventionalistische Konzeption vom Sozialen. Das heißt, dass „die Realität des Objekts mit der sozialen Realität verschmilzt".[45] Dass es Kalender – greifbare, aufhängbare, mit Eintragungen versehbare – gibt, verdankt sich aber nicht nur der Kognition der Individuen und der Koordination von Tätigkeiten. Ein Kalender ist mehr als „die Übereinstimmung kollektiver Überzeugungen oder kollektiver Aktivitäten", seine Materialität und Technizität sind für die „Formatierung des Wissens (connaissance)" wichtig.[46] Und natürlich für Bewahrung und Tradierung dieses Wissens.

Um das noch einmal genauer auseinanderzulegen: Die Differenz zwischen dem Ding (also z.B. dem Instrument der Zeitmessung, Zeitplanung), der Kognition (dem Wissen, dem Denken) und „der kollektiven Koordination der Aktivitäten" ist zu betonen.[47] Und das Verhältnis dieser Terme ist zu analysieren und jeweils im konkreten Zusammenhang auszufalten.

Wir können also unterscheiden zwischen kognitivem Werkzeug (dem physisch realisierten Kalender, der greifbar an der Wand hängt oder mittels Software-Programm auf dem greifbaren Smartphone oder Computer installiert ist), dem kognitiven Klassifikationsschema (dem Wissen und Bewusstsein der Individuen, was Stunden, Tage, Monate sind etc.) und der sozialen Institution, d.h. den sozialen Anteilen am Klassifikationsschema (etwa der gregorianische Kalender als Bezug) sowie der institutionellen Koordination der Aktivitäten (dass Termine eingehalten werden, dass Vorbereitungen für einen Vortrag getroffen sind, dass Sitzgelegenheiten vorhanden bzw. Links für die Online-Veranstaltung eingerichtet sind etc.). Diese Unterschiede darf man nicht einebnen, indem man sie alle nur als Konventionen, Übereinkünfte behandelt. Eine mindestens dreistellige Relation muss an die Stelle des zweipoligen Schemas der mit sozialen Bedeutungen überlagerten Natur bzw. Materie treten.

44 Vgl. DURKHEIM, Formen, S. 29.

45 THÉVENOT, L´action, S. 187; dieses Zitat, wie auch die anderen Thévenots, habe ich aus dem Französischen übersetzt.

46 Ebd., der zwar Durkheim in diesem Punkt kritisiert, jedoch darauf hinweist, dass dieser an anderer Stelle eine realistische Position einnimmt, die sich als Warnung vor dem Sozialkonstruktivismus lesen lässt, einem Extrem des Konventionalismus (vgl. ebd.).

47 Ebd., S. 186: „la relation entre connaissance, coordination collective des activités et instrument d'objectivation". Vgl. auch DERS., Road to Follow, S. 56f.

Vor allem im Sozialkonstruktivismus werden diese Differenzen verwischt. Wenn hier von „Wissensvorrat" oder der „Distribution von Wissen" gesprochen wird,[48] ist das im individuellen und kollektiven Alltagsbewusstsein gespeicherte Wissen gemeint. Ignoriert werden die (Ver)Mittler: Medien, kognitive Instrumente und Speicherorte (wie etwa Bibliotheken).

Ernst Manheim hat die traditionelle Wissenssoziologie dahingehend charakterisiert und kritisiert als „Bewußtseinssoziologie"[49]. Sie müsse vielmehr um den Charakter einer Mitteilung, um deren Adressatenkreis, um das Medium und den „Mitteilungsraum" erweitert werden, damit sie publiziertes Wissen und Öffentlichkeit erfassen könne.

Eine weitere Pointe der obigen Überlegungen zur Kognition mit Dingen ist damit angedeutet: Auch das gesellschaftliche Bewusstsein, wenn es denn existiert, braucht mindestens ebenso wie das individuelle seine intellektuellen Technologien und dinglichen Vermittlungen. Ein Kalender ist nicht so weit entfernt von einer *Zeit*ung, einer Tageszeitung oder einer Zeitschrift, jenen Objekt-Institutionen, die auf ihre Art ebenfalls Zeit skandieren, Zeit artikulieren; aber daneben und gleichzeitig Öffentlichkeit, gesellschaftliches Bewusstsein herstellen. Auch sie haben eine deutlich dingliche Seite, früher Papier und Druckerschwärze, heute Tabs, Apps und Tweets mitsamt den Empfangsgeräten, -tastaturen, Mikrofonen und Kopfhörern.

Damit sind wir etwas über das Ziel hinausgeschossen. Dinge haben sich jedenfalls (entsprechend den vier Eintrittspunkten in die Gesellschaft bzw. Soziologie) in unserer Skizze nicht nur als Stützen oder Akteure im Handeln erwiesen, sondern auch als normative Impulsgeber, Verbündete in Assoziationen und Beteiligte bei Kognitionen (und vielleicht sogar bei der Formatierung und Formulierung politischen Bewusstseins).

Literaturverzeichnis

AKRICH, M./LATOUR, B.: A Summary of a Convenient Vocabulary for the Semiotics of Human and Nonhuman Assemblies. In: LAW, J./BIJKER, W. E. (Hg.): Shaping Technology/Building Society. Studies in Sociotechnical Change. Cambridge, Mass./London 1992, S. 259–264.

BALIBAR, É./LAUGIER, S.: „Agency". In: CASSIN, B. (Hg.): Vocabulaire européen des philosophies. Dictionnaire des intraduisibles. Paris 2004, S. 26–32.

BECKER, I. et al. (Hg.): Unmenge. Wie verteilt sich Handlungsmacht?. München 2008.

BERGER, P. L./LUCKMANN, Th.: Die gesellschaftliche Konstruktion der Wirklichkeit. Frankfurt a.M. 2004 (1966).

BERGER, W./GETZINGER, G. (Hg.): Das Tätigsein der Dinge. Beiträge zur Handlungsträgerschaft von Technik. München/Wien 2009.

CLARK, A.: Being There. Putting Brain, Body, and World Together Again. Cambridge, Mass. 1997.

48 BERGER und LUCKMANN, Konstruktion, S. 43 und 47f.

49 MANHEIM, Aufklärung, S. 27.

DASTON, L.: Introduction. The Coming into Being of Scientific Objects. In: DIES. (Hg.): Biographies of Scientific Objects (coming into being). Chicago 2000, S. 1–14.
DURKHEIM, E.: Die elementaren Formen des religiösen Lebens. Frankfurt a. M 1994.
FIGAL, G.: Gegenständlichkeit. Das Hermeneutische und die Philosophie. Tübingen 2006.
FISCHER, J.: Die Rollendebatte – der Streit um den „Homo sociologicus“. In: KNEER, G./MOEBIUS, S. (Hg.): Soziologische Kontroversen. Beiträge zu einer anderen Geschichte der Wissenschaft vom Sozialen. Berlin 2010, S. 79–101.
GABRIEL, M.: Der Sinn des Denkens. Berlin 2020 (2018).
GEHLEN, A.: Urmensch und Spätkultur. Philosophische Ergebnisse und Aussagen. Frankfurt a. M. [6]2004.
GELL, A.: Art and Agency. An Anthropological Theory. Oxford 1998.
GIBSON, J. J.: Wahrnehmung und Umwelt. Der ökologische Ansatz in der visuellen Wahrnehmung. München/Wien 1982.
GOFFMANN, E.: Wir alle spielen Theater. Die Selbstdarstellung im Alltag, München [u.a.] 1997.
HAHN, H. P.: Materielle Kultur. Eine Einführung. Berlin 2005.
HEUBACH, F. W.: Das bedingte Leben. Entwurf zu einer Theorie der psycho-logischen Gegenständlichkeit der Dinge. Ein Beitrag zur Psychologie des Alltags. München 1987.
HUTCHINS, E.: Cognition in the Wild. Cambridge, Mass. 1996.
JOERGES, B.: Überlegungen zu einer Soziologie der Sachverhältnisse. Leviathan 7 (1), 1979, S. 125–137.
KNORR CETINA, K.: Sozialität mit Objekten. Soziale Beziehungen in post-traditionalen Wissensgesellschaften. In: RAMMERT, W. (Hg.): Technik und Sozialtheorie. Frankfurt a. M. 1998, S. 83–120.
KUBLER, G.: Die Form der Zeit. Anmerkungen zur Geschichte der Dinge. Frankfurt a. M. 1982.
LATOUR, B.: Against Critique, For Critique. In: GRAW, I./MENKE, C. (Hg.): The Value of Critique. Exploring the Interrelations of Value, Critique, and Artistic Labour. Frankfurt a. M. 2019, S. 15–30.
DERS.: Aramis oder Die Liebe zur Technik. Tübingen 2018.
DERS.: Der Berliner Schlüssel. In: Ders.: Der Berliner Schlüssel. Erkundungen eines Liebhabers der Wissenschaften. Berlin 1996, S. 37–51.
DERS.: Eine neue Soziologie für eine neue Gesellschaft. Einführung in die Akteur-Netzwerk-Theorie. Frankfurt a. M. 2007.
DERS.: Existenzweisen. Eine Anthropologie der Modernen. Berlin 2014.
DERS.: Kampf um Gaia. Acht Vorträge über das neue Klimaregime. Berlin 2017.
DERS.: Science In Action. How to Follow Scientists and Engineers through Society. Cambridge, Mass. 1987.
DERS.: Reassembling the Social. An Introduction to Actor-Network-Theory (ANT). Oxford 2005.
DERS.: Technology is society made durable. In: LAW, J. (Hg.): A Sociology of monsters. Essays on power, technology, and domination. London/New York 1991, S. 103–131.
DERS.: Wir sind nie modern gewesen. Versuch einer symmetrischen Anthropologie. Berlin 1995.
LUHMANN, N.: Handlungstheorie und Systemtheorie. In: Kölner Zeitschrift für Soziologie und Sozialpsychologie 30, 1978, S. 211–227.
MANHEIM, E.: Aufklärung und öffentliche Meinung. Studien zur Soziologie der Öffentlichkeit im 18. Jahrhundert. Stuttgart-Bad Cannstatt 1979.
MEAD, G. H.: Der soziale Faktor in der Wahrnehmung. In: Philosophie der Sozialität. Aufsätze zur Erkenntnisanthropologie. Frankfurt a. M. 1969, S. 130–146.
DERS.: Geist, Identität und Gesellschaft. Frankfurt a. M 1973.
PICKERING, A.: The Mangle of Practice. Agency and Emergence in the Sociology of Science. In: American Journal of Sociology 99, 1993, S. 559–589.
PICKERING, A.: Kybernetik und Neue Ontologien. Berlin 2007.
PLESSNER, H.: Die Frage nach der Conditio humana. In: DUX, G. et al. (Hg.): Gesammelte Schriften VIII. Frankfurt a. M. 2003, S. 136–217.

RAMMERT, W: Technik aus soziologischer Perspektive. Forschungsstand, Theorieansätze, Fallbeispiele – ein Überblick. Opladen 1993.
DERS. (Hg.): Technik und Sozialtheorie. Frankfurt 1998.
DERS./SCHULZ-SCHAEFFER, I. (Hg.): Können Maschinen handeln? Soziologische Beiträge zum Verhältnis von Mensch und Technik. Frankfurt a. M./New York 2002.
DIES.: Technik und Handeln. Wenn soziales Handeln sich auf menschliches Verhalten und technische Abläufe verteilt. In: DIES. (Hg.): Können Maschinen handeln? Soziologische Beiträge zum Verhältnis von Mensch und Technik. Frankfurt a. M./New York 2002. S. 11–64.
RAUER, V.: Das Über-Leben der Dinge. Ansätze einer materialen Gedächtnistheorie in Postkonfliktgesellschaften. In: DIMBATH, O./HEINLEIN, M. (Hg.): Die Sozialität des Erinnerns. Beiträge zur Arbeit an einer Theorie des sozialen Gedächtnisses. Wiesbaden 2014, S. 59–83.
RHEINBERGER, H.-J.: Experimentalsysteme und epistemische Dinge. Eine Geschichte der Proteinsynthese im Reagenzglas. Göttingen 2001.
ROSSLER, G.: Der Anteil der Dinge an der Gesellschaft. Sozialität – Kognition – Netzwerke. Bielefeld 2015.
DERS.: Nachwort des Übersetzers. In: PICKERING, A.: Kybernetik und Neue Ontologien. Berlin 2007, S. 177–184.
DERS.: Soziale Realisierung. Schlüssel, Menschen, Dinge. In: LATOUR, B.: Der Berliner Schlüssel. Berlin 2014, S. 33–41.
Ders.: Haben Bilder Handlungsmacht? Ein Beitrag zur Agency-Debatte anhand von Kunstwerken und Bildakten. In: SCHUBERT, C./SCHULZ-SCHAEFFER, I. (Hg.): Berliner Schlüssel zur Techniksoziologie. Wiesbaden 2019, S. 259–288.
SAMIDA, S. et al. (Hg.): Handbuch Materielle Kultur. Bedeutungen, Konzepte, Disziplinen. Stuttgart/Weimar 2014.
SCHILLMEIER, M.: Jenseits der Kritik des Sozialen – Gabriel Tardes Neo-Monadologie [Nachwort]. In: TARDE, G.: Monadologie und Soziologie. Frankfurt a. M. 2009, S. 109–153.
SCHULZ-SCHAEFFER, I.: Akteur-Netzwerk-Theorie. Zur Koevolution von Gesellschaft, Natur und Technik. München 2000.
SERRES, M.: Atlas. Paris 1994.
DERS.: Der Parasit. Frankfurt a. M. 1987.
DERS./LATOUR, B.: Aufklärungen. Fünf Gespräche mit Bruno Latour. Berlin 2008.
STEKELER-WEITHOFER, P.: Denken. Wege und Abwege in der Philosophie des Geistes. Tübingen 2012.
TARDE, G.: Monadologie und Soziologie. Frankfurt a. M. 2009.
THÉVENOT, L.: Rules and implements: investment in Form. In: Social Science Information 23, 1984, p. 1–45.
DERS.: L'action au pluriel. Sociologie des régimes d'engagement. Paris 2006.
DERS .: Le régime de familiarité. Des choses en personnes. In: Genèses 17, 1994, S. 72–101.
DERS.: Which Road to Follow? The Moral Complexity of an „Equipped" Humanity. In: LAW, J./MOL, A. (Hg.): Complexities. Social Studies of Knowledge Practices. Durham/London 2002, S. 53–87.
WEBER, M. Über einige Kategorien der verstehenden Soziologie. In: WINCKELMANN, J. (Hg.): Soziologie. Universalgeschichtliche Analysen. Politik. Stuttgart 1973, S. 97–150.
WHITEHEAD, A. N.: Prozeß und Realität. Entwurf einer Kosmologie. Frankfurt a. M.
DERS.: Wissenschaft und moderne Welt. Frankfurt a. M. 1988.

Die Taufe und die Taufdinge

Christian Grethlein

1. Taufe in der Perspektive „KasualDinge"

Einleitend zum Forschungsprojekt „Artefakt und Erinnerung" konstatieren dessen Initiatoren, die beiden Soziologen Thorsten Benkel und Matthias Meitzler sowie der Praktische Theologe Thomas Klie:

> „Für die Gegenwartsgesellschaft scheint es von besonderer Relevanz, der persönlichen Erinnerung auch dinglich Ausdruck zu verleihen. Man will sich erinnern und man weiß dabei sehr gut um die Flüchtigkeit der Erinnerung und um die unerwünschten Effekte des Vergessens. Darum bedient man sich dafür vielerlei Gegenstände und Rituale. Das Gefühl einer sich beschleunigenden Gegenwart, das Wissen um instabile Beziehungen und die Kontingenzen des Lebens lassen Menschen zunehmend nach materiell gestaltbaren Vergewisserungen suchen."[1]

Am Ende eines Durchgangs durch die Geschichte des Konsums resümiert der Historiker Frank Trentmann ähnlich:

> „Die Herrschaft der Dinge hat sich unter anderem deshalb ausgedehnt, weil Besitztümer in zunehmendem Maß wichtige Träger von Identität, Erinnerungen und Gefühlen wurden."[2]

Damit wird eine Herausforderung benannt, vor der die gegenwärtige Taufpraxis steht, wenn sie deren theologische Bestimmung als lebenslangen Prozess[3] und die praktisch daraus folgende Notwendigkeit der Tauferinnerung ernst nimmt.

In dem eingangs genannten Forschungsprojekt konnte die Bedeutung von Dingen für den Umgang mit dem Tod, in den Kirchen herkömmlich in der Bestattung begangen, eindrücklich am Beispiel von Aschediamanten belegt werden. Gilt Ähnliches auch für die Taufe?

In der praktisch-theologischen Forschung wird dieser Wasserritus – neben anderen Handlungen wie Konfirmation, Trauung, Bestattung, aber auch Einschulungsgottesdienst – unter dem Begriff „Kasualie" behandelt.[4] Allerdings kommt dabei der Taufe in historischer und theologischer Hinsicht eine gewisse Sonderstellung zu. Denn sie gehört von Anfang an – im Gegensatz zu den anderen Kasualien – zur christlichen Lebensform[5] und hat für die Christ*innen kons-

1 Klie et al., Artefakt und *Erinnerung*, S. 9.

2 Trentmann, Herrschaft, S. 924.

3 Vgl. Grethlein, Taufen, S. 33–35.

4 Vgl. Grethlein, Grundinformation; zu neueren Entwicklungen vgl. Klie et al., On Demand.

5 Vgl. Grethlein, Christsein, S. 205–215; detaillierter Ders., Christliche Lebensform, Kap. 3–9, jeweils 3.

titutive Bedeutung. Dogmatisch fand dies in ihrer Bezeichnung als „Sakrament" seinen Ausdruck.[6]

Aus dieser grundlegenden Stellung der Taufe für das Christsein und dann auch für Kirche, folgt in besonderer Weise die Aufgabe, sie präsent zu halten. Martin Luther beschrieb dies eindrücklich im Kleinen Katechismus. Nach ihm bedeutet die Taufe,

> „daß der alte Adam in uns durch tägliche Reu und Buße soll ersäuft werden und sterben mit allen Sunden und bösen Lüsten, und wiederum täglich herauskommen und auferstehen ein neuer Mensch, der in Gerechtigkeit und Reinigkeit für Gott ewiglich lebe." (BSLK 516)

Tauferinnerung ist dementsprechend ein wichtiges Anliegen bei den Reformbemühungen zur Taufpraxis, für die Peter Cornehls auf dem Berliner Deutschen Evangelischen Kirchentag 1989 vorgetragenen Thesen einen wichtigen Impuls gaben.[7] In der gegenwärtigen, kurz benannten Situation der „Herrschaft der Dinge" ist eine – sogar lebenslange – Erinnerung ohne dingliche Vermittlung kaum vorstellbar.

2. Taufdinge

Die Taufe ist heute mehrfach mit Dingen verbunden, wobei diese großenteils sich erst im Lauf der Zeit angegliedert haben. Auch sonst sind bei den Taufdingen im Lauf der Jahrhunderte teilweise erhebliche Veränderungen zu beobachten. Sie verweisen auf den Wandel im Kontext der jeweiligen Taufpraxis.

2.1 Wasser

Grundlegend für die Taufe ist das Wasser. Zwar gab es immer wieder Vorstöße, spiritualisierend dessen Bedeutung klein zu machen – etwa durch die Unterscheidung von Wasser- und Geisttaufe: so schon George Fox und die von ihm initiierte „Religiöse Gesellschaft der Freunde" (Quäker), weite Kreise der Pfingstbewegung oder die japanische Adaption des Christentums durch Uchimura (Mukyokai-Bewegung). Dabei spielte neben einer spiritualisierenden Grundtendenz jeweils auch ein kritischer Vorbehalt gegenüber der klerikalen Verwaltung des Wassers und damit der Macht der Priester eine Rolle.[8] Dogmatisch übernahm Karl Barth im Tauffragment seiner Kirchlichen Dogmatik die Unterscheidung

6 Vgl. GRETHLEIN, Kindertaufe, S. 108–116.
7 Vgl. CORNEHL et al., Erneuerung.
8 Vgl. KIMURA-ANDRES, Mukyokai, S. 127–131; S. 165–168; HARASTA, Wasser, S. 160f.

von Wasser- und Geisttaufe, was ihn zur Ablehnung der Kindertaufe führte.[9] Doch konnten sich diese und ähnliche Vorstöße nicht allgemein durchsetzen. Die für das Christsein und damit auch die Kirche grundlegende Bedeutung der Taufe genannten Wasserhandlung blieb in den meisten Kirchen und christlichen Gemeinschaften bis heute erhalten.

Allerdings veränderte sich die Verwendung des Wassers im Lauf der Zeit erheblich. Anfangs[10] war wohl das Taufen im Freien in fließendem Gewässer üblich (so Did 7,1–3), wobei allerdings Ausnahmen konzediert wurden. Als dann im 3. Jahrhundert die ersten Kirchengebäude errichtet wurden, gehörte zu ihnen ein eigener Raum für die Taufe (Baptisterium).[11] Hier stand das Taufbecken im Zentrum. In ihm konnte der (in der Regel) erwachsene Täufling – etwa bis zur Hüfte – im Wasser stehen und wurde mit Wasser begossen. Dies entsprach der antiken Badesitte. Als dann ab dem 5. Jahrhundert die Taufe von kleinen Kindern üblich wurde, veränderte sich auch der Umgang mit dem Wasser. In den Kirchen wurden jetzt Wasserbecken eingerichtet, in denen die Kinder bei ihrer Taufe untergetaucht werden konnten. Das Wasser wurde durch besondere Gebete vorbereitet, die sich auf das vielfältige Vorkommen dieses Elements in der Bibel, von der Schöpfungsgeschichte über den Exodus bis zur Taufe Jesu beziehen.[12] Auch sonst fand in der mittelalterlichen Frömmigkeit das Taufwasser, teilweise adaptiert als Weihwasser, vielfältige Verwendung in den Liturgien.[13] Es war zum einen eine Manifestation der klerikalen Machtbefugnisse, zum anderen aber auch in der Volksfrömmigkeit vielfältig in Gebrauch. Allerdings hatte die in vielfältigen Bräuchen zum Ausdruck kommende Attraktivität des Wassers auch eine Kehrseite, nämlich dessen magische, also direkt Gottes Macht in Anspruch nehmende Funktionalisierung.

Von daher beendeten die Reformatoren diesen verbreiteten Umgang mit Wasser für die neu entstehenden Kirchen. Entsprechend der Betonung des Wortes Gottes trat die Bedeutung des Wassers zurück. So führt Martin Luther im Kleinen Katechismus auf die Frage: „Wie kann Wasser solche große Dinge tun?" wirkmächtig aus:

> „Wasser tut's freilich nicht, sondern das Wort Gottes, so mit und bei dem Wasser ist, und der Glaube, so solchem Wort Gottes im Wasser trauet; denn ohn Gottes Wort ist das Wasser schlecht Wasser und keine Taufe, aber mit dem Wort Gottes ist's eine Taufe, das ist ein gnadenreich Wasser des Lebens und ein ‚Bad der neuen Geburt im heiligen Geist', wie S. Paulus saget ..." (BSLK 516)

Tatsächlich reduzierte sich der Wassergebrauch etwa bei den – seit dem 19. Jahrhundert sich verbreitenden – Haustaufen auf das Übergießen des Kopfes des Säuglings.

---

9 So mit einer gewissen Prominenz für die theologische Diskussion, nicht aber für die kirchliche Praxis BARTH, Dogmatik, passim; vgl. kurz zusammenfassend zur darauf bezogenen exegetischen Diskussion GRETHLEIN, Taufpraxis heute, S. 176f.; S. 212f.

10 Vgl. den knappen, aber instruktiven Überblick bei ULRICH, Taufpraxis.

11 Vgl. hierzu exemplarisch MELL, Christliche Hauskirche.

12 Vgl. den Überblick bei KRANEMANN, Todeswasser.

13 Vgl. materialreich FRANZ, Benediktionen, S. 43–220.

Erst in neuem, durch die ökologischen Herausforderungen geprägten Kontext gewinnt das Wasser als grundlegendes Taufding neue Aufmerksamkeit. So stellte Cornehl in der zweiten These seines – bereits erwähnten – Vortrags auf dem Berliner Kirchentag die „Ehrfurcht vor dem Leben" der Umweltverschmutzung entgegen.[14]

Tatsächlich dürfte wohl das Wasser als – in unserem Kulturraum auf Grund der Klima-Veränderungen – knapper werdendes Gut zunehmend an Beachtung gewinnen. Wiederholte trockene Sommer weisen bereits heute darauf hin. Könnte eine neue Aufmerksamkeit auf Wasser auch Bedeutung für die Taufpraxis bekommen?

2.2 *Kleidung*

Spätestens seit dem 4. Jahrhundert gehört zur Taufe ein Taufkleid.[15] Weiße Gewänder wurden den Getauften nach ihrer am Ostersonntag – am nackten Körper – vollzogenen Taufe gereicht und von diesen während der Osterwoche getragen.[16] Auch nach der Umstellung auf die Kinder- bzw. Säuglingstaufe blieb es dabei. Vor der Wasserhandlung wurde das Kind aus der lange Zeit üblichen, engen Wickelung befreit, nackt ins Wasser eingetaucht bzw. mit diesem übergossen und dann in ein weißes Kleid gehüllt. Auch bei Luther wird noch das „Westerhemd" als Kleid nach der – am nackten Kind vollzogenen – Wasserhandlung vorausgesetzt.

Doch begann eine Änderung dieses Usus, als der Täufling nicht mehr untergetaucht, sondern nur noch sein Kopf übergossen und dann besprengt wurde. Allerdings blieb es bei einer besonderen Kleidung des Täuflings, die jetzt aber schon vor der Wasserhandlung getragen wurde. Dass es dabei zu Entwicklungen kam, die in der Perspektive der Gleichheit aller Christ*innen problematisch erscheint, liegt auf der Hand. In vermögenderen Familien waren die Taufkleider prächtiger als in ärmeren. Aus dem 17. Jahrhundert sind wiederholt Verbote überliefert, die zu aufwändige Kleidung betreffen. Die Ordnung der Stadt Magdeburg von 1657 bestimmte z.B.:

> „So werden hiermit alle güldene und silberne / wie auch weisse und seidene geklöppelte Spitzen und Borten / an Lacken / Wiegendecken / Westerhembden und Gardinen bey 10. Marck Straffe ernstlich verboten und abgeschaffet".[17]

Auch weisen Belege darauf hin, dass Kirchengemeinden sog. Taufzeug gegen Gebühr ausliehen.[18] In den – vermögenderen – Familien wurden entsprechende Kleidungsstücke vorgehalten, die vererbt und dann in der nächsten Generation

14 Vgl. CORNEHL et al.., Erneuerung.
15 Vgl. auch zum Folgenden – mit anschaulichem Bildmaterial – SEYDERHELM, Bekleidung.
16 Vgl. - BIERITZ, Liturgik, S. 585.
17 Zitiert nach SEYDERHELM, Bekleidung, S. 213.
18 Vgl. a.a.O., S. 215.

wieder Verwendung fanden. Farblich waren sie – wie bereits in der frühen Kirche – in Weiß gehalten.

In der Volksfrömmigkeit galten die Taufkleidung ebenso wie entsprechende Decken als ein Schutz gegen die dem Kind drohenden Gefahren. Ein Blick auf afrikanische Missionsgebiete zeigt, wie sehr diese besondere Kleidung mit der Taufe verbunden war. Frank Trentmann kommentiert kritisch: „Bei der Taufe erhielten Neubekehrte ein weißes Hemd und eine Decke. Der Weg zur Erlösung war nun mit Gütern gepflastert."[19] Tatsächlich verbanden sich ökonomische Interessen der am Konsum interessierten Kolonialherren und Taufpraxis in einer Weise, die in Widerspruch zur Distanz Jesu zu materiellen Gütern stand.

Auch heute finden sich in den Agenden Hinweise auf eine besondere Taufkleidung:

> „Die im Jahr 2000 neu herausgegebene Agende für die Evangelische Kirche der Union regt an, das Taufkleid wieder erst im Anschluss an die Taufhandlung anzuziehen. Für die Taufe Erwachsener verweist sie auf das Beispiel von Gemeinden, die zu dieser Gelegenheit einen weißen Schal übergeben."[20]

Allerdings dürfte die früher in bürgerlichen Kreisen übliche generationenübergreifende Weitergabe eines Taufkleids heute nur noch selten geschehen. Nicht zuletzt der schnelle Wandel in der Mode, aber auch die deutliche Erhöhung des Alters der Täuflinge in den letzten Jahrzehnten[21] und damit deren veränderte Größe stehen ihr entgegen. Bei älteren Täuflingen, etwa im Konfirmandenalter oder gar Erwachsenen, werden Gesichtspunkte der jeweils aktuellen Bekleidungsmode dominant sein, was zugleich ein längeres, eventuell sogar über Jahrzehnte sich erstreckendes Anziehen und damit Erinnern an die Taufe verhindert.

Insgesamt liegen bei der Taufkleidung eine in besonderer Kleidung zum Ausdruck kommende Wertschätzung des Rituals und die Adaption herkömmlicher Status-Differenzierungen eng beieinander, wobei zumindest zeitweise Letztere dominierte.

2.3 Öl

Schon bald dürfte Öl zur Salbung der Täuflinge seinen Platz in der Taufe gefunden haben. Anfangs wohl eher metaphorisch intendierte neutestamentliche Anspielungen wie das Zitat Jesu von Jes 61,1f. (Lk 4,18,21) bzw. 2Kor 1,21f. sowie 1Joh 2,20,27 wiesen hier die Richtung.[22] In unterschiedlichen Regionen begegnen dann in verschiedener Weise prä- bzw. postbaptismale Salbungen. Dabei dürfte es sich bei der Salbung vor der Taufe um eine exorzistisch bestimmte Ganzkörsalbung gehandelt haben (TrAp 21). Nach der Wasserhandlung wurde dagegen

---

19 TRENTMANN, Herrschaft, S. 172.

20 SEYDERHELM, Bekleidung, S. 218.

21 Vgl. die differenzierte Auswertung entsprechender Statistiken bei KREPLIN, Veränderungen.

22 Vgl. KLEINHEYER, Feiern, S. 33.

wohl der Kopf des Täuflings mit Öl in benediktioneller Absicht benetzt, woran sich eine segnende Handauflegung anschloss.[23] Allerdings reduzierten sich – im Gegensatz zu den östlichen Kirchen – diese Handlungen im Westen ab dem 5. Jahrhundert. Bereits 416 reservierte Papst Innozenz I. die Stirnsalbung für den Bischof. Schließlich wurde die postbaptismale Salbung – neben der Handauflegung – grundlegend für die dem Bischof vorbehaltene Firmung, die dann auf dem Konzil von Florenz 1439 als eines der sieben Sakramente festgeschrieben wurde (DH Nr. 1317). Im heutigen römischen Taufordo kann die Handauflegung an die Stelle der präbaptismalen Salbung treten.[24]

Mit der grundsätzlichen Kritik Luthers am „affen spiel der fermelung" (WA 10II,282) – und seiner Rücknahme der ersten Fassung des Taufbüchleins – entfiel jedwede Salbung in den evangelischen Kirchen. So ist Salböl heute hier nur noch ein Gegenstand der Liturgiegeschichte. In der Seelsorge findet es dagegen – in Fortführung der bereits biblisch bezeugten Krankensalbung (Jak 5,14f.) – mitunter Verwendung.[25] Hier wird die Wohltat gut riechenden Öls – im Kontext einer Gesellschaft, in der wohl die Mehrheit der Erwachsenen sich täglich parfümiert – empfunden und unterstreicht die Zusage von Gottes Begleitung auch in schweren Stunden sinnlich. Als Zeichen der Tauferinnerung kann es allerdings dann nicht (mehr) dienen.

2.4 *Becken, Gefäße*

Lange Zeit und bis heute in den meisten Kirchen nehmen Taufstein, -becken bzw. -schale einen wichtigen Platz im Kirchenraum ein. Sie passten sich den jeweiligen Taufsitten – vom Untertauchen des kleinen Täuflings bis zum Benetzen seines Kopfes – an. Geschmückt sind sie häufig durch taufbezogene Bildprogramme.

> „Die Romanik schuf die Grundlagen und entwickelte Modelle zur Ikonografie der Taufsteine und Taufbecken, auf denen in den folgenden Jahrhunderten weitergebaut wurde. Bibel und Liturgie lieferten im Einklang mit überlieferten Bildtraditionen die Grundsteine zu einer im Einzelnen variierbaren bildlichen Taufverkündigung."[26]

Die oft wertvolle Gestaltung der Taufschale kann auch theologische Impulse geben, wie folgende Begebenheit bei der Kirchenbesichtigung durch Vorschüler*innen, von ihrer Erzieherin erzählt, zeigt:

> „Als wir unseren ersten Gang zur Kirche machten, um überhaupt den Raum Kirche kennenzulernen, bewunderten die Kinder die Taufschale. Ein Kind war besonders fasziniert von der Vergoldung der Schale, die durch das Wasser hindurchschimmerte. Da fuhr einem Kind die Bemerkung heraus: ‚Das Baby bekommt wohl von dem Gold etwas ab.' In dieser Zeit ... bereiteten wir auch schon das Weihnachtsspiel vor, bei dem das Christkind mit goldenem Glanz auf einem Bild erschien. Der Eindruck verband sich mit der goldenen Taufschale. So lag es nahe, von dem Schein des Chris-

23 Vgl. zum Einzelnen KLEINHEYER, Feiern, S. 50–53.
24 Vgl. a.a.O., S. 178.
25 Vgl. zur dieser Entwicklung GRETHLEIN, Grundinformation, S. 358–389.
26 MAI, Taufsteine, S. 157; dieser Aufsatz enthält zahlreiche Abbildungen von Taufsteinen.

> tuskindes zu sprechen. In der Taufe erhält das Kind nicht nur seinen Namen, sondern von da an wird es auch ‚Christ' heißen. Die Taufhandlung ist dafür ein Symbol; denn jedes Kind, jeder Christ bekommt vom Glanz etwas ab. ... Da fragten die Fünfjährigen zurück, wie das denn mit ihnen sei, dann hätten sie ja auch Glanz abgekriegt."[27]

Durch ihren Platz in der Kirche lädt die Schale ein, die Taufe in Beziehung zu anderen Dingen christlicher Praxis, wie hier die weihnachtliche Darstellung des Christuskindes, zu setzen.

Auch berichten kirchliche Mitarbeiter*innen immer wieder davon, dass Menschen etwa anlässlich einer Kirchenbesichtigung darauf hinweisen, beim jeweiligen Taufgefäß getauft worden zu sein. Angesichts der wachsenden Mobilität sowie wohl künftig zunehmender Umwidmungen von Kirchengebäuden dürften aber solche Reminiszenzen seltener werden.

Eine gewisse Sonderrolle spielten im Kontext der Haustaufen die Taufschalen, die in den jeweiligen Wohnungen standen. Ursprünglich adeligen Familien vorbehalten, bemühten sich ab dem 18. Jahrhundert zunehmend auch bürgerliche Familien um eine entsprechende Ausrichtung im eigenen Wohnzimmer. Thomas Mann setzte diesem Usus in den „Buddenbrooks" ein eindrückliches Denkmal.[28] Inhaltlich wurde die Taufe so zur „Feier der Ankunft eines Kindes in der Familie".[29] *Doch* beendete die Zentrierung kirchlicher Arbeit auf den Sonntagsgottesdienst nach dem Zweiten Weltkrieg auch den Brauch der Haustaufe. Es ist bezeichnend, dass in der EKD-Statistik seit 1974 die bis dahin üblichen Rubriken Haus- und die Kliniktaufe fehlen.[30] Eine Möglichkeit häuslich vermittelter Tauferinnerung ging dadurch verloren.

2.5 Kerzen

Erstmals zu Beginn des 11. Jahrhunderts ist – nach vorausgehender Verwendung von Kerzen im Umfeld der Tauffeier[31] – die Überreichung einer brennenden Kerze in einem Taufordo erwähnt.[32] Die Begleitformel spielte auf die Erzählung von den fünf klugen Jungfrauen (Mt 25,1–13) an. Angesichts dessen, dass die Kerzen bereits in der Antike für Reinheit standen – und deshalb auch auf dem Altar platziert werden durften –, könnte es sein, dass dadurch der allgemeine Reinheits-Diskurs Einzug ins Taufritual fand.[33] Zwar hatte Luther in der ersten Fassung seines Taufbüchleins (1523) die Taufkerze übernommen. In der – als Reaktion auf Kritiken erarbeiteten – zweiten, dann wirkmächtigen Fassung (1526) fehlt diese

27 KAUFMANN, Nachbarschaft, S. 125.
28 Vgl. MANN, Buddenbrooks, S. 395–397.
29 MÜLLER, Tauftheologie, S. 125.
30 Vgl. GRETHLEIN, Zur gegenwärtigen Taufpraxis, S. 200.
31 Vgl. KLEINHEYER, Feiern, S. 121.
32 Vgl. genauer und zum Folgenden a.a.O., S. 136.
33 Vgl. GRETHLEIN, Taufpraxis in Geschichte, S. 51.

jedoch – wie etwa auch die Darreichung des Salzes, das Auftun der Ohren sowie die beiden Salbungen.[34] Das Rituale Romanum behielt aber die Taufkerze bei.[35]

Inzwischen findet sie auch wieder Eingang in evangelische Taufgottesdienste. Neben symboltheoretischen und ökumenischen Erwägungen dürften dabei pastorale Gesichtspunkte im Vordergrund stehen:

> „Sie (sc. die Taufkerze, C.G.) bietet eine gute Möglichkeit, Taufvorbereitung, Taufe und Tauferinnerung miteinander zu verbinden. Das Vorbereiten der Taufkerze ist für Eltern und Paten, die nicht gewohnt sind, öffentlich aufzutreten und zu sprechen, eine attraktive Form der Beteiligung. Der Austausch mit dem Pfarrer über die Verzierung der Kerze öffnet einen Raum, jenseits abstrakter Theologumena konkret über die Taufe nachzudenken. Nach der Taufe kann diese Kerze zu besonderen Anlässen entzündet werden – und den Menschen auf dem Stationsweg weiterer Kasualien begleiten".[36]

Liturgisch bietet das Entzünden der Taufkerze die Möglichkeit zur Beteiligung der Feiernden. So kommt im römischen „Ordo Baptismi parvulorum" diese Aufgabe dem Vater bzw. Paten zu.[37] Im unierten „Taufbuch" überreicht dagegen der*die Liturg*in der Mutter bzw. dem Vater bzw. einem*einer Pat*in die an der Osterkerze entzündete Taufkerze.[38]

2.6 *Fotos*

Eine recht neue, dazu von Pfarrer*innen zuerst meist abgelehnte Form der Tauferinnerung ermöglicht die Fotografie.[39] Wie auch bei sonstigen Familienfesten griffen Familienangehörige zum Fotoapparat, um die Taufe eines neuen Familienmitglieds im Bild festzuhalten. Gegen Fotos der Taufgesellschaft im Anschluss an den Gottesdienst war nichts einzuwenden, aber durchaus gegen das Fotografieren des Aktes selbst. Seit den späten Vierzigerjahren des 20. Jahrhunderts kam es hierzu – und später auch beim Filmen entsprechender Szenen – zu Auseinandersetzungen zwischen Pfarrer*innen und Tauffamilien.[40] Zuerst wollten Pfarrer*innen durch Fotografierverbote Störungen des Gottesdienstes verhindern, die z.B. von Blitzlichtern ausgingen. Auch wurde darauf hingewiesen, dass sich der sakramentale Charakter des Geschehens nicht in einem äußerlichen Bild festhalten ließ. Andererseits trat aber seit den Achtzigerjahren immer mehr die Einsicht in den Vordergrund, dass zu einem öffentlichen Akt – und dazu zählen wenigstens grundsätzlich kirchliche Liturgien – auch deren fotografische

34 Vgl. a.a.O., S. 61.
35 Vgl. MÜLLER, Tauftheologie, S. 122.
36 GRETHLEIN, Taufpraxis in Geschichte, S. 190.
37 Vgl. KLEINHEYER, Feiern, S. 176; S. 180.
38 Vgl. Taufbuch, S. 44.
39 Vgl. hierzu aus mediengeschichtlicher und -theoretischer Perspektive HÖRISCH, Sinn, S. 222–249.
40 Vgl. auch zum Folgenden GREVEL und KRETSCHMAR, Kasualfotografie.

Erfassung gehört. Zudem erlauben neuere technische Entwicklungen ein zunehmend zurückhaltenderes Agieren der Fotografierenden bzw. Filmenden.

Mittlerweile bahnt sich allerdings auch hier eine technisch begründete Veränderung an. An die Stelle der Papierausdrucke von Bildern, die dann etwa bei späteren Zusammenkünften im Fotoalbum angesehen wurden und so der Tauferinnerung dienten, verschwindet heute die Vielzahl der ständig gemachten Bilder zunehmend auf Festplatten bzw. in Clouds. Allerdings gibt es die Möglichkeit, sich etwa im Jahresrhythmus die entsprechenden Bilder wieder auf den Bildschirm einblenden zu lassen. Der Jahrestag der Taufe kann so neue, technisch unterstützte Bedeutung gewinnen.

2.7 *Zusammenfassung*

Im Laufe der Liturgiegeschichte wurden in das Taufritual noch weitere Dinge integriert: die Übergabe von Salz und die Feier der Eucharistie, nicht nur mit Brot und Wein. Allerdings haben sich – wie das Salböl – diese Dinge jedenfalls in den Taufen im Raum evangelischer Kirchen nicht gehalten bzw. durchgesetzt. Dazu ist noch die Taufurkunde zu nennen, in der die Daten der Taufe amtskirchlich bestätigt werden. Eine größere Bedeutung für die Tauferinnerung und damit die christliche Lebensform ist aber hier ebenfalls nicht erkennbar.

Lange Zeit – und vielleicht bei manchen katholischen Christ*innen bis heute – stellte wohl das Wasser das vorzügliche Mittel zur Tauferinnerung dar. Dass es dabei mit dem sog. Weihwasser durchaus auch zu missbräuchlicher, konkret: magischer Verwendung kam, kritisierten bereits die Reformatoren. Allerdings gelang es ihnen nicht, etwas ähnlich Eindrückliches, auch wenig gebildete Menschen Berührendes an dessen Stelle zu setzen. Das einseitige Setzen auf das „Wort" und die damit einhergehende „Spiritualisierung"[41] des Taufgeschehens erwiesen sich doch als beschränkt auf bestimmte, formal gebildetere Kreise. Dass „Anpredigen" heute in der Umgangssprache eindeutig pejorativ konnotiert ist, weist auf das Problem der Wortlastigkeit hin.

Ob und inwieweit die Taufkerze hier – etwa im Rahmen familiären Feierns – weiterführt, ist, soweit ich sehen kann, noch offen. Etwa in Verbindung mit Apps wie „Mein Tauftag", die die Nutzer*innen regelmäßig hieran erinnern, eröffnen sich neue kommunikative Möglichkeiten, um den Charakter der Taufe als lebensbegleitenden Ritus anschaulich zu machen. Zudem impliziert die Kerze als Ding jedenfalls potenziell die Aufforderung, sie anzuzünden, was zugleich ein Impuls zur Tauferinnerung sein kann. Allerdings setzt dies eine entsprechende Platzierung der Kerze in der Wohnung voraus. Zudem muss eingestanden werden, dass die Taufkerze erst eine recht späte Hinzufügung ist und nicht direkt in Verbindung zur Taufhandlung steht. Umgekehrt bietet sie, an der Osterkerze entzündet, eine Verbindung zur christlichen Auferstehungshoffnung.

41 So KLIE, Konvention und Konversion, S. 252.

3. Taufdinge im heutigen Kontext

Der in wenigen Strichen skizzierte Befund zu den Taufdingen steht wohl hinter dem zur Bedeutung von Dingen bei anderen Kasualien, vor allem den Ringen bei der Trauung, zurück. Vielleicht ist dies auch sachlich darin begründet, dass die Grundlage der Taufe in der Mimesis Jesu in Spannung zu einer Betonung von Dingen steht. Denn der Mann aus Nazareth stand in deutlicher Distanz zu Besitz und damit zu Dingen. In seiner Aussendungsrede (Mt 10,5–42) rief er seine Jünger zu radikalem Verzicht „auf all das auf, was zur Ausrüstung eines Reisenden in der Antike gehörte: Proviant, Geld, Schuhe, ein zweites Gewand, ein Stock zur Verteidigung".[42] Grundsätzlich wies er auf die Diastase zwischen Besitz und Gott hin (Mt 6,24). Im Zentrum seines Auftretens und Wirkens standen drei Kommunikationsmodi: das Lehren und Lernen, das gemeinschaftliche Feiern sowie das Helfen zum Leben.[43] Sie vollziehen sich zwischen Menschen – Dinge können dabei unterstützen, sind aber sekundär gegenüber den Kommunikationen zwischen den Menschen. Allein bei der Mahlgemeinschaft kommt ihnen konstitutive Bedeutung zu. Im Lauf der Zeit wurden die Dinge in Form von Nahrungsmitteln aber auch hier reduziert und marginalisiert, bis hin zur Hostie (und in den evangelischen Kirchen einen kleinen Schluck Wein).

Trotz solcher Einschränkungen dürfte aber das theologisch begründete Anliegen der Tauferinnerung ohne dingliche Vermittlung nicht erreichbar sein. Zwei der genannten Dinge bieten sich hierzu – trotz der genannten Einschränkungen – besonders an: Wasser und Kerze.

Bei beiden ist in symboldidaktischer Perspektive[44] eine wichtige Ambivalenz gegeben: Wasser ist unerlässlich zum Leben und kann zugleich – beim Ertrinken – Leben nehmen. Die Kerze erleuchtet den Raum, dabei verzehrt sie sich aber. Dazu tritt, dass beide Dinge auch in anderen Kasualien teilweise platziert sind bzw. platziert werden können und so deren Charakter als Stationen auf dem – lebenslangen – Taufweg[45] veranschaulichen. Eine gewisse Präferenz dürfte dabei dem Wasser zukommen. Es ist das grundlegende Ding der Taufe und zugleich dürfte angesichts der ökologischen Problemlage das Gespür für seinen Wert bald steigen.

42 SCHRÖTER, Jesus von Nazaret, S. 78.

43 Vgl. ausgeführt bei BECKER, Jesus von Nazaret, S. 176–233, praktisch-theologisch aufgenommen bei GRETHLEIN, Praktische Theologie, S. 256–327.

44 Vgl. zum Wasser GRETHLEIN, Taufen, S. 134–136; zur Kerze a.a.O., S. 139–142.

45 Vgl. GRETHLEIN, Grundinformation, S. 402–407.

Literaturverzeichnis

BARTH, K.: Kirchliche Dogmatik, Bd. VI/4. Zürich 1967.

BECKER, J.: Jesus von Nazaret. Berlin 1996.

BIERITZ, K.-H.: Liturgik. Berlin 2004.

CORNEHL, P. et al.: Auf dem Weg zur Erneuerung der Taufpraxis. Thesen vom 23. Deutschen Evangelischen Kirchentag. In: ZGP, Bd. 8, Heft 1, 1990, S. 20–22.

EKU: Taufbuch. Agende für die Evangelische Kirche der Union, Bd. 1. Berlin 2000.

FRANZ, A.: Die kirchlichen Benediktionen im Mittelalter, Bd. 1. Freiburg 1909.

GRETHLEIN, C.: Christliche Lebensform. Eine Geschichte christlicher Liturgie, Bildung und Spiritualität. Berlin 2022.

DERS.: Christsein als Lebensform. Eine Studie zur Grundlegung der Praktischen Theologie (ThLZ.F 35). Leipzig 2018.

DERS.: Grundinformation Kasualien. Kommunikation des Evangeliums an Übergängen des Lebens. Göttingen 2007.

DERS.: Kindertaufe – Kasualie und/oder Sakrament? Soziale Geburt und/oder Eingliederung in den Leib Christi. In: PrTh, 23. Jg., Heft 2, 1988, S. 108–116.

DERS.: Praktische Theologie. Berlin ²2016.

DERS.: Taufen (Praktische Theologie konkret 1). Göttingen 2020.

DERS.: Taufpraxis heute. Praktisch-theologische Überlegungen zu einer theologisch verantworteten Gestaltung der Taufpraxis im Raum der EKD. Gütersloh 1988.

DERS.: Taufpraxis in Geschichte, Gegenwart und Zukunft. Leipzig 2014.

DERS.: Zur gegenwärtigen Taufpraxis in den evangelischen Kirchen. In: ÖHLER, M. (Hg.): Taufe (Themen der Theologie 5). Tübingen 2012, S. 177–208.

GREVEL, J. P./KRETSCHMAR, G.: Die Kasualfotografie. Praktisch-theologische Erkundungen eines konfliktträchtigen Phänomens. In: PTh 93, 2004, S. 280–293.

HARASTA, E.: Nicht allein schlicht Wasser. Die Taufe aus systematisch-theologischer Perspektive. In: ÖHLER, M. (Hg.): Taufe (Themen der Theologie 5). Tübingen 2012, S. 137–176.

HÖRISCH, J.: Der Sinn und die Sinne. Eine Geschichte der Medien. Frankfurt 2001.

KAUFMANN, H. B. (Hg.): Nachbarschaft von Schule und Gemeinde. Gütersloh 1990.

KIMURA-ANDRES, H.: Mukyokai. Fortsetzung der Evangeliumsgeschichte (Erlanger Monographien aus Mission und Ökumene 1). Erlangen 1984.

KLEINHEYER, B.: Sakramentliche Feiern I. Die Feiern der Eingliederung in die Kirche (GdK 7,1). Regensburg 1989.

KLIE, Th. et al.: Artefakt und Erinnerung. Zur Transformation von Materialität im Trauerkontext. In: DIES.: Der Glanz des Lebens. Aschediamant und Erinnerungskörper. Göttingen 2019, S. 8–22.

DERS. et al. (Hg.): On Demand. Kasualkultur der Gegenwart. Leipzig 2017.

DERS.: Zwischen Konvention und Konversion. Deutungsmachtkonflikte bei Taufen im konfessionslosen Umfeld. In: DERS. et al. (Hg.): Machvergessenheit. Deutungsmachtkonflikte in praktisch-theologischer Perspektive. Berlin 2021, S. 241–256.

KRANEMANN, B.: „Durch das Todeswasser zum neu geschenkten Leben". Taufe im Spiegel von Gebeten und Betrachtungen über das Taufwasser. In: SEYDERHELM, B. (Hg.): Tausend Jahre Taufen in Mitteldeutschland. Regensburg 2006, S. 70–79.

KREPLIN, M.: Veränderungen bei der Kasualie Taufe und angezeigte kirchliche Reaktionen. In: BEETSCHEN, F. et al. (Hg.): Taufpraxis. Ein interdisziplinäres Projekt. Leipzig 2017, S. 17–37.

MAI, H.: Taufsteine, Taufbecken und Taufständer – Geschichte und Ikonografie. In: SEYDERHELM, B. (Hg.): Tausend Jahre Taufen in Mitteldeutschland. Regensburg 2006, S. 156 –172.

MANN, Th.: Buddenbrooks. Verfall einer Familie. Frankfurt a. M. (1901) ¹⁰2008.

MELL, U.: Christliche Hauskirche und Neues Testament. Die Ikonologie des Baptisteriums von Dura Europos und das Diatessaron Tatians. Göttingen 2010.

MÜLLER, A.: Tauftheologie und Taufpraxis vom 2. bis zum 19. Jahrhundert. In: ÖHLER, M. (Hg.): Taufe (Themen der Theologie 5). Tübingen 2012, S. 83–135.

SCHRÖTER, J.: Jesus von Nazaret. Jude aus Galiläa – Retter der Welt. Leipzig ^{2}2009.

SEYDERHELM, B.: Die Bekleidung der Täuflinge. In: DIES. (Hg.): Tausend Jahre Taufen in Mitteldeutschland. Regensburg 2006, S. 208–221.

TRENTMANN, F.: Herrschaft der Dinge. Die Geschichte des Konsums vom 15. Jahrhundert bis heute. München ^{2}2019 (engl. 2016).

ULRICH, J.: Taufpraxis und Tauffrömmigkeit im frühen Christentum. In: SEYDERHELM, B. (Hg.): Tausend Jahre Taufen in Mitteldeutschland. Regensburg 2006, S. 28–34.

Konfirmationsdinge

Konfirmationsbibel, Urkunde und Gruppenfoto mit Pfarrperson und ihr Einfluss auf die Konfirmand:innen-Zeit

Sonja Beckmayer

1. Die Konfirmationszeit und ihre Gegenstände

Die Konfirmation ist eine gestreckte Kasualie.[1] Sie erstreckt sich vom Beginn der Konfirmand:innen-Arbeit bis zum Ende der Familienfeier am Konfirmationstag. Diese Zeit lässt sich in unterschiedliche Zeiteinheiten rund um die Konfirmation selbst einteilen: ein *Davor*, die Zeit, in der die Konfirmand:innen auf den Tag der Konfirmation hinarbeiten und -fiebern, ein *Am* des Konfirmationstages selbst und ein *Danach*, die Zeit nach dem Ende des Konfirmationstages und der familiären Feier. Diese zeitliche Erstreckung der Konfirmation lässt sich auch unter der Perspektive der religiösen materiellen Kulturforschung thematisieren.[2] Diese nutzt materielle Gegenstände als eigenen Zugang zu Forschungsfeldern, um diese entweder überhaupt erst zu entwickeln oder zu erweitern.

Beheimatet ist die allgemeine „materielle Kulturforschung“[3] in unterschiedlichen universitären Disziplinen und stellt in der deutschen Forschungslandschaft kein eigenes Fach dar.[4] Gemeinsam ist den Forschenden an der materiellen Kultur, dass sie die Gegenständlichkeit der Dinge ernst nehmen und ihnen einen (mehr oder weniger eigenständigen) Handlungsanteil in der Interaktion mit Personen zutrauen.[5] Unter „materieller Kultur“ wird hier mit dem Ethnologen Hans Peter Hahn „die Summe der Gegenstände verstanden, die in einer Gesellschaft genutzt werden oder bedeutungsvoll sind. Dabei geht es nicht um die Frage, ob sie eine große oder geringe Bedeutung haben, sondern um den Einbezug in die Lebenswelt der Menschen.“[6] Die verwendeten Begriffe, um zu beschreiben, um was es in der jeweiligen Forschung geht, unterscheiden sich

1 Vgl. FECHTNER und MULIA, Goldene Konfirmation, hier S. 191; WEYEL, Konfirmation und Jugendweihe, S. 494; VELKD (Hg.), Konfirmation, S. 13.

2 Die hier vorgestellten Überlegungen basieren auf den für das Habilitationsprojekt „Kasualsprüche. Zur Sentenzenfrömmigkeit in postsäkularer Zeit“ (Arbeitstitel) durchgeführten teilnehmenden Beobachtungen von Konfirmationen und Jubiläumskonfirmationen.

3 Vgl. zur Entwicklung dieser Forschungsrichtung KRAMER, Dingbedeutsamkeit, S. 22–32; KÖNIG, Stacheldraht.

4 Vgl. zur Übersicht über Forschungsarbeiten verschiedener Fächer zur materiellen Kultur BECKMAYER, Die Bibel als Buch, S. 36–38.

5 Vgl. hierzu auf der Theorieebene besonders die Akteur-Netzwerk-Theorie von Bruno Latour (LATOUR, Soziologie).

6 HAHN, Materielle Kultur, S. 18.

je nach Herkunftsfach oder den Forschungsinteressen.[7] Im Folgenden meinen *Dinge* „ganz allgemein physische Gegenstände der menschlichen Umwelt, unabhängig von ihrem Hersteller, dem Herstellungsprozess oder ihren spezifischen Materialeigenschaften. Der Begriff ‚Gegenstand' wird synonym zum ‚Ding' verwendet."[8] Davon unterschieden werden *Artefakte* als Dinge, „die industriell, in großer Stückzahl, mit einer ähnlichen Ausstattung und mit einer intendierten Funktion produziert werden, deren tatsächlicher Gebrauch dieser Intention aber auch widersprechen kann."[9] Dieser, die Gegenstände ernst nehmende, Forschungszugang wurde zuerst 2006 von Inken Mädler[10] in die praktisch-theologische Forschung aufgenommen, 2018 von Sonja Beckmayer als empirische Forschungsmethode angewandt und erfährt inzwischen zunehmend weitere Aufmerksamkeit Praktischer Theolog:innen.[11] Als produktiv haben sich in der nun religiös interessierten materiellen Kulturforschung drei Ebenen für den Umgang mit den Dingen herausgestellt:

1. Die Materialität selbst: die Materialien, aus denen es besteht, seine Form und sein Herstellungskontext.
2. Der Gebrauch: auf welche Weise es durch die Vorgaben seiner Materialität benutzt werden soll (potenzieller Gebrauch), wie es tatsächlich in Gebrauch genommen wird (tatsächliche Gebrauch) und welche Gebrauchsweisen ignoriert werden (Nicht-Gebrauch).
3. Die Bedeutung(en): die an ihm anhand der Gebrauchsweisen abgelesen werden können, die die Besitzenden dem Gegenstand beimessen oder die von anderen dem Gegenstand angedacht werden.

Diese drei Ebenen eines Gegenstandes im Blick haltend, wird es möglich, Neues auch an vermeintlich bekannten Themen zu entdecken. Dies wird im Folgenden an den Konfirmationsdingen beispielhaft durchgeführt. Die religiöse materielle Kulturforschung aufnehmend, wird im Folgenden den Gegenständen der Konfirmation nachgegangen und erkundet, was sie über die Kasualie verraten.

1.1 *Artefakte aus der Zeit vor dem Konfirmationstag*

Die Konfirmand:innen-Arbeit beginnt anders als bspw. der Schulbeginn, es gibt keinen ersten Schulranzen, keine Konfirmand:innen-Tüte mit Süßigkeiten

---

7 Vgl. zu den unterschiedlichen Begriffen BECKMAYER, Die Bibel als Buch, S. 38–39.

8 Ebd., S. 39.

9 Ebd. Im Folgenden sollte überwiegend von Artefakten gesprochen werden, weil es auch im Kontext der Konfirmation fast ausschließlich industriell hergestellte Gegenstände gibt und nur selten handwerklich hergestellte Einzelstücke. Bei den meisten Konfirmationsdingen handelt es sich also genau genommen um Konfirmations-Artefakte. In Anpassung an den Tagungstitel bleibt der leitende Begriff dieses Beitrags aber das „Konfirmationsding".

10 Ebd., S. 39.

11 Vgl. MÄDLER, Transfigurationen.

und kein eigenes „Einkonfirmationsfest“ mit mindestens dem engeren Kreis der Familie.[12] Der Beginn der Konfirmand:innen-Zeit ist geprägt von Verwaltungstätigkeiten: der:die willige Konfirmand:in muss durch die Erziehungsberechtigten angemeldet werden, oft liegt ein Elternabend vor dem Beginn der Konfirmand:innen-Arbeit. Dort werden die Abläufe, die Zeitplanung von Blocksitzungen und Konfirmand:innen-Freizeit ebenso geklärt, wie die Gegenstände, die es zum Start der Konfirmand:innen-Arbeit braucht. Organisation und Beschaffung von Dingen prägen den Start der Konfirmand:innen-Zeit. Aus diesen Gegenständen der frühen Konfirmand:innen-Zeit stechen zwei hervor: die Bibel und die Konfirmationskerze.[13]

1.2 Das Bibelbuch der Konfirmand:innen-Zeit

Die Bibel ist auch ein wichtiges Arbeitsmittel in der Konfirmand:innen-Arbeit.[14] Daher ist sie immer auch Thema noch vor Beginn der eigentlichen Konfirmand:innen-Zeit, denn es muss geklärt werden, welche Bibel benötigt wird. Dies ist in der Regel einer der Tagesordnungspunkte auf den Elternabenden. Hier wird auch deutlich: Bibel ist nicht gleich Bibel. Welches ist die richtige? Gibt es überhaupt unterschiedliche? Kann es nicht auch die sein, die noch zu Hause irgendwo im Regal steht? Brauchen die Konfirmand:innen eine neue Bibel, wenn ja, wer besorgt diese? Noch vor Beginn der eigentlichen Konfirmand:innen-Zeit wird die Bibel problematisch. Je nach Regelungen und Traditionen in den Gemeinden starten aber alle Konfirmand:innen mit einer bestimmten Bibel in ihre Konfirmand:innen-Zeit. Dieser Gegenstand, das Bibelbuch, mit dem sie das nächste Jahr verbringen werden, wird zu ihrer Konfirmationsbibel.[15]

Dieses Konfirmationsding hat seine spezifische *Materialität*: Es ist ein Buch, das aus Papier und Pappe besteht und bedruckte Seiten enthält. Mit diesen Materialien ist sie einerseits ein normales Buch und hebt sich andererseits durch das verwendete Dünndruckpapier ab, weil es sie von fast allen anderen Büchern unterscheidet.[16] Ihre äußere Gestaltung ist von ihrem angedachten Gebrauch abhängig und ein besonderes Merkmal der Konfirmationsbibel. Als Buch dient auch sie der Wissensaufbewahrung und der Verfügbarmachung von Wissen. Die

12 Der teilweise übliche Vorstellungsgottesdienst der neuen Konfirmand:innen liegt zeitlich in der Regel nach Beginn der Konfirmand:innen-Arbeit, bildet also einen verspäteten, dafür aber öffentlichen Beginn der Konfirmand:innen-Zeit.

13 Ein weiterer Gegenstand des Beginns der Konfirmand:innen-Zeit ist die Konfimand:innen-Mappe, die zunehmend und in besonderer Weise durch die Corona-Zeit durch die KonfiApp abgelöst wird. Auch die Konfirmand:innen-Kleidung als Gegenstand ist Teil der Konfirmationsdinge. Vgl. zu diesem Thema FECHTNER, Sich kleiden, S. 79–82.

14 Vgl. POHL-PATALONG, Bibeldidaktik in der Konfi-Arbeit.

15 Vgl. zur Konfirmationsbibel im Kontext anderer Kasual-Bibelbücher BECKMAYER, Die Bibel als Buch, S. 220–236.

16 Das Dünndruckpapier findet sich z.B. auch bei Gesetzestexten.

Konfirmationsbibel ist in ihrer Materialität ebenso ein Buch wie eine Bibel[17] und wirkt in dieser Kombination althergebracht und ehrwürdig.

Die Konfirmationsbibel suggeriert, eine Bibel zur Konfirmation zu sein. Wie und v.a. wann Konfirmand:innen zu ihrer Konfirmationsbibel kommen unterscheidet sich je nach Tradition. Entweder ist die Konfirmationsbibel eines der Geschenke zur Konfirmation am Tag der Konfirmation. Dann wird sie oft zusammen mit dem ersten eigenen Gesangbuch, meist durch die Pat:innen geschenkt. Eine andere Tradition, die sich vermehrt durchzusetzen scheint, ist, dass die Konfirmationsbibel ein Geschenk der Gemeinde zum Beginn der Konfirmand:innen-Zeit ist, ggf. ist sie auch eine Neuanschaffung der Familie zum Beginn der Konfirmand:innen-Zeit – in beiden Fällen liegt die Anschaffung aber vor dem Beginn der Konfirmand:innen-Zeit.

Der *Gebrauch der Konfirmationsbibel* ist mit klassischen didaktischen Zielen verbunden, die sich meist auf die Inhalte des Buches beziehen. Den Konfirmand:innen soll das Wissen vermittelt werden, was in der Bibel steht (Bibel als Bibliothek), wo es zu finden ist (Bibelaufschlagen) und sie sollen Anleitungen und Anregungen zum eigenen Bibellesen erhalten. Insgesamt geht es darum, einen eigenen Umgang mit der Bibel bzw. ihren Inhalten zu entwickeln. Inzwischen gibt es aber auch eine Gebrauchsweise, die zuerst über die Materialität der Konfirmationsbibel arbeitet: die Bibel zum Selbstgestalten. Dies erfordert spezifische Bibelbücher, nämlich solche mit weißem Einband.[18] Dieser weiße Einband soll dann zu Beginn der Konfirmand:innen-Zeit von den Konfirmand:innen selbst ganz individuell ausgeschmückt werden.

Die *Bedeutung der Konfirmationsbibel* verändert sich im Laufe ihrer Nutzung. Zu Beginn ist sie eher ein störender Gegenstand, sie stört die Eltern aufgrund der Anschaffung und die Konfirmand:innen, weil sie zwingend notwendig ist und auch noch herumgetragen werden soll. Die mögliche individuelle Gestaltung der Konfirmationsbibel ist dann bereits ein wichtiger Teil der Aneignung des Bibelbuches. Durch die eigene Gestaltung machen sich die Konfirmand:innen das Bibelbuch zu eigen, es wird in einem schöpferischen Akt zu ihrem Gegenstand, der kein zweites Mal existiert, mithin zu einem Einzelstück. Diese Dynamik findet sich auch bei allen anderen Gegenständen, entsteht aber meist erst durch die Zeit des Gebrauchs. Der Start mit der selbst gestalteten Konfirmationsbibel intensiviert diese Aneignungsdynamik. Die Konfirmationsbibel, als „die" Bibel, wird auf diese Weise zu „meiner" Bibel. Wenn es zusätzlich gelingt, die Konfirmand:innen zum individuellen Gebrauch des Bibelbuches anzuregen, entsteht eine tiefere Bindung an den Gegenstand, der ihm weiter Bedeutung verleihen kann. So kann es produktiv sein, wenn sich die Konfirmand:innen zum Ende der Konfirmand:innen-Zeit ihren Konfirmationsspruch aus der Konfirmationsbibel aussuchen. Dadurch wird dies ein erster autarker, gleichsam „erwachsener",

17 Vgl. zur Wahrnehmung einer „normalen" Bibel BECKMAYER, Die Bibel als Buch, S. 92–104.

18 Daher wird es auch zunehmend nicht möglich, bereits vorhandene Bibelbücher weiter zu verwenden.

Umgang mit dem biblischen Text und macht deutlich, dass es möglich ist, einen individuellen Wahlspruch aus dem allgemeingültigen Dokument zu beziehen.[19]

1.3 *Die Konfirmationskerze*

Die Konfirmationskerze ist eine neuere Entwicklung in der Konfirmand:innen-Arbeit. Ihre *Materialität* ist einfach, sie besteht aus Wachs und einem Docht.

Ihr *Gebrauch* erscheint auf den ersten Blick ebenso simpel: eine Kerze wird entzündet und verlöscht irgendwann. Es lohnt sich jedoch, diesen Gegenstand als Konfirmationskerze genauer zu betrachten. Die Konfirmationskerze wird inzwischen ebenfalls zum Beginn der Konfirmand:innen-Zeit durch die Konfirmand:innen selbst gestaltet. Sie erhalten eine weiße, recht große Kerze und sollen diese selbst bearbeiten. Auch hier findet sich also ein Gebrauch zum Beginn der Konfirmand:innen-Zeit, der einen Aneignungsprozess darstellt. Die Konfirmand:innen gestalten einen Gegenstand mit ihren Glaubenssymbolen. Anders als bspw. Taufkerzen werden die Konfirmationskerzen aber nicht (nur) im Konfirmationsgottesdienst in Gebrauch genommen. Der Gebrauch der Konfirmationskerzen findet während der Konfirmand:innen-Zeit im Gottesdienst statt. Dort stehen die Konfirmationskerzen oft seitlich des Altars, jede:r Konfirmand:in, der:die den Gottesdienst besucht, entzündet seine:ihre Kerze vor Beginn des Gottesdienstes und lässt sie nach dem Ende des Gottesdienstes wieder verlöschen. Dies kann im Rahmen des Konfirmationsgottesdienstes ebenfalls geschehen, wird aber in der Regel weder liturgisch inszeniert, noch eigens thematisiert. Der „normale" Gebrauch der Konfirmationskerze liegt eben wie der der Konfirmationsbibel in der Zeit vor der Konfirmation.

Die *Bedeutung der Konfirmationskerze* lebt auch wieder von der individuellen Aneignung durch die eigene Gestaltung. In ihrer Gebrauchsweise im Gottesdienst wird aber ein weiterer Faktor relevant, ihre Veröffentlichung. Bleibt die selbst gestaltete Konfirmationsbibel ein persönlicher Gegenstand, den nur die anderen Konfirmand:innen und die Familie zu Gesicht bekommt, wird die Konfirmationskerze öffentlich ausgestellt. Mit der Konfirmationskerze wird also bereits ein Teil des Religionsverständnisses der Konfirmand:innen veröffentlicht. Dies macht die Bedeutung der Konfirmationskerze für die Konfirmand:innen schwieriger, denn sie müssen sich in einem sensiblen Bereich sichtbar machen. Anders, als bei vielen anderen Kerzen, ist der Gebrauch der Konfirmationskerzen im Anzünden und Verlöschen-Lassen kaum ein Problem.[20] Durch den Gebrauch im Gottesdienst bei Anwesenheit der Konfirmand:innen ist der Umgang damit klar definiert. Zugleich wird mit dieser klaren Gebrauchsregelung ein wichtiger Bedeutungsteil der Konfirmationskerze erkennbar, sie ist Teil eines Verwal-

---

19 Vgl. zur Bedeutung des Konfirmationsspruches DAIBER und LUKATIS, Bibelfrömmigkeit, S. 94.

20 Vgl. zur Problematik von Entzünden und Verlöschen von Kerzen BECKMAYER und FECHTNER, Kerzenkult.

tungsaktes. Mit dem Entzünden der eigenen Kerze durch die Konfirmand:innen zu Beginn des Gottesdienstes, wird die Anwesenheit der Jugendlichen kontrollierbar. Die Konfirmationskerze ist damit auch ein Überwachungsinstrument. Wessen Kerze am Ende der Konfirmand:innen-Zeit am wenigsten abgebrannt ist, war wohl kaum im Gottesdienst, und dies ist gemeindeöffentlich für alle sichtbar. Durch diese Gebrauchsweise ist möglicherweise auch die Bedeutung des Gegenstandes geschmälert. Die Konfirmationskerze ist nach dem Ende der Konfirmand:innen-Zeit u. U. nicht mehr positiv besetzt.

2. Artefakte am Konfirmationstag

Der Tag der Konfirmation ist Ziel- oder Höhepunkt der Konfirmationszeit.[21] „Dem Konfirmationsgottesdienst scheint von seiner grundsätzlichen Anlage her eine Dynamik zu eigen zu sein, die auch über Gestaltungsvarianten hinweg wirksam ist.“[22] Diese Gestaltungsvarianten finden sich auch mit Blick auf die Gegenstände der religiösen materiellen Kultur. Gibt es in anderen Kasualgottesdiensten auffällige Gegenstände, wie die Taufkerze, die Trauringe oder die Urne bzw. den Sarg, so fallen im Konfirmationsgottesdienst materielle Gegenstände weniger auf. Liturgisch gibt es in der Konfirmation keine dezidierten Konfirmationsdinge, ohne die eine Konfirmation nicht möglich wäre, anders als z. B. das Taufwasser. Als liturgischer Gegenstand bleiben dem Konfirmationsgottesdienst die Kniebank.[23] Als wichtiger Erinnerungsgegenstand entstehen rund um den Gottesdienst Fotografien[24]. Trotzdem lohnt auch hier der genaue Blick auf die eher unauffälligen Gegenstände des Konfirmationsgottesdienstes: die Konfirmationsurkunde und das Konfirmationsgeschenk.

2.1 *Die Konfirmationsurkunde*

Die Konfirmationsurkunde wird jedem:jeder Konfirmand:in nach der Einsegnung im Konfirmationsgottesdienst übergeben. Von ihrer *Materialität* her ist sie wieder unscheinbar: Papier und Druckerschwärze. Anders als noch bis zur Mitte des 20. Jahrhunderts ist die Urkunde nicht mehr übergroß, eher ein DIN A4 oder

21 Vgl. POLSTER, Jugendliche und ihre Konfirmation; DIES. und BÖHME, Der Konfirmationstag.

22 POLSTER, Jugendliche und ihre Konfirmation, S. 131. Vgl. auch MEYER, Gottesdienst, und empirisch POLSTER, Jugendliche und ihre Konfirmation, S. 130–167.

23 Vgl. KLIE, Kasualdinge, S. 184–185.

24 Vgl. zur Kasualfotografie GREVEL und KRETZSCHMAR, Die Kasualfotografie; MARKS, Trost im Angesicht der Toten? Im Kontext der Konfirmationsdinge am Konfirmationstag kann hier aber (noch) nicht von einem Artefakt der Konfirmation gesprochen werden, weil die Fotos erst an diesem Tag ver- und bearbeitet werden. Sie werden als ausgedruckte, eingeklebte oder gerahmte Fotos erst in der Zeit nach der Konfirmation relevant (vgl. dazu auch den folgenden Abschnitt).

ein gefaltetes DIN A5 Format. Dafür sind die Urkunden heute oft bunt und nicht mehr schwarz, weiß und gold gestaltet.

Der *Gebrauch* beginnt bereits mit dem Erstellen der Urkunden, sie werden noch immer in Teilen von Hand geschrieben. Vorgefertigte Urkunden boten und bieten bis heute die Möglichkeit, den Namen des:der Konfirmand:in einzutragen, den Tag der Konfirmation, die Kirchengemeinde, die Pfarrperson und den Konfirmationsspruch. An diesen Inhalten wird deutlich, dass der erste Gebrauch der Urkunde ein verwaltender ist.[25] Hier wird beurkundet, dass eine kirchliche Handlung vorgenommen wurde. Dieser Gebrauchsweise folgt auch die Logik im Konfirmationsgottesdienst. Die Konfirmationsurkunde wird dem:der Konfirmand:in direkt im Anschluss an die Einsegnung übergeben. Oft geschieht dies in einer mehrfachen Glückwunsch-Situation, den Glückwünschen der Pfarrperson, den Glückswünschen des:der Kirchenvorstandsvorsitzenden und den Glückwünschen der Teamer:innen. Eine dieser Personen übergibt die Urkunde, eine andere mindestens ein weiteres Geschenk. Hier beginnt eine Gebrauchsproblematik: wohin mit der Urkunde, wie stapelt man Geschenk(e) und Urkunde auf dem Arm und wie bringt man alles zum Sitzplatz zurück, ohne dass etwas fällt. Die Konfirmand:innen wirken, wenn sie nach der Einsegnung[26] ihren Platz in der Bank erreichen, nicht nur deshalb erleichtert, es „geschafft zu haben", weil die Einsegnung mit Anspannung verbunden ist, sondern auch, weil es nun einen Ablageort für die diversen Dinge gibt. Hier wird eine eigene Ding-Logistik im Gottesdienst deutlich erkennbar.

Die *Bedeutung* der Konfirmationsurkunde ist aufgrund des verwaltenden Charakters und der schwierigen Logistik am Konfirmationstag wenig ausgeprägt. An diesem Tag stehen andere Dinge und Themen im Vordergrund. Trotzdem ist nach dem Ende des Gottesdienstes sichtbar, dass die Urkunde nicht bedeutungslos ist: Dann stehen Vertraute der Konfirmand:innen mit den Urkunden vor der Kirche und verwahren sie sicher, damit sie nicht verloren geht.

2.2 Das Konfirmations-Geschenk

Zusätzlich zur Urkunde wurden bereits die Geschenke[27] genannt, die es als Konfirmationsdinge zu beachten gilt. Grundsätzlich sollte hier unterschieden werden zwischen den offiziellen Konfirmationsgeschenken, den familiären Konfirmationsgeschenken, und den öffentlichen Geschenken, denn diese verschiedenen Geschenk-Kategorien bringen einen je eigenen Charakter mit sich.

Das bzw. die *offiziellen Geschenke* werden durch die Kirchengemeinde, stellvertreten durch Pfarrpersonen, Kirchenvorstehende oder Teamer:innen im

25 Vgl. zur Veraltung im Pfarramt HERMELINK, Pfarrer als Manager? und zur Unterscheidung von Verwalten und Organisieren im Pfarramt BECKMAYER, Die Bibel als Buch, S. 156–173.

26 Vgl. zur Wahrnehmung der Einsegnung durch die Konfirmand:innen POLSTER, Jugendliche und ihre Konfirmation, S. 154–157.

27 Vgl. grundlegend zum Geschenk mit der Einschränkung des Bezugsfeldes MAUSS, Die Gabe oder HAHN, Materielle Kultur, S. 95f.

Konfirmationsgottesdienst überreicht. Sie haben in der Regel einen klar erkennbaren religiösen oder gemeindlichen Bezug und bedingen sich durch die Rückbindung an die Ortsgemeinde, die Gemeinschaft der Christ:innen oder die Konfirmand:innen-Gruppe. Oft sind diese Geschenke in ihrem Format eher klein gehalten, ein Bibelbuch, ein Kreuzanhänger, ein Gebetbüchlein scheinen den Kernbestand zu bilden. Dazu kommen ggf. individualisierte Geschenke mit Bezug auf die Konfirmand:innen-Gruppe oder -Freizeit.

Davon zu unterscheiden sind die *familiären Geschenke.* Sie werden nach dem Ende des Gottesdienstes überreicht. Je nach Tradition direkt nach dem Gottesdienst[28] oder während der familiären Konfirmationsfeier.[29] Sie stammen aus dem Kreis der Familie oder naher Menschen der Konfirmand:innen und haben einen eher entlassenden Charakter. War es früher die erste eigene Uhr, sind es heute Elektronik-Artikel wie ein neues Handy, ein Laptop oder die Smartwatch. Dazu ggf. auch die erste Reise oder Geldgeschenke, durch die eine nicht unerhebliche Summe des ersten „eigenen" Geldes zur freien Verfügung zusammenkommen kann.

Als dritte Geschenkkategorie können die *öffentlichen Geschenke* hinzutreten. Dies sind Geschenke von Nachbar:innen, Geschäftsinhaber:innen des Ortes oder sogar Lokalpolitiker:innen. Sie werden selten direkt den Konfirmand:innen übergeben, sondern eher über die Eltern oder per Post zugetragen. Der Bezug dieser Geschenke ist meist eindeutig auf die Schenkenden zurückzuführen, wie bei Gutscheinen für einen Laden oder Gegenstände mit Parteiaufdruck. Hier wird die Öffentlichkeitswirksamkeit der Konfirmation deutlich erkennbar. Die Konfirmierten werden auch außerhalb der Gemeinde und der Familie zum ersten Mal wahrgenommen.

In diesen unterschiedlichen Geschenk-Kategorien ergeben sich unterschiedliche Materialien und ebenso unterschiedliche *Gebrauchsweisen.* Den intensivsten Gebrauch erfahren wahrscheinlich die stark lebensweltbezogenen Geschenke aus der Familie. Sie kann man sofort verwenden, vorzeigen und einrichten. Der Gebrauchswert der offiziellen Geschenke ist häufig nur mäßig ausgeprägt und wird bei den öffentlichen Geschenken noch geringer, wenn er u.U. nicht sogar vollständig verschwindet.

Somit ist auch die *Bedeutung* der Konfirmationsgeschenke stark unterschiedlich. Sind es am Konfirmationstag die familiären Geschenke, die sich der größten Beliebtheit erfreuen, verliert sich ihre Bedeutung oft im Alltag, denn sie werden zu reinen Gebrauchsgegenständen. Die am Konfirmationstag vielleicht weniger geschätzten offiziellen Geschenke hingegen werden trotzdem nicht einfach entsorgt und finden sich u.U. Jahre später in einer Kiste wieder, so dass man nun einen Erinnerungsgegenstand in den Händen hält.

---

28 Vgl. POLSTER, Jugendliche und ihre Konfirmation, S. 167.

29 Vgl. ebd., S. 183–189.

3. Artefakte und die Zeit nach der Konfirmation (Dinge, die bleiben)

Was passiert nun mit den Konfirmationsdingen nach der Konfirmation? Nicht nur im Kontext der Bestattung entstehen „Dinge, die bleiben“[30], sondern auch im Kontext der anderen Kasualien. Betrachtet man die Jubiläumskonfirmationen[31] im Hinblick auf die Gegenstände der materiellen Kultur, die dort sichtbar werden, erweisen sich v.a. drei Artefakte als langfristig relevant: die Konfirmationsbibel, die Konfirmationsurkunde und das Gruppenfoto mit Pfarrperson. Allen Konfirmationsdingen im Rahmen der Jubiläumskonfirmation ist zu eigen, dass sie von ihren Besitzenden freiwillig mitgebracht und erst nach dem Gottesdienst hervorgeholt werden. Ihr Ort ist der Platz vor der Kirche und ihre Zeit nach dem Gottesdienst.

Die *Konfirmationsbibel* hat in den Jahrgängen der aktuellen Jubilant:innen noch einen anderen Stellenwert als oben beschrieben, denn hier handelt es sich noch um das offizielle Geschenk der konfirmierenden Gemeinde. Umso wichtiger ist es, dass sie noch vorhanden ist, verfügen diese offiziellen Konfirmationsbibeln doch meist über eine Widmung, die ähnliche Informationen beinhaltet, wie die Konfirmationsurkunde. Sie unterscheiden sich von der Urkunde aber durch eine Art Gebrauchsanweisung „Zum gesegneten Gebrauch“ oder „Zum Andenken an“.[32]

Die *Konfirmationsurkunde* entfaltet scheinbar erst mit der Jubiläumskonfirmation ihre eigentliche Bedeutung. Denn auch wenn sie anfangs „nur“ ein Verwaltungsgegenstand ist, bleibt sie doch lang erhalten, wird gut bewahrt und zum entsprechenden Ereignis wieder hervorgeholt. Oft finden sich auch hier noch die größeren, gerahmten Exemplare, die vorsichtig in Taschen transportiert nach dem Gottesdienst gezeigt werden. Dass ausgerechnet die Urkunde in vielen Haushalten noch erhalten bleibt, hat gerade mit ihrem Charakter als Verwaltungsdokument zu tun. Wie bei Ausweisdokumenten werden solche Verwaltungsgegenstände möglichst sorgfältig bewahrt, weil sie ggf. noch für einen verwaltenden Akt benötigt werden.

Das *Gruppenfoto* wiederum hat die stärkste Bindekraft. Um dieses Foto stehen die Jubilant:innen herum, darauf wird gezeigt. Es wird zum deutlichsten gemeinsamen Gesprächsanlass, denn auf diesem Bild sind alle zu sehen, die dabei waren. So macht dieses Foto aber auch kenntlich, wer nicht mehr da ist, wer bereits verstarb und wen man aus den Augen verloren hat. Wichtig ist auch, dass es ein Foto mit der konfirmierenden Pfarrperson ist. Über ihn[33] wird gesprochen, man erinnert sich an Erlebnisse mit der Pfarrperson, positive wie negative. Die

30 Vgl. KLIE und KÜHN (Hg.), Die Dinge, die bleiben.

31 Vgl. FECHTNER und KLIE (Hg.), Erinnerungskasualien; KUMLEHN, "Goldenes Jubiläum"; FECHTNER und MULIA, Goldene Konfirmation.

32 Vgl. zum Bibelbuch als gewidmetes Geschenk BECKMAYER, Die Bibel als Buch, S. 214–220.

33 Weil die aktuellen Jubiläums-Konfirmand:innen noch fast durchweg von Pfarrern, Männern, konfirmiert wurden.

Jubilant:innen vergewissern sich des vergangenen, aber gemeinsamen Erlebens dieser Zeit.

Anders als zur Tauferinnerung gibt es keine *jährliche Konfirmationserinnerung*. Der Jubiläumskonfirmation ist ein sehr großer zeitlicher Abstand zu eigen, der mithilfe der Konfirmationsdinge überbrückt werden kann. Im Gebrauch der *erinnernden Konfirmationsdinge* wird deutlich, dass es für diese Dinge eine intuitive Form des Gebrauchs gibt. Sie werden in der Regel nicht angefordert und doch bringen die Jubilant:innen sie mit. Was vorhanden ist, wird gezeigt, was gezeigt wird, wird besprochen. Die erinnernden Konfirmationsdinge werden zu Gesprächsankern mit ehemals vertrauen Personen.[34]

4. Anmerkung: Veränderungen in der Digitalität

Die Veränderungen der Corona-Zeit haben eine Form der „Entmaterialisierung" auch im kirchlichen Bereich zur Folge. Es mussten und müssen manche Formate durch Digitales ersetzt werden. Für die Konfirmand:innen-Arbeit wird nun vermehrt die KonfiApp[35] verwendet, Gottesdienste werden gestreamt, die Konfirmand:innen-Freizeit oder das Konfi-Camp entfallen und werden durch einen Spaziergang ersetzt. Die Digitalität verändert den Gebrauch der Dinge auch in der Konfirmand:innen-Zeit. Doch gerade wenn ein Konfirmationsgottesdienst mit nur wenigen Besucher:innen und wenigen Konfirmand:innen gefeiert werden kann, bekommt das, was mitgenommen wird, einen anderen Stellenwert. Die Konfirmationsgeschenke wurden anders ausgewählt, nachhaltiger, damit man wenigstens davon „was hat". Die Konfirmationsbibel ist nicht verschwunden und die Konfirmationsurkunde in ihrer schönen Gestaltung umso wichtiger, weil sie bleiben wird aus dieser Zeit in der nichts blieb, wie es sein sollte. Vermehrte Digitalität erzeugt eher eine Sehnsucht nach Materialität – auch bei der Konfirmation.

5. Konfirmationsdinge und Kasualtheorie: Thesen

Die Gegenstände der materiellen Kultur der Konfirmand:innen-Zeit, die Konfirmationsdinge ermöglichen thesenhaft eine Perspektiverweiterung der Kasualtheorie mit Bezug auf die Konfirmation.

Die Kasualie der Konfirmation zeigt ein eigenes Ding-Gepräge, das typisch ist für diesen Anlass: Es gibt Verwaltungsgegenstände (Urkunde, Widmung, Kon-

34 Das dies schwieriger umsetzbar ist, zeigt der Versuch, die Taufkerze als festen Erinnerungsgegenstand in Tauferinnerungsgottesdiensten zu etablieren. Hier muss eingeladen werden, das Artefakt mitzubringen, was nur in manchen Fällen gelingt.

35 Vgl. https://konfiapp.de; Zugriff 09.11.2021.

firmationskerze), Wissensgegenstände (Bibelbuch und Konfirmationsmappe), Dinge der Erwachsenenwelt (Smartwatches, Geld), Gegenstände der religiösen „Basisausstattung" für die Konfirmand:innen (Bibelbuch, Gesangbuch, Gebetbuch, Kreuz) und die ersten individuellen Religionsgegenstände (Bibelbuch, Konfirmationskerze).

Die dinghafte Betrachtung der Kasualie Konfirmation verstärkt ihre Erstreckung in der Konfirmand:innen-Zeit, macht aber zugleich die Verschränkung von Kasualie und Leben bis ins Alter hinein deutlich.

Eine besondere Bedeutung der Konfirmationsdinge kann wie bei anderen Gegenständen der materiellen Kultur durch den längeren ggf. lebenslangen Gebrauch entstehen, muss dies aber nicht. Sowohl ein zeitlich längerer Gebrauch als auch der punktuelle Gebrauch können (nicht) ausreichen, damit der Gegenstand bedeutungsvoll für den:die Besitzer:in wird. Es sind eher die *Entstehung*, die *Übergabe* sowie die *Personalisierung*, die einen Einfluss auf den Bedeutungsgehalt haben.

Die Konfirmation hat nicht das *eine* Ding, das für diese Kasualie steht, anders als bspw. das Taufwasser oder die Trauringe. Dafür teilt sie sich einen *Ding-Bestand* mit anderen Kasualien: die Bibel (Kinderbibel, Traubibel), die Kerze (Taufkerze), die besondere Kleidung (Taufkleid, Brautkleid, Totenhemd), die Fotografie (als Erinnerung an das Ereignis, wie in der Taufe und der Trauung, nicht an den Menschen, wie in der Bestattung), die Kniebank (Trauung), die Urkunde (alle), die Geschenke (Taufe, Trauung). Nimmt man dies ernst, zeigt sich beim Blick auf die Kasualdinge, dass alle Kasualien gestreckte Kasualien sind.

Literaturverzeichnis

Beckmayer, S.: Artefakte in der Praktischen Theologie. Artefaktorientierung als Potenzial der empirischen Religionsforschung. In: PTh 53, Heft 4, 2018, S. 234–241.

Dies.: Die Bibel als Buch. Eine artefaktorientierte Untersuchung zu Gebrauch und Bedeutung der Bibel als Gegenstand. Stuttgart 2018.

Dies.: Materielle Kulturforschung und Praktische Theologie. In: Roth, U./Gilly, A. (Hg.): Die religiöse Positionierung der Dinge. Zur Materialität und Performativität religiöser Praxis. Stuttgart 2021, S. 37–46.

Dies./Fechtner, K.: Kerzenkult. Zum kirchlichen Gebrauch eines Allerweltdings. In: Kaspari, T. (Hg.): Raumbildungen. Erkundungen zur christlichen Religionspraxis. Leipzig 2018, S. 113–121.

Daiber, K.-F./Lukatis, I.: Bibelfrömmigkeit als Gestalt gelebter Religion. Bielefeld 1991.

Fechtern, K./Klie, Th.: Erinnerungskasualien. Gütersloh 2019.

Fechtner, K./Mulia, Ch.: Goldene Konfirmation zwischen Jubiläumsfeier und Alterskasualie. In: PrTh 44, Heft 3, 2009, S. 184–192.

Ders.: Sich kleiden. Praktisch-theologische Erkundungen zur vestimentären Praxis in der Kirche. In: Klie, Th./Kühn, J. (Hg.): FeinStoff. Anmutungen und Logiken religiöser Textilien. Stuttgart 2021, S. 71–86.

Grevel, J. P./Kretzschmar, G.: Die Kasualfotografie. Praktisch-theologische Erkundungen eines konfliktreichen Phänomens. In: Pastoraltheologie 93, 2004, S. 280–298.

Hahn, H. P.: Materielle Kultur. Eine Einführung. Berlin ^{2}2014.

HERMELINK, J.: Pfarrer als Manager? Gewinn und Grenzen einer betriebswirtschaftlichen Perspektive auf das Pfarramt. In: ZThK 95, 1998, S. 536–564.

KLIE, Th.: Kasualdinge. Wenn Sachen mithandeln. In: BECKMAYER, S./MULIA, Ch. (Hg.): Volkskirche in postsäkularer Zeit. Erkundungsgänge und theologische Perspektiven. Stuttgart 2021, S. 179–188.

DERS./KÜHN, J. (Hg.): Die Dinge, die bleiben. Reliquien im interdisziplinären Diskurs. Bielefeld 2020.

DIES. (Hg.): FeinStoff. Anmutungen und Logiken religiöser Textilien. Stuttgart 2021.

KÖNIG, G. M.: Stacheldraht. Die Analyse materieller Kultur und das Prinzip der Dingbedeutsamkeit. In: JOHLER, R./TSCHOFEN, B. (Hg.): Empirische Kulturwissenschaft. Eine Tübinger Enzyklopädie. Tübingen 2008, S. 117–138.

KRAMER, K.-S.: Dingbedeutsamkeit. Zur Geschichte seines Begriffs und seines Inhaltes. In: Anzeiger des Germanische Nationalmuseums, 1995, S. 22–32.

KUMLEHN, M.: „Goldenes Jubiläum". Von der Lebensdienlichkeit kirchlicher Kasualpraxis am Beispiel des 50-jährigen Konfirmations- und Jugendweihejubiläums. In: DOMSGEN, M./ HANDKE, E. (Hg.): Lebensübergänge begleiten. Was sich von religiösen Jugendfeiern lernen lässt. Leipzig 2016, S. 197–214.

LATOUR, B.: Eine neue Soziologie für eine neue Gesellschaft. Einführung in die Akteur-Netzwerk-Theorie. Frankfurt a. M. 2007.

MÄDLER, I.: Transfigurationen. Materielle Kultur in praktisch-theologischer Perspektive. Gütersloh 2006.

MARKS, M.: Trost im Angesicht der Toten? Zur Bedeutung der Kasualfotografie in der heutigen christlichen Trauer- und Bestattungskultur. In: KLIE, Th. et al. (Hg.): Praktische Theologie der Bestattung. Berlin et al. 2015, S. 543–574.

MAUSS, M.: Die Gabe. Form und Funktion des Austauschs in archaischen Gesellschaften. Frankfurt a.M. 2013.

MEYER, K.: Gottesdienst. In: EBINGER, Th. (Hg.): Handbuch Konfi-Arbeit. Gütersloh 2018, S. 277–292.

POHL-PATALONG, U.: Bibeldidaktik in der Konfi-Arbeit. In: EBINGER, Th. et al. (Hg.): Handbuch Konfi-Arbeit. Gütersloh 2018, S. 180–189.

POLSTER, A.: Jugendliche und ihre Konfirmation. Theologische Diskurse – empirische Befunde – konzeptionelle Erwägungen. Stuttgart 2020.

DIES./BÖHME, Th.: Der Konfirmationstag. In: EBINGER, Th. et al. (Hg.): Handbuch Konfi-Arbeit. Gütersloh 2018, S. 38–337.

ROTH, U./GILLY, A. (Hg.): Die religiöse Positionierung der Dinge. Zur Materialität und Performativität religiöser Praxis. Stuttgart 2021.

VELKD (Hg.): Konfirmation. Amtshandlungen. Agende III. Bielefeld 2001.

WEYEL, B.: Konfirmation und Jugendweihe. Eine Verhältnisbestimmung aus praktisch-theologischer Perspektive. In: ZThK 102, Heft 4, 2005, S. 488–503.

Trauringe, Brautkleid & zwei Stühle vor dem Altar

Die Bedeutung der Dinge in der kirchlichen Trauung

Kristian Fechtner

Die evangelische Praktische Theologie wird derzeit auf die Bedeutung der Dinge aufmerksam, sie nimmt die materiale Seite religiöser Praxis in den Blick.[1] Die Ausgestaltung eines Kirchenraumes mit einem Kerzentisch im Seitengang, das Taufkettchen aus Bernstein als Patengeschenk, die Konfirmationsurkunde, die im persönlichen Dokumentenordner verwahrt wird, oder die Engelfigur, die ohne viele Worte im Hospiz auf dem Nachttischchen der Sterbenden deponiert wird – all dies sind Gegenstände, die in ihrem jeweiligen Kontext und in ihrem Gebrauch eine „Dingbedeutsamkeit“[2] haben. In ihnen wird religiöse Praxis sichtbar und handgreiflich. Dabei gehören zur Materialität kirchlicher Handlungen keineswegs nur genuin religiöse Artefakte, sondern auch Festkleidung, Foto und Urne. Ob die Dinge in diesem Zusammenhang etwas sagen, sei dahingestellt; jedenfalls zeigen sie etwas. Im Folgenden werden zehn Beobachtungen bzw. Überlegungen zur kirchlichen Trauung vorgetragen, fokussiert auf Dinge, die in ihr eine Rolle spielen, und deren Wahrnehmung zu ihrem kasualtheoretischen Verständnis beitragen soll.[3]

Die Wahrnehmung der Dinge im Kontext der kirchlichen Trauung

1. Empirisch gesehen, stellt heute die Trauung in der Reihe der klassischen Amtshandlungen die „schwächste“ kirchliche Kasualhandlung dar; sie ist nicht nur gesellschaftlich zu einer signifikanten Minderheitenpraxis, sondern auch für Evangelische optional geworden. Hans und Grete können sich kirchlich trauen lassen, müssen es aber heute nicht. Wo jedoch mit der Eheschließung eine kirchliche Trauung verbunden wird, dort wird sie zumeist im Rahmen eines größeren Hochzeitsfestes gefeiert; die Trauung ist deshalb in der Regel die kostspieligste Kasualie. Dies gilt gleichermaßen für die Ausstattung, das Festgeschehen und die Geschenke. Die materielle Seite der Eheschließungs- und Traupraxis ist traditio-

---

1 Vgl. zur programmatischen Orientierung BECKMAYER, Artefakte; zum kulturwissenschaftlichen Hintergrund HAHN, Materielle Kultur.

2 Vgl. KRAMER, Dingbedeutsamkeit.

3 Die freihändige Form des mündlichen Vortrages wurde weitgehend beibehalten, die Überlegungen wurden erweitert und um Anmerkungen ergänzt.

nell reichhaltig und wird spätmodern nicht selten noch weiter ausgebaut: Sie reicht von Vorfeiern und der Kleidung über den Blumenschmuck der Kirche und der Ausgestaltung der Festlocation bis hin zu Fotoshootings und Jahresfeiern. Die kirchliche Trauung kann als Vermählungsfest zu den *Verausgabungsriten* gerechnet werden, in denen Mittel für den Augenblick bzw. das Ereignis nach der Maßgabe „mehr als genug“ eingesetzt werden.[4]

2. Die praktisch-theologische Kasualtheorie hat die Gegenstände bislang weithin ausgeblendet. Für diese „stillschweigende Exkommunikation der Dinge“[5] gibt es, wie Thomas Klie plausibel macht, theologiegeschichtliche Gründe. In der evangelisch-theologischen Konzentration auf das Subjekt und auf Intersubjektivität bleiben die Dinge außen vor. Im engeren Kontext der Trauung kommen noch einmal zwei spezifische Ausschlussgründe hinzu. Zum einen: Aus kirchlich-pastoraltheologischer Sicht werden die Dinge nicht selten als *bloße Äußerlichkeiten* (ab) gewertet, um sie als lediglich „weltliche“ vom geistlichen Geschehen abzugrenzen. Ob die Kirche schön wirkt, wie sich das Brautpaar kleidet, welche Geschenke die Eltern mitbringen, wer wo platziert ist etc., erscheint belanglos; all dies ist bestenfalls Beiwerk. Hinter den Trennlinien, die von Seiten der Pfarrer:innen gelegentlich polemisch gezogen werden (man sei doch kein:e Zeremonienmeister:in in einer kirchlichen Location, die kirchliche Trauung keine Staffage für die Ausstattung des Brautpaares und des Hochzeitsfestes), steht womöglich die Schwierigkeit, den theologischen Sinn einer kirchlichen Trauung – jenseits der heute nicht mehr gängigen Vorstellungen einer Ehe als biblisch begründeter Ordnung oder als einer christlichen Ehe – plausibel zur Darstellung bringen und kommunizieren zu können. Zum anderen: Auch in der kulturellen Zuschreibung dessen, was ein Ehebündnis ausmacht und einer Trauung Bedeutung verleiht, werden die materiellen Dinge als etwas deklariert und angesehen, was letztlich unwichtig ist oder sein soll. Unter der Maßgabe einer romantischen Liebesheirat ist das, was gefeiert wird, seinem Wesen nach immateriell („reine Liebe“) und entzieht sich jedem Kosten-(Nutzen-)Kalkül. Auch in dieser Perspektive erscheinen die Dinge *nebensächlich*.

3. Nun ist die Materialität der Traudinge vielfältig, die Palette reicht von den Gottesdienstblättern bis zum Brautstrauß. Folgt man den gängigen Bildern, in denen eine Hochzeit oder Trauung dargestellt wird, dann begegnen zumeist zwei signifikante Gegenstände: die Ringe und das Brautkleid. Auf Werbeplakaten, Einladungen oder Torten fungieren sie als Insignien der kirchlichen Feier und des damit verbundenen Hochzeitsfestes. Beide Gegenstände haben Tradi-

4 Allerdings trifft die hier verwendete Bezeichnung „Verausgabungsritus“ nicht den Sinn, den Georges Bataille in seiner „Ökonomie der Verschwendung“ entfaltet. Was in einer Hochzeit verausgabt wird, gehört nicht unbedingt zu den „unproduktiven Ausgaben“, die „ihren Zweck in sich selbst haben“. Vgl. BATAILLE, Verausgabung, S. 12. Ein Eheschließungsfest kann durchaus auch als eine Art „Investitionsritus“ im Blick auf eine institutionalisierte Beziehung begriffen werden.

5 KLIE, Kasualdinge, S. 180.

tion und sind körperbezogene Artefakte, sie werden am Körper getragen. In den *Körperdingen* kommt symbolpraktisch zum Ausdruck, dass die Trauung auf ein Lebensbündnis ausgelegt ist, das leiblich gedacht und gelebt wird (bzw. darauf angelegt ist). Die eheliche Gemeinschaft ist nicht nur eine ideelle Verbindung, sie umfasst auch das körperliche Zusammensein zweier Menschen. Unter diesem Vorzeichen erscheint der Akt der Trauung auch als Veröffentlichung von Intimität. Dabei sind Ringe und Brautkleid mehr als nur Schmuckstücke und modisches Festkleid; sie sind zugleich Ausstattungsdinge, durch die eine Person leibhaft(ig) als Braut/Ehefrau und eine zweite Person als dazugehöriger Bräutigam/Ehemann ausgewiesen werden. Insofern haben sie einen demonstrativen Charakter; in ihnen materialisiert sich, dass eine kirchliche Trauung auch einen *Zeigeritus* darstellt.

Die liminale Funktion der Trau- bzw. Eheringe

4. Dabei sind die Ringe – neben der Traubibel, die überreicht werden kann – diejenigen Dinge, die als (agendarisch fakultativer) Bestandteil der Liturgie einen eigenen gottesdienstlichen Ort und Status haben.[6] Mit ihnen wird eine rituelle Sequenz innerhalb des Traugeschehens gestaltet: der durch den:die Liturg:in eingeleitete Ringwechsel der beiden Brautleute. Die Ringe sind Elemente einer eigenständigen *Traugeste*, die als eine gottesdienstliche Trauszene in zweifacher Hinsicht bemerkenswert ist: Zum einen agieren hier die beiden Brautleute selbsttätig und unabhängig; sie sind es, die einander die Ringe über den Finger streifen. Zum anderen ist diese Traugeste wechselseitig, das Miteinander ist in der liturgischen Handlung komplementär und egalitär.

Ein kurzer liturgiegeschichtlicher Seitenblick: Bereits Martin Luther führte in seinem Traubüchlein (1529) den Ringwechsel als Teil des Eheschließungsrituals an: Der Pfarrer lasse, so gibt er liturgisch vor, Hans und Grete „einander die Trauringe geben".[7] In der römischen Tradition der Antike war es üblich, dass allein der Mann der Frau als Beglaubigung ihres Verlöbnisses einen Ring überreichte.[8] Diese Übergabe stattete die Frau mit häuslicher Machtbefugnis aus, der Ring war ein herrschaftliches Zeichen. Abgesehen von Polemiken gegen den Gebrauch von Fingerringen als Luxusgut fanden sich bereits in Texten der Alten Kirche vereinzelt Voten, die sich für Ringe auch bei der Verlobung und Trauung von Christ:innen aussprachen.[9] Aus dem 14. Jahrhundert gibt es Bildbelege, die zu erkennen geben, dass der ursprünglich einseitig übergebene Verlobungsring nun zu einer wechselseitigen Praxis und ein Ringwechsel zum Bestandteil der Trauungszeremonie geworden war. Die Transformation der vormals einseitigen Praxis in ein reziprokes Ritual spiegelte den zunehmenden

---

6 Vgl. die geltenden Ordnungen für einen Traugottesdienst: VELKD (Hg.), Trauung; EKD (Hg.). Trauung, S. 54.

7 LUTHER, Traubüchlein, S. 569.

8 Vgl. auch zum Folgenden SCHMIDT-WIEGAND, Hochzeit, S. 269f.

9 So bei Klemens von Alexandrien; vgl. FOURLAS, Der Ring, S. 89.

Einfluss der Kirche auf die Eheschließungspraxis wider, durch den sich das Konsensprinzip durchsetzte und das damit sinnenfällig zum Ausdruck gebracht wird.

Im Rahmen dieses Ritus der wechselseitigen Übergabe gewinnen die Ringe als Traudinge ihre Bedeutung, indem sie Handlungs-, Wirkungs- und Deutungsmacht entfalten.[10] Die *Handlungsmacht* der Ringe besteht darin, dass sie den Trauakt auf einen „Händeritus" hin konzentrieren und diesen hervorbringen. Ein Fingerring gehört auf den Finger; was im Akt der Trauung passiert, geschieht mit den Händen. Die Hand des:der anderen zu ergreifen, ihr den Ring auf den Finger zu streifen, ist hier die handgreifliche Geste der Verbindung. Sie korrespondiert mit der sich liturgisch anschließenden Geste des Händereichens, wobei der:die Liturg:in das Trauvotum spricht, indem er:sie seine:ihre Hand auf die Hände der Brautleute legt.[11] Wo der Trauungsakt an dieser Stelle durch die Ringe zu einem Händeritus wird, stellen sich entsprechende Konnotationen ein: sich an der Hand nehmen, einander die Hände reichen, sich an der Hand halten etc. Die *Wirkungsmacht* der Ringe besteht darin, dass sie die beiden Personen als Paar ausweisen, denn als Trau- bzw. Eheringe sind sie selbst immer paarweise gefertigt und bilden ein Duo. Strenggenommen existiert der Trauring nicht im Singular. Durch die beiden am Finger aufgesteckten und getragenen Ringe werden Braut und Bräutigam für andere und für sie selbst sichtbar zu einem Lebensbündnis, das – davon zeugt die Materialität des Edelmetalls – fortan dauerhaft existiert. Schließlich besteht die *Deutungsmacht* der Ringe darin, dass sie den Akt der Trauung und das, was in ihm zur Geltung und zum Ausdruck kommt, in ihrer materialen Gestalt auslegen: In seiner Kreisform bildet der Ring eine in sich geschlossene, vollständige Form. Er ist in sich festgefügt, besteht nicht aus einzelnen Gliedern und bildet ein in sich Ganzes, das im Gebrauch, den er als Gegenstand selbst vorsieht (am Finger getragen zu werden), weder aufgebraucht wird noch (ohne äußere Gewalt) zerstört werden kann. In seiner Stofflichkeit als Goldring ist er im materiellen Sinne bleibend wertvoll; Gold fungiert im kulturellen Kontext als Inbegriff von Reichtum. Gold glänzt.[12]

5. In der liturgischen Dramaturgie des Traugottesdienstes sind die Ringe das Substrat einer Übergabehandlung, die bereits durch ihre umgangssprachliche

10 Ich lehne mich bei meinen Überlegungen nur lose an das von Gustav Roßler entfaltete Konzept von „agency" an. Vgl. ROSSLER, Anteil, S. 84ff., sowie seinen Beitrag in diesem Band. Vgl. zum Begriff der „Deutungsmacht", der hier ohne theoretische Tiefenschärfe verwendet wird, die konzeptionellen und analytischen Beiträge in STOELLGER (Hg.), Deutungsmacht.

11 Wobei es unterschiedliche Arten des Händereichens gibt: Einander die rechte Hand zu geben, wie es Luther im Traubüchlein vorsieht und auch heute im Traugottesdienst noch praktiziert wird, gibt der Szene einen vertraglichen Charakter. Beide Hände des anderen zu ergreifen, hat demgegenüber eine andere Anmutung; es ist eher eine Innigkeitsgeste und mit einer Umarmung verwandt. Verweist der erste Gestus auf die Ehe als Rechtsinstitut, so die zweite auf die Ehe als Gefühlsbeziehung.

12 In der alten Volkskultur, im Mythos und Märchen werden (goldenen) Ringen unterschiedliche Eigenschaften zugeschrieben, z.B. Herrschafts- und Verfügungsmacht, Bindungs-, Heil- oder Abwehrkräfte. Vgl. LURKER, Ring, S. 619.

Bezeichnung als „Ringwechsel" als ein Veränderungsakt verstanden wird. Ritualtheoretisch gehört die Ringübergabe im Gottesdienst zu den *liminalen Praktiken*, in denen die Veränderung eines Status geschieht bzw. zur Darstellung kommt.[13] Im gottesdienstlichen Ablauf ist der Ringwechsel nach dem Trauversprechen und vor dem Trausegen platziert, hier bildet er ein *Brückenritual* zwischen diesen beiden zentralen liturgischen Momenten einer kirchlichen Trauung.[14] Als Geste des Zusammenfügens transponiert es das Versprechen, das Braut und Bräutigam je für die eigene Person bekunden, in einen gemeinschaftlichen Status der Zusammengehörigkeit, in dem der Segen den beiden als Brautpaar zuteilwird.

6. Nüchterner ist allerdings auch festzuhalten: Als Artefakte sind Trau- bzw. Eheringe hoch konventionalisiert, symbolisch übercodiert und innerhalb des heutigen kirchlichen Traugeschehens unstimmig. Der kirchliche Trauungsakt ist keine Eheschließung, sondern setzt diese voraus, sodass all diejenigen Elemente, die – wie der Ringwechsel – *Zusammenfügungsriten* darstellen, im Grunde obsolet sind. Entsprechend sind immer wieder praktisch-theologisch Stimmen laut geworden, die diese aus dem kirchlichen Ritual ausgliedern wollen. Aus der Perspektive der Beteiligten wird dies jedoch häufig anders wahrgenommen, für sie gehören gerade solch liturgisch unstimmigen Momente zu „ihrer" kirchlichen Trauung; sie stimmen mit dem zusammen, was sie selbst mit dem Ereignis verbinden. Man könnte darin einen Sinn für die produktive Inkonsequenz heutiger ritueller Praxis sehen. Auch die Dingbedeutsamkeit der Ringe schillert; sie changiert zwischen *unveräußerlichem Unterpfand* und *ironischer Brechung*: Dass auch in nach-aufgeklärten Zeiten ein Trauring in seinem dinglichen Dasein als Bürge und Zeichen angesehen werden kann, wird deutlich, wenn ein rationaler Zeitgenosse seinen Ehering verliert: „Um Himmels Willen, womöglich ein schlechtes Omen?"[15] Zugleich wird jedoch das „Gedöns" um die Ringe auch ironisiert – kaum eine Hochzeitskomödie lässt sich eine anekdotische Ringszene entgehen, die zum Lachen reizt. Ring und Ringwechsel sind kein heiliger Ernst, sondern Stoff für Erzählungen und Empfindungen. In ihrer Grundgestalt sind Trauringe formstabil (Ring ist Ring), sie differieren durch feine Unterschiede. Dabei werden sie individualisiert: durch Narrationen ihres persönlichen Erwerbs, durch Gravuren (der Namen, Initialen, des Datums), mittlerweile gibt es Workshops, in denen Brautpaare ihre Ringe als Unikate selbst anfertigen. Im Blick auf den Gebrauch bringt die Dopplung von standesamtlicher Eheschließung und kirchli-

13 Weil der Ringwechsel heute weder kulturell noch liturgisch obligatorisch für die Eheschließungspraxis ist, könnte man im Sinne Victor Turners auch von einer „liminoiden" Praxis sprechen. Vgl. TURNER, Das Liminale, S. 28–94.

14 Vgl. FECHTNER, Kirche, S. 158ff.

15 Vermutlich hat Dietrich Stollberg recht, wenn er griffig formulierte: Das „sog. `magische´ Denken" und allerlei Formen des „Fetischismus" gehören auch zu unseren spätmodernen Wirklichkeitsempfindungen und können „bestenfalls von aufklärerisch-rationalistischer Selbsttäuschung oder auch kirchlicher Ächtung verdrängt werden". STOLLBERG, Liturgische Praxis, S. 91.

cher Trauung eine situative Unschärfe hervor: Wo gehört der Ringwechsel hin?[16] Der Ringwechsel und das Ringetragen erfordern Deutungsentscheidungen. In und mit der spezifischen Materialität des Trauringes, der zwischenzeitlich abgelegt und wieder aufgesteckt werden kann, eröffnet sich ein *inszenatorischer Spielraum*. Dieser spannt sich aus zwischen emotional hochbesetzten Erinnerungen und eher beiläufigen Empfindungen[17] und reicht bis zum bewussten Verzicht auf gemeinsame Ringe, weil sie mit Verfügungsrecht und/oder Ehestandskonvention assoziiert werden.

7. Als Ehering reicht der Trauring über das Fest hinaus, er steht für das, was bleibt und bleiben soll. In dieser Weise fungiert er als *Bindeglied* zwischen der Feier und dem ehelichen Leben „as a igno f our marriage", wie es im anglikanischen Trauritus heißt.[18] Der Ehering am Finger ist im Alltag ein Merkzeichen: Am Ring merke er – so die Äußerung eines Befragten ein gutes Jahr nach seiner Trauung –, es hat sich „etwas geändert". Er habe den Trauring „nach der Hochzeit immer getragen" und dieser erinnere ihn daran: „Wir sind nun auch jeden Tag miteinander verheiratet".[19] Als Gegenstand im Alltag ist er kein Gebrauchsgegenstand im strengen Sinne, der Ehering ist als Schmuckstück ein *Zugegen-Ding*. Er dient der Vergewisserung, Darstellung und Mitteilung und kann auch im posttraditionalen Sinne als „Standeszeichen" angesehen werden. Durch die prinzipiell variable Form des Ringetragens sind auch hier alltagsweltliche Entscheidungen zu treffen: Wann kann, muss, darf ein Ehering im Alltag abgelegt werden; wohin? Dies gilt umso mehr, wenn bei einer Scheidung oder im Todesfall der Verbleib des Ringes grundsätzlich infrage steht: Gibt es Formen der Rückgabe und Rücknahme, des Aufbewahrens und Verschwindenlassens, der Übertragung, Umarbeitung oder Vererbung? Was meint im Blick auf den Ring: „bis dass der Tod euch scheidet"? An den Grenzen und der Grenzziehung wird deutlich, dass die Tücke und der Eigensinn des Objektes auch in der Temporalität der Dinge liegen.[20] Wie alle anderen Artefakte haben Trauringe eine „Dingbiographie"[21], durch die sie sich mit Ereignissen verbinden: Häufig eignet ihnen eine Ursprungserzählung und zu ihnen gehören in unterschiedlicher Weise auch Abschiedssituationen;

16 In seiner Studie zur Bedeutung der kirchlichen Trauung hat Konrad Merzyn Interviews mit Ehepaaren geführt und sie u.a. nach dem Ringwechsel gefragt. Die meisten haben dies im kirchlichen Ritual praktiziert; ein Paar hat die Ringe gleich zweimal gewechselt, diese aber zwischenzeitlich nochmals gravieren lassen, nun auch mit dem Datum der kirchlichen Trauung; ein anderes Paar hat unterschiedliche Ringe verwendet, die standesamtlichen waren „günstiger", sie waren eine Art „Vorstufe". MERZYN, Die Rezeption. Interviews im Anhang, S. 35; S. 45.

17 „Och, der war jetzt nicht spektakulär", merkt der Mann an, und seine Frau sekundiert trocken: „Es klappte alles". A.a.O., S. 30.

18 The Alternative Service Book, S. 292. Zitiert nach CORNEHL, Liturgie der Liebe, S. 53.

19 MERZYN, Die Rezeption, S. 41f.

20 Vgl. dazu den Beitrag von Hans Peter Hahn in diesem Band.

21 Vgl. zum Begriff in einem etwas anderen Zusammenhang DOERING und HIRSCHAUER, Die Biographie.

sie sind als Artefakte dauerhaft, aber nicht ewig. Dazwischen liegen mehr oder minder erinnerungsfähige Episoden einer (Ring-)Beziehungsgeschichte.

Die inszenatorische Bedeutung der Hochzeitskleidung

8. In ganz anderer Weise gehört auch die Hochzeitskleidung zu den Traudingen; sie wird, zumindest was das Brautkleid angeht, exklusiv beim Hochzeitsfest bzw. der Trauung getragen. Zu dieser Gelegenheit ist die Kleidung des Brautpaares ein doppelter Akt der Hervorhebung: Betont wird die biographische Einzigartigkeit des Tages, zugleich wird das Paar vestimentär von allen anderen Anwesenden abgehoben. Nach der Trauung wird die Hochzeitskleidung häufig im Ensemble der Erinnerungstücke aufbewahrt; Kleid und Anzug sind dann für das Ereignis Kleiderschrankzeugen, die in Stoff und Stil mitaltern. Nicht selten ist man nach wenigen Jahren aus ihrer Kleidergröße herausgewachsen. In seiner binären Codierung ist die Kleidung des Brautpaares ein traditionelles Instrument des *doing gender*[22], durch Brautkleid und Hochzeitsanzug wird das Paar weiblich und männlich lesbar. In der kulturell tief eingelassenen traditionellen Lesart fungiert der schwarze Hochzeitsanzug als Ausweis der Bürgerlichkeit des (verheirateten) Mannes, während das weiße Brautkleid eine Reminiszenz an die Fraulichkeit der Braut ist, die heute im Modus von Weiblichkeit reinszeniert wird.

Auch hier ein kurzer kulturgeschichtlicher Seitenblick: Das weiße Brautkleid und der schwarze Hochzeitsanzug setzten sich im 19. Jahrhundert durch. War in den Jahrhunderten zuvor die Brautmode zumeist farbig oder vornehm dunkel gehalten, so etablierte sich zu Beginn des Jahrhunderts die Farbe „Weiß" als Brautfarbe.[23] Bereits im Elisabethanischen England des ausgehenden 16. Jahrhunderts wurde sie schon mit Reinheit und Jungfräulichkeit assoziiert, im gehobenen Bürgertum und dann auch in den anderen Schichten wurde die „weiße Hochzeitsrobe" in den ersten Jahrzehnten des 19. Jahrhunderts zum „Zeichen der Unschuld".[24] Vermutlich verband sich das weiße Brautkleid hier mit der modernen Vorstellung einer „Schamhaftigkeit" der Frau als spezifisch weiblicher Tugend, die sich in dieser Zeit kulturell besonders ausprägte.[25] Im Pendant dazu heiratete nun der Mann in der Würdefarbe „Schwarz"; wobei der schwarze Anzug zum Signum bürgerlicher Existenz avancierte.

Bis heute manifestieren sich in der Hochzeitsbekleidung genderspezifische Kleiderordnungen, die auf dem Zusammenspiel von geprägten Bildern und konventionalisierten Erwartungen beruhen: Braut und Bräutigam sollen als solche erkennbar sein. Zugleich wurde und wird das hochzeitliche Outfit auch als *vestimentäre Spielfläche* genutzt. Nicht selten setzt sich die Braut in ihrem Kleid – mit Dekolleté und nackten Schultern, Spitzenhandschuhen und Schleier – betont

22 Vgl. zum Zusammenhang von Mode und Geschlecht LEHNERT, Mode.
23 Vgl. auch zum Folgenden KESSLER-AURISCH, Hochzeitsmode; HÖRANDNER, „Ganz in Weiß".
24 Ebd., S. 332.
25 Vgl. FREVERT, Vergängliche Gefühle, S. 20ff.

weiblich in Szene und folgt damit der textilen Logik von Entblößen und Verhüllen. Oder sie unterläuft im weit geschnittenen Hosenanzug die binäre Geschlechtercodierung. Komplementär ergeben sich, wenn auch in der Aufmerksamkeit zumeist zurückgesetzt, auch vestimentäre Spielformen für den Mann, die sich vornehmlich in der Farbwahl zeigen. Auch durch die Praxis gleichgeschlechtlicher Paare erweitern sich die Möglichkeiten. Die Brautpaarkleidung kann heute divergierenden Logiken folgen: Steigerung, Purismus, Verweigerung, Wechsel etc., wobei heute auch wieder starke Traditionalismen zu beobachten sind.[26] So wird die Garderobe zum Medium, sich die eigene Rolle anzueignen, in dieser Rolle das Selbst zu inszenieren und zugleich zu transzendieren. Dabei kommt das Brautkleid – unabhängig davon, ob es maßgeschneidert, selbstgefertigt, von der Stange oder geliehen ist – in der Trauung als das je eigene zur Geltung; es ist im persönlichen Gebrauch immer Unikat: „Das ist meins, das bin ich." Im Ensemble der Traudinge steht es dafür, dass die Trauung als symbolisch ausgestalteter Ursprungsakt der ehelichen Beziehung unwiederholbar und unwiederbringlich ist, im Kleiderschrank – dem „kleinen Flügelalter der Erinnerung"[27] – als Stoff jedoch haptisch und damit auch fürs Erinnerungsgefühl mit Händen greifbar bleibt.[28]

Die formative Kraft der Brautpaarstühle

9. Zu den Traudingen gehört auch das Interieur des gottesdienstlichen Raumes und des Festsaales. Die *formative Kraft* der Dinge lässt sich exemplarisch an einem Utensil ablesen, das im gottesdienstlichen Geschehen wortlos als „Platzanweiser" fungiert: Die zwei Stühle als Sitzplätze für das Brautpaar, die im oder vor dem Altarraum aufgestellt sind. Sie gehören zur „Interaktionsarchitektur"[29], mithin zu den Einrichtungsgegenständen, die Interaktion ermöglichen, nahelegen und gegebenenfalls auch begrenzen. Durch sie geschieht eine leibliche „Situierung"[30] der Agierenden im Raum, die in ihrem Verhalten immer schon auf ein „sozialtopographisches Wissen"[31] zurückgreifen: Sie wissen in der Regel, dass man sich

26 Auch die Moden des Brautkleides entstehen im Wechselspiel von (variierender) Nachahmung und individueller Gestaltung. Vgl. zur „Mode als Praxis" LEHNERT, Mode, S. 1406ff.

27 So die Formulierung aus einem Artikel der Zeitschrift „Der Silberspiegel" von 1939. Zitiert nach KRAFT, Textile Erinnerung, S. 173.

28 Auch hier gehört zur „Dingbiographie" die Frage, was mit dem Brautkleid passiert, wenn eine Ehe geschieden wird. Je nach Umständen dürfte dies unterschiedlich sein. Mittlerweile gibt es eine neue Spielart „trash the dress", in der die bewusste Zerstörung des Brautkleides in Videos festgehalten und ins Internet gestellt wird. Den Hinweis auf diese Praxis verdanke ich Sonja Beckmayer.

29 Ich beziehe mich auf die Arbeit von HAUSENDORF und SCHMITT, Interaktionsarchitektur, auf die mich freundlicherweise Manuel Stetter aufmerksam gemacht hat. Vgl. dazu auch STETTER, Deutungsmacht, S. 141ff., sowie dessen Beitrag in diesem Band.

30 HAUSENDORF und SCHMITT, Interaktionsarchitektur, S. 8.

31 A.a.O., S. 19.

auf einen Stuhl setzen kann, dass dies aber in diesem Falle dem Brautpaar vorbehalten ist, während die Gemeinde in den Bankreihen Platz nimmt. Mit den für das Brautpaar aufgestellten Stühlen sind mindestens sechs Aspekte eingeführt, die das Traugeschehen und seine Bedeutung mitbestimmen: Erstens arrangieren die beiden an exponierter Stelle stehenden Stühle den Kirchenraum zu einer „Traubühne" um. Ein:e Kirchenbesucher:in, der:die schon am Vormittag einen Blick in die Kirche wirft, erkennt ohne Weiteres, dass dieser Kirchraum zum gottesdienstlichen Raum einer kirchlichen Trauung „umgebaut" worden ist. Die beiden Stühle heben zweitens das Brautpaar in der Regel mittig hervor und setzen es von der Gemeinde ab. Drittens wird durch die Stühle die Festgemeinde in den Bankreihen hinterrücks und damit außerhalb des Sichtfeldes des Brautpaares platziert. Zugleich wird durch die Rückenlehne und Rückenansicht ein Sichtschutz geschaffen; die mimischen Regungen des Brautpaares bleiben der Gemeinde verborgen; die Veröffentlichung von Intimität bleibt schamgeschützt. Viertens schaffen die Stühle eine egalitäre Nebeneinander-Sitzhaltung der beiden Brautleute, die gemeinsam vis-à-vis zum:zur Liturg:in und auf den Altar hin ausgerichtet werden. Als vorgesehene Sitzgelegenheiten sind die Stühle fünftens ein wesentliches Element einer Dramaturgie liturgischer Körperhaltungen und -bewegungen: Sie fokussieren den Einzug in die Kirche, indem sie dessen Zielstelle markieren; sie ermöglichen den Wechsel von Sitzen und (Auf-)Stehen (oder auch Knien) und definieren dabei unterschiedliche Rollen bzw. Handlungen (Hören, Sprechen). Schließlich korrespondieren sechstens die beiden in der Kirche aufgestellten Stühle mit den Sitzplätzen, die ähnlich exponiert in der anschließenden Feier für das Brautpaar vorgesehen sind – dort nun aber gerade in Blickrichtung und im Blickkontakt mit der Festgesellschaft. In jeder dieser Hinsichten werden die Stühle in ihrer Dinglichkeit zu „*Akteuren*" innerhalb des gottesdienstlichen Geschehens, die selbst nichts tun oder zur Sprache bringen, aber das liturgische Handeln und seine Bedeutung mitprägen.

Kurzes kasualtheoretisches Fazit

10. Ring, Kleid, Stuhl – aus kirchlicher Sicht sind die Dinge eher Marginalien oder Ornamente der kirchlichen Trauung, sie gehören zu ihrer mehr oder minder üblichen Ausstattung und hübschen sie auf. Nimmt man die Trauung aber nicht nur als eine kirchlich institutionalisierte Handlung wahr, sondern aus dem Blickwinkel der Beteiligten auch als eine „interaktive religiöse Praxis"[32], dann spielen sie für das, was in ihr geschieht, kommuniziert und erinnert wird, eine eigene Rolle. Sie sind als je besondere Gegenstände und in ihrem Eigensinn bedeutungsvoll. Durch sie macht ein Brautpaar die kirchliche Feier zu ihrem Ding; mit ihnen wird, was im Gottesdienst und im Fest erlebt wird, zu ihrer Sache. In dieser Lesart sind die Traudinge mehr als nur die materielle Außenseite des „eigentli-

32 So der Vorschlag von NORD, Fest des Glaubens, S. 221ff.

chen“ Ritus, sie fokussieren diesen vielmehr auf das Brautpaar: Sie machen ihre Verbindung sichtbar und bringen sie – mit ihren Wünschen und ihrem Hoffen, im Geben und im Empfangen – für sich und alle anderen zur Geltung. Insofern handeln die Gegenstände mit, sie sind selbst Elemente der Inszenierung und Co-Inszenierung einer kirchlichen Trauung. Praktisch-theologisch gilt jedoch auch, was Martin Luther in seinem Traubüchlein festgehalten hat[33]: Hans und Grete wissen ja, wenn sie im Gottesdienst ihr Wollen vor Gott und der Gemeinde bekunden sowie göttlichen Segen und gemeinschaftliches Gebet begehren, dass sie nicht selbst verbürgen und vollbringen (können), was sie versprechen. Und dies können die Dinge eben auch nicht.

Literaturverzeichnis

BATAILLE, G.: Der Begriff der Verausgabung. In: DERS.: Die Aufhebung der Ökonomie. Das theoretische Werk, Bd. 1. München [2]1985, S. 9–13.

BECKMAYER, S.: Artefakte in der Praktischen Theologie. Artefaktorientierung als Potenzial der empirischen Religionsforschung. PrTh 53, Heft 4, 2018, S. 234–241.

CORNEHL, P.: Liturgie der Liebe zwischen Romantik und Realismus. Beobachtungen zu neueren Trauliturgien. In: KRANEMANN, B./HAKE, J. (Hg.): Hochzeit – Rituale der Intimität. Stuttgart 2006, S. 37–70.

DOERING, H./HIRSCHAUER, S.: Die Biographie der Dinge. Eine Ethnographie musealer Repräsentation. In: DERS./AMANN, K. (Hg.): Die Befremdung der eigenen Kultur. Zur ethnographischen Herausforderung soziologischer Empirie. Frankfurt a. M. 1997, S. 267–297.

EKD (Hg.): Trauung. Agende für die Union Evangelischer Kirchen in der EKD, Bd. 4. Bielefeld 2006.

FECHTNER, K.: Kirche von Fall zu Fall. Kasualien wahrnehmen und gestalten. Gütersloh [2]2011.

FOURLAS, A. A.: Der Ring in der Antike und im Christentum. Der Ring als Herrschaftssymbol und Würdezeichen. Münster 1971.

FREVERT, U.: Vergängliche Gefühle. Göttingen 2013.

HAHN, H. P.: Materielle Kultur. Eine Einführung. Berlin [2]2014.

HAUSENDORF, H./SCHMITT, R.: Interaktionsarchitektur und Sozialtopografie. Umrisse einer raumlinguistischen Programmatik. Arbeitspapiere des UFSP „Sprache und Raum“. Zürich 2013.

HÖRANDNER, E.: „Ganz in Weiß“ – Anmerkungen zur Entwicklung des weißen Hochzeitskleides. In: VÖLGER, G./V. WELCK, K. (Hg.): Die Braut. Geliebt – verkauft – getauscht – geraubt. Zur Rolle der Frau im Kulturvergleich, Bd. 1. Köln 1985, S. 330–335.

KESSLER-AURISCH, H.: Hochzeitsmode als Spiegel der sozialen Wirklichkeit. In: VÖLGER, G./V. WELCK, K. (Hg.): Die Braut. Geliebt – verkauft – getauscht – geraubt. Zur Rolle der Frau im Kulturvergleich, Bd. 1. Köln 1985, S. 316–329.

KLIE, Th.: Kasualdinge. Wenn die Sachen mithandeln. In: BECKMAYER, S./MULIA, Ch. (Hg.): Volkskirche in postsäkularer Zeit. Erkundungsgänge und theologische Perspektiven. Stuttgart 2021, S. 179–188.

KRAFT, K.: Textile Erinnerung. In: BRAUN, K. et al. (Hg.): Materialisierung von Kultur. Diskurse Dinge Praktiken. Würzburg 2015, S. 173–182.

KRAMER, K.-S.: Kleine Beiträge zur Dingbedeutsamkeit: Zeichenhaftigkeit von Gegenständen nach Bildquellen des 15. bis 17. Jahrhunderts. In: Nordelbingen Bd. 59 (1990) S. 151–166.

33 Vgl. LUTHER, Traubüchlein, S. 568.

LEHNERT, G.: Mode: ästhetische Praxis und Doing Gender. In: KORTENDIEK, B. et al. (Hg.): Handbuch Interdisziplinäre Geschlechterforschung. Wiesbaden 2019, S. 1405–1414.

LURKER, M.: Art. Ring. In: DERS. (Hg.): Wörterbuch der Symbolik. Stuttgart [5]1991.

LUTHER, M.: Traubüchlein für die einfältigen Pfarrherrn (1529). In: Die Bekenntnisschriften der evangelisch-lutherischen Kirche. Gütersloh 1986, S. 566–572.

MERZYN, K.: Die Rezeption der kirchlichen Trauung. Eine empirisch-theologische Untersuchung. Leipzig 2010.

NORD, I.: Fest des Glaubens oder Folklore? Praktisch-theologische Erkundungen zur kirchlichen Trauung. Stuttgart 2017.

ROSSLER, G.: Der Anteil der Dinge an der Gesellschaft. Sozialität – Kognition – Netzwerke. Bielefeld 2015.

SCHMIDT-WIEGAND, R.: Hochzeit, Vertragsehe und Ehevertrag in Mitteleuropa. In: VÖLGER, G./V. WELCK, K. (Hg.): Die Braut. Geliebt – verkauft – getauscht – geraubt. Zur Rolle der Frau im Kulturvergleich, Bd. 1. Köln 1985, S. 264–273.

STETTER, M.: Deutungsmacht und Predigtpraxis. Zur Materialität und Diskursivität rhetorischer Überzeugungskraft. In: KLIE, Th. et al. (Hg.): Machtvergessenheit. Deutungsmachtkonflikte in praktisch-theologischer Perspektive. Berlin/Boston 2021, S. 135–154.

STOELLGER, Ph. (Hg.): Deutungsmacht. Religion und belief systems in Deutungsmachtkonflikten. Tübingen 2014.

STOLLBERG, D.: Liturgische Praxis. Kleines evangelisches Zeremoniale. Göttingen 1993.

The Alternative Service Book. Services authorized for use in the Church of England in Conjunction with the Book of Common Prayer Together with the Liturgical Psalter. With Index to the Readings. London u.a. 1980.

TURNER, V.: Das Liminale und das Liminoide in Spiel, „Fluß“ und Ritual. Ein Essay zur vergleichenden Symbologie. In: DERS.: Vom Ritual zum Theater. Der Ernst des menschlichen Spiels. Frankfurt 1995, S. 28–94.

VELKD (Hg.): Trauung. Die Amtshandlungen. Agende, Bd. 3, Teil 2. Leipzig 2005.

Handschuh und Handschmeichler

Die Partizipation der Dinge an der Konstitution der Toten

Manuel Stetter

Wer sich einmal darauf eingelassen hat mit den Dingen zu „rechnen“, sie also in die „Berichte eingehen“ zu lassen und zum „Datum“ zu machen,[1] um ihnen dann auch in der analytischen Durchforstung der Feldnotizen und Interviewtranskripte nachzugehen, der sieht sich im Fall der Bestattung mit einer reichen Welt der Objekte konfrontiert. Dies gilt umso mehr, wenn der Begriff der Bestattung nicht auf die Trauerfeier beschränkt wird. Verstanden als Prozess, der sich über verschiedene Orte und Zeiten verteilt, umfasst die Bestattungspraxis eine Vielzahl komplexer Situationen: die „Abholung“, Kasualgespräche, das „Herrichten“ der Verstorbenen, ihre Aufbahrung u.a.m.[2] Entsprechend vervielfacht sich das Inventar der Bestattungsdinge: Zu ihnen gehören die Urne, der Sarg mit seiner textilen Ausstaffierung, das Rednerpult, der Blumenkranz, Kerzen, das Portrait der Toten, die Lautsprecheranlage, die vielerlei Utensilien der Grabtechnik, Erde, genauso wie das Bestattungskraftfahrzeug, die Kühlkammer, die Überführungstrage, das ganz eigene „Sachuniversum“[3] der hygienischen Versorgung mit Nadel, Augenkappe, Kosmetika oder auch die administrativen Objekte im Bestattungsbetrieb wie der sog. Sargrichtzettel, EDV-Technik u.v.a.m.

Diese schiere Fülle an Dingen zeigt, dass es einer Fragestellung bedarf, um sich der materiellen Kultur des Funeralen zuzuwenden. Im Rahmen meiner Forschung zur Bestattung ist es die Frage nach dem Umgang mit den Toten, der den Blick auf die Kasualdinge anleitet. Genauerhin interessiert mich, was in diesem Umgang *mit* den Toten *aus* ihnen gemacht wird. Der Tod kommt demnach als eine Größe in Betracht, die sozial hervorgebracht wird; er wird nicht als bloße „Naturgegebenheit“ vorausgesetzt.[4] Was die Toten sind und was mit ihnen ist, versteht sich nicht von selbst, sondern wird im Medium diverser, nicht zuletzt funeraler Praktiken immer wieder enaktiert, situativ aufgeführt und sozial fabriziert. Welche Rolle die Dinge in dieser funeralen Konstitution der Toten spielen, soll im Folgenden beleuchtet werden.

Dazu wird zunächst der Zugriff meiner Analyse der Bestattungsdinge präzisiert. Sofern der rezente Materialitätsdiskurs ein breites Spektrum an theoretischen Optiken und methodischen Ansätzen bereithält, gilt es, den hier ver-

1 Vgl. LATOUR, Soziologie, S. 136.

2 Zur zeitlichen Ausdehnung und Heterogenität der Bestattungspraxis vgl. COENEN, Zeitregime, S. 126–147.

3 Vgl. HAHN, Das Wuchern der Dinge.

4 Zu dieser konstruktivistischen Perspektive vgl. exemplarisch die klassische Studie von SUDNOW, Organisiertes Sterben, S. 15.

folgten *Zugang* zu umreißen (1). Im Zentrum stehen sodann zwei *Detailstudien.* Sie rekurrieren auf qualitatives Datenmaterial und versuchen am Beispiel zweier einschlägiger Situationen funeraler Praxis der Materialität der Konstitution der Verstorbenen nachzugehen (2). Auf dieser Grundlage werden zum Abschluss einige *analytische Leitlinien* nochmals gebündelt, die sich m.E. für die Erforschung von Kasualdingen generell als ergiebig erweisen (3).

1. Vorbemerkungen. Zum Zugang einer Analyse funeraler Kasualdinge

Unter den diversen Ansätzen einer Erforschung des Materiellen war es die Akteur-Netzwerk-Theorie, die in den letzten Jahren einige Furore gemacht hat. Das lag nicht zuletzt daran, dass den Dingen im Rahmen dieses theoretischen Zugriffs der Status von Akteuren zugeschrieben wird. In der Welt des Sozialen handeln nicht nur die menschlichen Wesen; auch den nicht-menschlichen Wesen kommt *agency* zu. War mit dieser Annahme eine Perspektive gewonnen, in der die Objekte mit Nachdruck aus ihrem häufig marginalisierten Rang in der Beschreibung unserer Wirklichkeit herausgeführt werden konnten, birgt der Zugang der Akteur-Netzwerk-Theorie doch auch Probleme.

So geraten in dieser Optik tatsächlich vornehmlich die *Dinge* in den Blick. Andere Momente des Materiellen wie allen voran der *Körper* bleiben außen vor.[5] Nun ist es im Rahmen einer Forschung, die sich für den Umgang mit den Toten interessiert, aber gerade das Physische, ohne das das Feld der Bestattung nicht angemessen verstanden werden kann. Entsprechend verlangt eine Untersuchung der funeralen Kasual*dinge* eine Optik, in der auch die funeralen Kasual*körper* in den Blick kommen können und in ihrem wechselseitigen Zusammenspiel analysierbar werden.

Wie verschiedentlich angemerkt, ist es vor allem die Pauschalität, in der Bruno Latour und seine Mitstreiter*innen von den Dingen als Akteuren reden, die kritisch anzufragen ist. Nicht nur bleibt die Akteur-Netzwerk-Theorie damit einem klassischen handlungstheoretischen Paradigma verpflichtet, nur dass dieses jetzt auch auf die Objekte ausgeweitet wird. Vor allem scheint damit immer schon ausgemacht, auf welche Weise die Dinge an der sozialen Wirklichkeit partizipieren. Es wird vorab auf sozialontologischer Ebene geklärt, was die Dinge sind und wie sie auf das soziale Leben Einfluss nehmen.[6] Zugänge, die mit einer größeren empirischen Offenheit einhergehen, erscheinen hier als fruchtbarer. *Ob überhaupt* etwas und, falls ja, *wie viel* und *was genau* die Objekte zu einer konkreten Situation beitragen, ist empirisch herauszuarbeiten und zu spezifizieren. Mit den Objekten zu „rechnen“ heißt auch: mit ihrer etwaigen situativen Irrele-

5 Vgl. HIRSCHAUER, Praktiken, S. 74.
6 Vgl. SCHMIDT, Materiality, S. 139f.

vanz zu rechnen, mit Veränderungen von Dingbedeutungen, mit verschiedenen Modi und Graden ihrer *agency*, mit kulturspezifischen, historischen Eigenarten etc.[7]

Was daraus resultiert, ist das Erfordernis, die Dinge in ihrer Situiertheit, *in actu*, zu erhellen. Ihr Status lässt sich nicht *per se* verhandeln, sondern nur am Ort ihres konkreten Auftretens. Mit den Worten von Thomas Scheffer und aus einem praxistheoretischen Blickwinkel formuliert: Die „Dinge" – und „Körper" – „sind in verschiedenen Vollzügen, nicht aber außerhalb eines Vollzugs wirksam/verfügbar/existent! Sie sind *etwas* in einer Praxis – und gehen doch nie in dieser auf."[8]

In methodischer Hinsicht werden für die Erforschung von Dingen demnach empirische Ansätze und nicht zuletzt *Verfahren der teilnehmenden Beobachtung* virulent. Sie erlauben es, die Dinge „auf der Mikroebene"[9] des funeralen Vollzugsgeschehens zu beobachten, auch zu riechen, zu hören und zu betasten,[10] um sie dann als an sich „schweigsame", nichtsprachliche Entitäten in den Berichten „zur Sprache zu bringen".[11] Anders als in Rahmen praxeologisch inspirierter Methodologien teilweise diskutiert, erscheinen mir jedoch ebenso *Strategien der Befragung* als durchaus geeignet, sich Zugang zur Welt der Artefakte zu verschaffen. Die Akteur*innen im Feld „haben Begriffe", mitunter regelrechte emische „Theorien" für die Objekte, mit denen sie umgehen. Sie sollten aus einer Untersuchung nicht *ab ovo* ausgeklammert werden.[12]

2. Detailstudien

Vor diesem Hintergrund sollen zwei Fallbeispiele analytisch erkundet werden. Ihre Auswahl verdankt sich primär dem Ziel, etwas von der Heterogenität der funeralen Kasualdinge abzubilden.

– Das erste Beispiel bezieht sich auf die Situation der *Abholung*, mithin jenen Moment im Bestattungsprozess, in dem die Verstorbenen aus ihren sozialkommunikativen Lebensräumen physisch ausgegliedert werden, während das zweite Beispiel die Situation der *Aufbahrung* betrifft und einen Zusam-

---

7 Vgl. HAHN, Dinge als Herausforderung.

8 SCHEFFER, Neue Materialismen, S. 99 (Hervorhebungen im Original).

9 HAHN, Die Unsichtbarkeit der Dinge, S. 59.

10 Für eine Erkundung der materiellen Kultur erweisen sich die Strategien einer *Sensory Ethnography* als instruktiv, sind die Objekte doch auch in den Praktiken des Feldes weder nur visuell präsent noch allein Gegenstand diskursiver Aushandlung. Entsprechend avanciert der Körper der Forschenden zu einem wichtigen „Untersuchungswerkzeug" einer Analyse auch der Dinge. Vgl. WACQUANT, Für eine Soziologie aus Fleisch und Blut, S. 97; PINK, Ethnography.

11 Vgl. HIRSCHAUER, Ethnografisches Schreiben.

12 Mit CRESS, Sakrotope, S. 73f.

menhang aufruft, in dem der Leichnam wieder Teil der Interaktion mit den Angehörigen wird.

- Steht im ersten Beispiel ein Artefakt im Zentrum, das eher zu den *unprätentiösen* Dingen der Bestattung gehört – ein flüchtiger Gebrauchsgegenstand, zu dem keine*r der Teilnehmer*innen im Feld eine affektive Bindung unterhält –, verweist das zweite Beispiel auf einen Gegenstand, für den die Praktische Theologie in der Regel aufmerksamer ist: Es handelt sich um ein „Ritualding“[13], ein Objekt, dem von meinen Informanten eine bedeutsame Funktion für die emotionale Bearbeitung der Trauer attestiert wird.
- Zuletzt beruhen beide Beispiele auf verschiedenen Datensorten: Während das erste Beispiel auf *teilnehmende Beobachtungen* während eines Forschungsaufenthalts bei einem süddeutschen Bestattungsunternehmen rekurriert, basiert das zweite Beispiel auf einem *Telefoninterview*, das ich mit einem Bestatter während der Pandemie führte.

2.1 Die Praxis der Abholung und der doppelte Handschuh

Um unauffällige Gebrauchsgegenstände auffällig zu machen, bedarf es häufig irgendeiner Art von Befremdung der beobachteten Geschehnisse. Zu den ethnografisch geläufigen Strategien gehört dabei die Einnahme des Standpunkts eines Novizen: „Selbst die alltäglichsten, traditionellsten und stummsten Werkzeuge hören auf, für selbstverständlich gehalten zu werden, wenn sich ihnen Nutzer nähern, die durch Distanz ungeschickt und unwissend“ sind.[14] In meiner Rolle als Praktikant im Bestattungsinstitut bin ich ein solcher Dilettant: jemand, dem allerlei erklärt werden muss, dem wiederholt Fehler unterlaufen und der von seinen Kolleg*innen, sofern als relevant erachtet, dann auch entsprechend korrigiert wird.

Einer dieser zu Beginn meiner Feldaufenthalte ständig erforderlichen Korrekturhinweise bestand in einem einzigen Wort: „Handschuh!“ Tatsächlich stellt die Handhabung der Einmalhandschuhe eine eigene Bestatter*innenkunst dar, die in der Beherrschung der Praxis des „doppelten Handschuhs“ im Zusammenhang von Hausabholungen kulminiert.[15]

Diese Kunst besteht in einem impliziten Wissen, das sich zunächst auf den *Gegenstand der Berührung* bezieht. Im Kern geht es um eine kaum merkliche Grenzziehung, die den gesamten Abholungsvollzug betrifft und den Verstorbenen gilt. Ist der Körper der Toten einmal – mit Handschuhen – berührt, darf mit ihnen nichts anderes mehr angefasst werden. Der Imperativ „Handschuh!“ verlangt also, ihn abzustreifen – und zwar besonders dann, wenn – nachdem die

13 Vgl. BRÄUNLEIN, Ritualdinge.

14 LATOUR, Soziologie, S. 139 (im Original teils hervorgehoben).

15 Zum „ausgeprägte[n] Handschuhverhalten“ im Kontakt mit dem Leichnam vgl. auch ROOST VISCHER, Alltägliche Tote, S. 38f.

Verstorbenen aus dem Bett auf die mobile Trage umgebettet sind – die Transporthülle von außen geschlossen wird.

Vielleicht kann man sagen, dass sich im Artefakt des Handschuhs eine unsichtbare Trennwand materialisiert, die den toten Körper subtil einzirkelt. Der Gebrauch des Handschuhs kommt einer Vorform der Innen-Außen-Logik gleich, die im Verschließen der Transporthülle dann ganz offensichtlich visuell Gestalt gewinnt. Die Ausgliederung der Toten aus ihrem alltagsweltlichen Lebenszusammenhang, wie sie in der Abholung vollzogen wird, lässt sich damit als ein mehrstufiges Prozessgeschehen rekonstruieren: Es reicht von der *taktilen* Separierung der Verstorbenen qua *Handschuh* über ihre *visuelle* Separierung durch Verschließen der *Transporthülle*, ihre *räumliche* Separierung aus dem Sterbezimmer mithilfe der *Überführungstrage* bis zu ihrer *lokalen* Separierung qua *Bestatter*innenfahrzeug*.

Das in die Handschuhpraxis eingelagerte Wissen betrifft sodann die *Handhabung des Handschuhs selbst*. Anders als in offiziellen Rationalisierungen des Handschuhtragens etwa im Rahmen der Berufsausbildung stehen dabei zunächst einmal nicht Fragen der *Hygiene* im Vordergrund.[16] In der korrekten Handhabung der Handschuhe geht es vielmehr um Fragen des *Sozialen* – und zwar genauer hin der *Wahrnehmung* des Sozialen. So war es unter meinen Kolleg*innen geradezu ein Topos der Abholung, dass es beim Überziehen des zweiten Paars über das erste notorisch zu unliebsamen Geräuschen kommt, die es in Anwesenheit der Angehörigen tunlichst zu vermeiden gilt. Überhaupt ist das Übereinandertragen von zwei Handschuhpaaren mitnichten dem Gesundheitsschutz geschuldet. Es handelt sich um eine Ethnomethode, durch die den typischen *ästhetischen* Aufführungsregeln der Abholung Genüge getan werden kann: Es umgeht ein umständliches Neuanziehen, sichert damit die Reibungslosigkeit des Ablaufs und zielt insofern auf eine gewisse Eleganz im Tun, einen souveränen, runden Vollzug *coram publico*. Die Praxis des doppelten Handschuhs ist ein *soziales* Spiel.

Der entscheidende Punkt ist nun, dass dieses soziale Spiel intrinsisch mit der Konstitution der *Toten* verbunden ist. Ein beiläufiges Gespräch bei einer Krankenhausabholung gibt darauf einen Hinweis:

> Während wir uns an der Trage zu schaffen machen, kommen wir auf das Thema „Einweghandschuhe" zu sprechen. [Philipp] erzählt mir von einem Bestattungsunternehmen, dass es seinen Mitarbeiter*innen anscheinend untersage, Handschuhe zu tragen. „Die wollad des dort ed." Ich sehe, wie mein Kompagnon skeptisch sein Gesicht verzieht und unverständig lächelt. „Okay. Und warum?", frage ich nach. Sie möchten vermeiden, so [Philipp], dass bei den „Angehörigen" der Eindruck entstehe, dass man die Verstorbenen „eklig" finde, „aber es isch ja zum Schutz". Und sogleich fügt er an: Das Berühren der Toten sei aber natürlich auch nicht ansteckender als „wie wenn du jemand dHand gibsch".

16 Im Horizont der Berufsausbildung besitzt der Handschuh seinen diskursiven Ort im Zusammenhang von „Schutzmaßnahmen" und wird entsprechend als Teil der „Schutzausrüstung" thematisiert. Vgl. NEUSER und WIRTHMANN (Hg.), Bestattung, S. 453–473. Dass mit dem Tragen von Handschuhen diverse, über den Gesundheitsschutz hinausreichende Logiken verbunden sind, zeigt sich auch in anderen „high-touch"-Praktiken professioneller Körperarbeit. Vgl. MCDOWELL, Working Bodies, Pos. 2474–2543.

Wie der Auszug zeigt, ist der Gebrauch der Handschuhe ein Vollzug, der aus Sicht der Bestatter*innen die Verstorbenen mitinszeniert. Im Sinne einer Erwartungserwartung wird der taktilen Separierung durch die Einweghandschuhe eine Zeichenhaftigkeit unterstellt, in der die Toten potenziell als etwas Abstoßendes artikuliert werden. Ganz abgesehen davon, ob dies in der Wahrnehmung von Angehörigen auch wirklich der Fall ist, deutet sich hier an, dass die Abholung mit ihren performativen Logiken, die sich im Handschuh verdichten, immer auch eine Enaktierung der Toten darstellt: Sie werden in ihr zu etwas gemacht.

Zu was sie durch diesen Hygieneartikel gemacht werden, dazu sollen nun einige Perspektiven herausgearbeitet werden. Einen instruktiven Ausgangspunkt bietet ein Blick auf die materielle Struktur des Handschuhs.[17]

Bestehend aus Latex oder Nitril, ist der Handschuh zunächst schlichtweg: *impermeabel*, „flüssigkeitsdicht[-]"[18]. Er bildet damit das exakte Gegenstück zum Körper der Toten. Wie Julia Lawton in einer vielbeachteten Studie zur Palliative Care herausgearbeitet hat, ist der sterbende und tote Körper durch eine *gesteigerte Porosität* gekennzeichnet. Er dehnt sich in Form von Geruch, Exkrement und Körperflüssigkeiten aus. Entsprechend gehört die Frage nach dem physischen Zustand der Verstorbenen bei meinen Bestatterkolleg*innen zu den Grundfragen jeder Abholung: Riecht er? Verliert er Blut, Sekret? Wenn man so will, dient der Einweghandschuh der externen Begrenzung des sich selbst nicht mehr begrenzenden, „unbounded body"[19]. Durch den Handschuh werden die Verstorbenen damit in einer radikalisierten Körperlichkeit artikuliert. Sie werden, mit Stefan Hirschauer gesprochen, *„verkörperlicht"*, *„als Körper"* relevant.[20]

Für den Gebrauch des Handschuhs ist nicht nur seine Undurchlässigkeit entscheidend. Die Beschaffenheit des Kunststoffs macht ihn auch *anschmiegsam*, *dünn*, *flexibel*. Als „zweite Haut" schränkt er die Bewegungsmöglichkeiten der Hand nicht – oder besser: *kaum* – ein. Mit einem Nitrilhandschuh bleibt man behände: Man kann greifen, heben, drücken. Was man nur eingeschränkt ausführen kann, sind dagegen Bewegungen wie Streicheln. Der Handschuh hält beinahe alle Handfunktionen aufrecht; durch seine Oberflächenstruktur begrenzt werden aber alle Formen berührender *Liebkosung*. Der Einweghandschuh steht damit für einen taktilen Totenumgang ein, der weniger kommunikative Zeichen der Beziehung und Zuneigung absondert als vielmehr Arbeitsabläufe, insbesondere der Mobilisierung der Verstorbenen, anzeigt. Während die Totenberührungen der

17 Zur Untersuchung materieller Objektattribute als Element artefaktanalytischer Verfahren vgl. LUEGER und FROSCHAUER, Artefaktanalyse, S. 784.

18 NEUSER und WIRTHMANN (Hg.), Bestattung, S. 463.

19 Vgl. LAWTON, Process, S. 128–133.

20 Vgl. HIRSCHAUER, Praktiken, S. 83–88 (Hervorhebungen im Original). Sind es bei Hirschauer Praktiken im Umfeld der Anästhesie, die den Patientenkörper als „bloß körperliches Objekt" herstellen und zu einer „‚Ausquartierung' der Person" führen (83), verankert Lawton die Verkörperlichung des Körpers direkt in Prozessen seiner physischen Desintegration. Bei genauerem Hinsehen zeigt allerdings auch ihre Analyse, dass es nicht isolierte körperliche Prozesse sind, die zu einer Depersonalisierung führen. Es sind die praktischen Interaktionszusammenhänge des *unbounded body*, die mit einem „loss of self" (132) einhergehen. Vgl. LAWTON, Process.

Angehörigen die Körper der Verstorbenen mittels taktil-haptischer Praktiken in der Regel als Beziehungspartner, umsorgte, fürsorglich gepflegte und geliebte Personen hervorbringen, artikulieren die Totenberührungen der Bestatter*innen im Rahmen der Abholung die Körper der Verstorbenen eher als *logistische Güter*, die zu heben, verlagern und transportieren sind. Der Gebrauch der Handschuhe verkörperlicht damit die Toten nicht nur; sie werden auch *verdinglicht*[21].

Wie für die meisten Forschungsfelder reicht es auch für die Praxis der Abholung nicht aus, sich ausschließlich auf ein einzelnes Ding zu konzentrieren. Wie die Dinge im Zusammenhang mit anderen Materialitäten zu analysieren sind, so auch im Zusammenhang mit anderen Objekten. Bezogen auf die Abholung ist hier eine interessante Beobachtung zu machen, wenn das Gesamtensemble der Dinge in eine *prozessuale* Perspektive gerückt wird. In Aufnahme von Überlegungen von Thomas Scheffer zu einer „transsequenziellen“, Situationen übergreifenden Analytik kann man z.B. fragen: Welche Dinge werden in die Abholungssituation *„importiert“*, also Dinge wie etwa die Überführungstrage oder das Bestattungsfahrzeug? Welche Dinge sind *vorrätig* und *bleiben* am Ort des Geschehens, wie z.B. das Bett? Welche Dinge werden aus der Situation mitgenommen, also *„exportiert“*?[22]

Werden die Dinge der Abholung nach dieser Logik sortiert, wird deutlich, dass mit der Abholung nicht nur die Toten einen Ortswechsel vollziehen, sondern im Verbund mit ihnen auch andere Gegenstände überführt werden. Viele Tote werden „bestückt“, durch Dinge begleitet: Mal ist es ein Bettkissen, das mitgenommen werden soll – da hat er „emmer drauf gelegen“; mal ist es eine *Armbanduhr* – „[d]ie war ihm wichtig“; „[d]es isch seine, die ka er mitnemma“; sehr häufig ist es persönliche *Kleidung*. Stets geht es um persönliche Insignien, die die Toten gerade nicht in ihrer gesteigerten Körperlichkeit oder als logistische Güter hervorheben, sondern ihre Individualität als *Personen* artikulieren.[23]

Ebenso ist hier die Beobachtung zu machen, dass gerade im Kontext von Überführungen aus institutionellen Zusammenhängen wie Krankenhäusern oder Pflegeheimen, meine Bestatterkolleg*innen *stets*, und wenn sie noch so verkümmert waren, die Blumen mitnahmen, sofern die Verstorbenen durch solche dekoriert sind oder waren. Dieses streng „expressive“[24] Objekt verweist, mindes-

---

21 Der Begriff wird hier nicht pejorativ, sondern analytisch gebraucht. Mit Silke Schicktanz und Sabine Wöhlke könnte man auch von einer „Dingifizierung“ sprechen. Es geht um die Beobachtung, dass die Verstorbenen Teil einer Praxis werden, in der sie weder als Personen noch als physische Organismen relevant gemacht werden. Vgl. SCHICKTANZ und WÖHLKE, Leben im Anderen, S. 84–88.

22 Vgl. SCHEFFER, Die trans-sequentielle Analyse.

23 Wie die Beispiele zeigen, geht es häufig um *körpernahe, berührungsintensive* Artefakte. Entsprechend spricht Heidi Helmhold im Blick auf die Totenkleidung von einem „textile[n] Körper“, einem „spuren- und geruchsintensive[n], textile[n] Abdruck“ des lebenden Körpers, der dem toten Körper aufgeprägt wird. „Der biologische Körper ist tot, aber der textile Körper trägt noch dessen olfaktorische Identität, weil er ihn berührt hat, weil sich Lebensspuren seiner Haut in die Materialität eingerieben haben“ (HELMHOLD, Totenfutterale, S. 342f).

24 Vgl. STRECKEISEN, Tod, S. 96f.

tens als Erinnerungsspur, auf eine ritualisierte Inszenierung der Toten, in der sie nachdrücklich als Nicht-Ding und Mehr-als-Körper zur Darstellung gebracht werden. Offensichtlich verlangt die Ausgliederung der Verstorbenen aus ihren alltagsweltlichen Lebensräumen, mithin denjenigen Räumen, in denen sie durch sozialkommunikative Interaktionen als Personen konstituiert werden, eine materielle Beigabe, die sie *als Personen* bleibend dinglich anzuzeigen vermag.

Damit ist deutlich, dass die Toten durch die Praxis der Abholung nicht homogen enaktiert werden. Sie werden als *ambige* Wesen hervorgebracht, die zwischen „Körper", „Ding" und „Person" changieren – ein Changieren, an dem Artefakte wie der Handschuh konstitutiv beteiligt sind.

2.2 Die Praxis der Aufbahrung und der mobile Handschmeichler

Persönliche Insignien und expressive Objekte spielen ebenfalls bei Aufbahrungen eine zentrale Rolle. Im Folgenden soll allerdings eine Sorte von Gegenständen im Fokus stehen, die sich davon noch einmal unterscheiden lässt. Viele Bestattungsunternehmen greifen auf sie zurück und lassen sie teils eigens für die von ihnen verantworteten Aufbahrungsrituale herstellen. So berichtet ein Bestatter von aus „Apfelbaum" gefertigten, kleinen *Herzen* – „sozusagen Handschmeichler", wie er sie nennt. Deutet sich in dieser Bezeichnung schon eine spezifische Machart an, die auf einen haptischen Gebrauch abzielt, scheint die Frage der Produktion noch in einer anderen Hinsicht bedeutsam zu sein. Jedenfalls legt mein Gesprächspartner darauf Wert, dass es sich um Herzen handelt, die sprichwörtlich „aus demselben Holz geschnitzt" sind, also: „dieselbe Holzfaser" besitzen, folglich „bis auf a paar Kleinigkeiten fascht identisch" aussehen und „dieselbe Größe" haben. Die Entstehung dieser Artefakte ist demnach nicht gleichgültig, sondern schreibt ihnen eine physische Qualität ein, die, wie noch zu zeigen sein wird, sprachlich, interpretativ ausgebeutet werden kann.

Nun erklärt sich die Eigenart dieser Objekte nicht exklusiv aus ihrem Herstellungskontext. Als Gegenstände, die die Angehörigen in ihrer Trauerarbeit unterstützen sollen, kommt in ihrer „Objektbiographie"[25] der Situation des „Erwerbs" resp. der Übereignung ein entscheidender Stellenwert zu:

> „unna na hab ich do für die enge Familie und die Geschwister fünf gleiche Herzen rausgesucht un na bin ich mit denen Angehörigen in nen Raum rein wo der junge Mensch lag [...] die Mutter hat EIN Herz (.) dem Sohn in die Hand gelegt (1.5) on dann hab ich die Hand aufgehoben hab die anderen Herzen ond hab i gsagt jedes von dene jetzt verbliebenen vier Herzen die send für euch (-) ond ihr wisst jetzt immer (.) dasselbe hat euer Bub auch in dr Hand (-) ond (.) somit haben die immer egal wo die hingehen (.) und hier rausgehen haben die immer in ihrer Tasche oder in ihrer Nähe dieses Herz und wissen immer (.) des hat unser Bub in der Hand [...]"

Es ist die Situation der Aufbahrung, in der die Herzen übergeben und allererst in Gänze zu dem gemacht werden, was sie dann „sind" bzw. als was sie dann im

25 Vgl. exemplarisch EGGERT und SAMIDA, Menschen und Dinge, S. 131–134.

weiteren Verlauf potenziell in Dienst genommen werden können, nämlich als „Erinnerungsdinge“[26], besser vielleicht: Medien der „Verbindung“ zu den Toten, wie mein Interviewpartner es ausdrückte.

Die Installation eines solchen Mediums scheint ein komplexes Geschehen zu sein. Jedenfalls ruft der Bestatter in der zitierten Passage mit wenigen Worten einen verwickelten Ereigniszusammenhang auf, der die *Angehörigen* und den *Bestatter* genauso involviert wie den *Verstorbenen*, der neben den *hölzernen Herzen* auch die *Körper* der Anwesenden und ihre *Sinne* engagiert und ebenso auf *Sprache* nicht verzichten kann.

Im Kern geht es um ein multiples *Berührungsgeschehen*. Als Handschmeichler schon stofflich auf den Tastsinn angelegt, wird dieses taktil-haptische Programm in der Aufbahrungssituation aktiviert: Ein Herz wird mit dem Toten in Kontakt gebracht; die anderen Herzen simultan in die Hände der Angehörigen gelegt. Folglich wird die Verbindung zum Toten nicht allein über die materielle Identität der Herzen erzeugt, die vor den Angehörigen verbal beschworen wird; sie wird zudem durch Berührung hergestellt: „dasselbe hat euer Bub auch in dr hand“. Das Herz in der Hand der *Angehörigen* transformiert sich damit in eine Art Kontaktreliquie, ohne den Toten freilich selber zu berühren. In Adaption eines Begriffs von Claudia Benthien könnte man von einer „Teletaktilität“[27] sprechen. Durch den *zeitgleichen skin-to-thing-Kontakt*, verbunden mit der *sprachlichen Deutung des Bestatters*, welche die *materielle Herkunftsidentität der Herzen* symbolisch expliziert, werden die hölzernen Gegenstände, die die Angehörigen halten, mit dem Körper des Toten in „Berührung“ gebracht. Auf diese Weise im Akt der Aufbahrung stofflich, taktil und diskursiv mit Bedeutung aufgeladen, vermögen die Herzen dann auch in Zukunft das mentale Totengedenken des nun physisch Abwesenden als leiblich spürbares, der Haut schmeichelndes Accessoire materiell zu tragen.[28]

Ein weiterer Punkt ist interessant. So eröffnen die spezifische Größe, Schwere, Festigkeit und Form der Herzen nicht nur ein Erinnern, das über den Hautsinn verläuft. Diese physischen Eigenschaften erlauben zudem eine beinahe unbegrenzte Mobilisierung der Herzen. „Egal wo die hingehen“, so der Bestatter, sie können überall hin mitgenommen werden. Die Herzen sind ein hoch bewegliches und folglich besonders alltagstaugliches Verbindungsstück zum Toten. Sie sind ohne Mühe in die geläufigen alltagsweltlichen Vollzüge integrierbar. Anders als immobile Gedenkorte wie das Grab, erhält die Erinnerung des Toten damit einen mobilen „Ort“ inmitten des Alltagsgeschehens.[29]

---

26 HOLM, Erinnerungsdinge.

27 Vgl. BENTHIEN, Haut, S. 265–278.

28 Vgl. dazu die Überlegungen von Herbert Kalthoff, Torsten Cress und Tobias Röhl zur „Medialität“ von Dingen, kraft derer sie „Abwesendes zur Darstellung bringen können“, ohne dabei lediglich zeichenhaft auf das Nichtpräsente zu verweisen. Vgl. KALTHOFF et al. (Hg.), Einleitung, S. 27.

29 Die Herzen gleichen in dieser Hinsicht den Aschediamanten. Wie diese sind sie „ambulant handhabbar“, können „flexibel in den Alltag integriert werden“ und kommen so im Zusammenhang einer fluider werdenden Kultur des Totengedenkens zu stehen. Vgl. KLIE et al., Artefakt und Erinnerung, S. 12; S. 19.

Die Beschreibung der Konstitution des Gegenstands deutet bereits an, dass er auch an der Konstitution des Verstorbenen teilhat. Wo er als Verbindungsmedium praktisch in Gebrauch genommen wird, artikuliert er den Toten als erinnerbare *Person*. Analog zu den persönlichen Insignien und expressiven Objekten personifiziert er den Verstorbenen und macht ihn als Nicht-Ding und Mehr-als-Körper präsent. Darüber hinaus bringt er ihn aber auch als eine Person hervor, zur der im aktuellen Lebensalltag eine *Verbindung* aufrechterhalten werden kann. Wenn der Tod nach wie vor nicht selten als paradigmatische Gestalt des Beziehungsabbruchs firmiert, die Praktiken der Bestattung vor allem als Prozess einer fortschreitenden sozialen Ausgliederung gelten, die Trauerarbeit als Akt des Loslassens verstanden wird und in diesem Rahmen dann auch die Aufbahrung stimmig als „Realitätsprüfung“[30] und materiale Beglaubigung des Todes eines Menschen gedeutet wird, dann materialisiert sich in dieser mobilen Kontaktreliquie hierzu ein Gegenprogramm. Die Aufbahrung dient der sozialen Fabrikation eines Artefakts, das die Toten als im Alltag präsente Beziehungspartner enaktiert und erfahrbar macht.[31]

3. Schlussbemerkungen. Leitlinien einer Analyse funeraler Kasualdinge

Die Untersuchung der beiden Fallbeispiele soll an dieser Stelle abgebrochen werden, um abschließend einige der sie leitenden analytischen Perspektiven noch einmal zu bündeln und gesondert herauszustellen.

Wie eingangs notiert, verlangt eine Erkundung der Dinge des Sozialen und Religiösen ihre *Situierung im Praxisvollzug*. Was heißt das konkret?

(1) Affordanzen

Das heißt nicht, über die stofflichen Strukturen, Formeigenschaften und Oberflächenbeschaffenheiten der Dinge hinwegzugehen; und um diese zu bestimmen, braucht es tatsächlich immer wieder auch Strategien der Dekontextualisierung und Entpragmatisierung, also einer künstlichen Herauslösung der Dinge aus ihren Praxisvollzügen, um sie in ihren materiellen Qualitäten detailliert in den Blick bekommen zu können. Ein solcher Analyseschritt ist jedoch kein Selbstzweck. Er trägt dazu bei, die objektspezifischen *Affordanzen*, also ihre „Ge-

30 FREUD, Trauer und Melancholie, S. 198.

31 In der über die letzten Jahre intensiv geführten Debatte um die *continuing bonds*, die Trauernde zu Verstorbenen pflegen, wurde wiederholt auf die Rolle der Objekte hingewiesen. Es ist nicht zuletzt der Gebrauch von Dingen, über den die „absence-presence“ der Toten praktisch ‚ausgehandelt‘ wird. Vgl. exemplarisch MATHIJSSEN, Transforming bonds, passim; STETTER, Die Sozialität der Trauer, S. 398–401.

brauchsgewährleistungen“[32] herauszuarbeiten. Der Gedanke der Affordanzen scheint mir im Blick auf die physischen Eigenschaften der Dinge eine angemessene Stoßrichtung zu markieren, kommen die materiellen Merkmale damit doch immer schon im Verbund mit den praktischen Situationen in Betracht: „Affordances are [...] at once material and practical.“[33]

Damit ist nicht gemeint, dass sich der praktische Umgang mit den Dingen einseitig aus ihren Objektattributen erklären ließe. Auch kulturelle Codierungen und vor allem das eingekörperte, habituelle Gebrauchswissen spielen hier eine entscheidende Rolle – was jede*r weiß, der*die sich in einer Trauerfeier nicht auf die Stühle stellt, obwohl das qua Stoff und Form natürlich möglich wäre. Der Aufforderungscharakter eines Dings sollte daher nicht als etwas Gegebenes betrachtet werden. Ob und auf welche Weise Dinge „ermächtigen, ermöglichen, anbieten, ermutigen, erlauben, nahelegen, beeinflussen, verhindern, autorisieren, ausschließen und so fort“[34], bestimmt sich aus dem kontextspezifischen Zusammenspiel sozialisierter Körper, materieller Objektstrukturen und expliziter Handlungsnormen. Wird dies berücksichtigt, lassen sich aus einer Analyse der physischen Eigenschaften von Dingen für die Erforschung der funeralen Praktiken durchaus instruktive Deutungshinweise gewinnen: So wenn über die besondere Stofflichkeit des Handschuhs unterschiedliche Modi der Totenberührung beschreibbar werden oder der Charakter des Totengedenkens mit an der Größe, Schwere und Oberflächenstruktur der an ihm partizipierenden Objekte hängt.

(2) Arrangements

Situierung im Praxisvollzug bedeutet, die Dinge zu relationieren. Sie sind als Teile über sie hinausreichender *heterogener Arrangements* zu untersuchen. Als Partizipanden von Praktiken sind die Objekte (a) Elemente von Objektensembles und Sachuniversa, (b) Bestandteile materieller Einheiten, zu denen auch nichtdingliche, allen voran körperliche Komponenten gehören, sowie (c) Teilnehmer an Zusammenhängen, die Sprache und Diskurse involvieren. Der Interaktionszusammenhang all dieser Elemente lässt sich kaum umfassend beschreiben, sollte aber exemplarisch immer wieder ausgeleuchtet werden.

(3) Sinnlichkeit

Wie notiert, ist für das Feld des Funeralen die Frage des Körpers besonders relevant, so dass in den beiden Untersuchungen ein gewisser Schwerpunkt auf der Ding-*Körper*-Relation lag. So verdeutlichen die Beispiele, dass Artefaktanalysen die Dinge immer auch im Modus ihrer *sinnlichen Wahrnehmung* herauszuarbeiten haben.[35]

32 SCHMIDT, Soziologie der Praktiken, S. 63.
33 SCHMIDT, Materiality, S. 143.
34 LATOUR, Soziologie, S. 124.
35 Vgl. exemplarisch GUGUTZER, Leibliche Interaktion mit Dingen.

Neben ihrer Hörbarkeit und Sichtbarkeit sowie olfaktorischen Qualitäten standen haptische Interaktionen im Zentrum. „Bestatten heißt Berühren“[36] – und das gilt auch für die funeralen Dinge. Im Fall der Handschmeichler sind sie *Gegenstände* der Berührung, die dezidiert auf den Tastsinn hin entworfen sind und das Erinnern der Toten und ihre postmortale soziale Präsenz als Formen der Dingberührung erschließen. Im Fall der Handschuhe sind sie *Werkzeuge* der Berührung, die den Körperkontakt zu den Verstorbenen ermöglichen, ihn aber auch erschweren, sofern es um Formen der Totenberührung geht, die Liebkosungen umfassen.

Die Frage der Berührung von Dingen zeigt in gedrängter Weise, dass nicht nur die Dinge auf unsere Körper Einfluss nehmen, indem sie bestimmte Handhabungen nahelegen, andere verhindern und so die Körper formen. Umgekehrt machen auch die Körper etwas mit den Dingen: In aller Regel sind die Dinge, so wie sie sind, weil unsere Körper sind, wie sie sind. Die Eigenart unserer Körper, ihre spezifischen sinnlichen Fähigkeiten, ihre Form und Funktionsweisen bestimmen mit, wie Artefakte gestaltet sind und Objekte erlebt werden: Ohne den Körper, kein rauer Stein; ohne die Augen, kein Display; und ohne den Hautsinn – und eine „sensuous morality“[37], die Berührungen prämiert – kein Handschmeichler.

(4) Diskursivität

Die Euphorie für das Materielle sollte nicht dazu führen, das Diskursive zu übersehen. Vielmehr sind die wechselseitigen Verknüpfungen zwischen den Worten und Objekten zu analysieren. So haben die Dinge einen *Ort in der Sprache*: Schon im Feld werden die Gegenstände diskursiv interpretiert, bewertet und theoretisiert, wie die Ethnosemantiken der Bestatter*innen zu den Handschuhen gezeigt haben. Und sie werden unter Beteiligung diskursiver Akte verbal konstituiert, wie die Beschwörung der stofflichen Identität der Holzherzen deutlich macht.

Umgekehrt besitzt aber auch die Sprache einen *Ort in den Dingen*: Texte haben materielle Träger; die für den Protestantismus, aber auch freie Ritualanbieter*innen so wichtige Trauerrede wird durch eine komplexe dingliche Ausstattung, von Manuskriptzetteln über ein Arrangement aus Rednerpult und Stühlen bis zur technischen Unterstützung des Sprechens ermöglicht.[38] Wie es eine Diskursivität der Dinge gibt, so gibt es auch eine Dinglichkeit des Diskursiven.

(5) Temporalität

Wie die Analysen nahelegen, ist es aufschlussreich, die Dinge konsequent zu *temporalisieren* und in eine Prozessperspektive zu rücken. Operationalisierbar

36 STETTER, Die Macht der Berührung, S. 404.

37 PINK, Ethnography, S. 63.

38 Zur Rolle der Dinge im Zusammenhang rhetorischer Praxis am Beispiel der Funeralrede vgl. STETTER, Deutungsmacht.

wird eine solche Perspektive z.B., indem man mit Scheffers transsequenzieller Analytik nach den „Importen“ und „Exporten“ fragt und damit verschiedene Praxissituationen über die Dinge miteinander verkettet. Was eine Untersuchung dadurch gewinnen kann, hat das Beispiel der Abholung verdeutlicht, wenn die exportierten Objekte bei aller Unterschiedlichkeit darin zusammenstimmen, dass sie die Toten als Personen signifizieren. Zeitbezogene Optiken erweisen sich aber auch im Blick auf die längerfristigen „Biographien“ der Dinge als virulent und machen deutlich, dass auch die Dinge als die vermeintlich stabilsten und beständigsten Komponenten des Sozialen Karrieren durchlaufen. Sie werden produziert, erworben, verschlissen, entsorgt, vererbt; sie gewinnen Bedeutungen, verlieren sie, erhalten *agency* und büßen sie ein, werden relevant gemacht und übergangen.

(6) Konstitution

Dies zeigt, dass die Dinge in *fortlaufende Konstitutionsprozesse* verwickelt sind. Sie werden nicht nur einmal, in der Produktionsphase, initial hergestellt, sondern im Verlauf ihrer Geschichte immer wieder gebildet und geformt. Gilt dies schon materiell durch Abnutzungen, Reparaturen und Umbauten, so auch, was ihre Funktionen, Bedeutungen und Sinnbezüge anbelangt. So transformierte sich der Handschmeichler allererst im Vollzug der Aufbahrung in ein Medium des Totengedenkens und potenzielles „Präsenzvehikel“[39].

Freilich: Die Dinge werden nicht nur zu etwas gemacht. Auch sie machen etwas – und meine Fragestellung konzentrierte sich im Kern darauf, welchen Beitrag ihre Partizipation an den Praktiken des Umgangs mit den Toten für deren Konstitution leistet. Am Ende kann hier mindestens Folgendes festgehalten werden: Mittels der Dinge werden die Toten durch die Bestattung nicht als kongruente Größen hervorgebracht: Sie werden als Körper artikuliert, erhalten dingliche Züge und kommen als Personen zur Aufführung; sie werden aus ihren sozialkommunikativen Beziehungsräumen ausgegliedert, verabschiedet und entfernt, wie sie Teilnehmer*innen sozialer Interaktion bleiben. Wird diese *Ambiguität der Toten* wiederholt konstatiert und der Leichnam wahlweise als „Schwellenwesen“[40], „Dingmensch“[41] oder verkörperte „absence-presence“[42] beschrieben, zeigen die Untersuchungen, dass dieses „Leichenparadox“[43] weder einfach in der Natur des toten Körpers noch in den subjektiven Deutungen der Akteur*innen verankert ist. Es ist Effekt etablierter bestattungskultureller Praktiken, in denen Körper und Diskurse maßgeblich dinglich vermittelt sind.

39 Vgl. Hitzler, Als schautest du mich an.
40 Streckeisen, Tod, S. 87.
41 Macho, Todesmetaphern, S. 409.
42 Mathijssen, Transforming bonds, passim.
43 Macho, Todesmetaphern, S. 409.

Literaturverzeichnis

BENTHIEN, C.: Haut. Literaturgeschichte – Körperbilder – Grenzdiskurse. Reinbek [2]2001.

BRÄUNLEIN, P. J.: Ritualdinge. In: SAMIDA, S. et al. (Hg.): Handbuch Materielle Kultur. Bedeutungen, Konzepte, Disziplinen. Stuttgart/Weimar 2014, S. 245–248.

COENEN, E.: Zeitregime des Bestattens. Thanato-, kultur- und arbeitssoziologische Beobachtungen. Weinheim/Basel 2020.

CRESS, T.: Sakrotope. Studien zur materiellen Dimension religiöser Praktiken. Bielefeld 2019.

EGGERT, M. K. H./SAMIDA, S.: Menschen und Dinge. Anmerkungen zum Materialitätsdiskurs. In: KALTHOFF, H. et al. (Hg.): Materialität. Herausforderungen für die Sozial- und Kulturwissenschaften. Paderborn 2016, S. 123–140.

FREUD, S.: Trauer und Melancholie. In: MITSCHERLICH, A. H. et al. (Hg.): Sigmund Freud-Studienausgabe, Bd. 3. Frankfurt a. M. [12]2000, S. 149–212.

GUGUTZER, R.: Leibliche Interaktion mit Dingen, Sachen und Halbdingen. Zur Entgrenzung des Sozialen (nicht nur) im Sport. In: GÖBEL, H. K./PRINZ, S. (Hg.): Die Sinnlichkeit des Sozialen. Wahrnehmung und materielle Kultur. Bielefeld 2015, S. 105–122.

HAHN, H. P.: Das Wuchern der Dinge. Über Sachuniversen und die vergessenen Teile unseres Sachbesitzes. In: GÖBEL, H. K./PRINZ, S. (Hg.): Die Sinnlichkeit des Sozialen. Wahrnehmung und materielle Kultur. Bielefeld 2015, S. 61–78.

DERS.: Die Unsichtbarkeit der Dinge. Über zwei Perspektiven zu materieller Kultur in den *Humanities*. In: KALTHOFF, H. et al. (Hg.): Materialität. Herausforderungen für die Sozial- und Kulturwissenschaften. Paderborn 2016, S. 45–62.

DERS.: Dinge als Herausforderung – Einführung. In: DERS./NEUMANN, F. (Hg.): Dinge als Herausforderung. Kontexte, Umgangsweisen und Umwertungen von Objekten. Bielefeld 2018, S. 9–32.

HELMHOLD, H.: Totenfutterale. Zur Affektpolitik des Letzten Raumes. In: ELLWANGER, K. et al. (Hg.): Das „letzte Hemd". Zur Konstruktion von Tod und Geschlecht in der materiellen und visuellen Kultur. Bielefeld 2009, S. 323–348.

HIRSCHAUER, S.: Ethnografisches Schreiben und die Schweigsamkeit des Sozialen. Zu einer Methodologie der Beschreibung. In: Zeitschrift für Soziologie 30, 2001, S. 429–451.

DERS.: Praktiken und ihre Körper. Über materielle Partizipanden des Tuns. In: HÖRNING, K. H./ REUTER, J. (Hg.): Doing Culture. Neue Positionen zum Verhältnis von Kultur und sozialer Praxis. Bielefeld 2004, S. 73–91.

HITZLER, R.: Als schautest du mich an. Das Foto als Präsenzvehikel. In: EBERLE, Th. S. (Hg.): Fotografie und Gesellschaft. Phänomenologische und wissenssoziologische Perspektiven. Bielefeld 2017, S. 197–212.

HOLM, C.: Erinnerungsdinge. In: SAMIDA, S. et al. (Hg.): Handbuch Materielle Kultur. Bedeutungen, Konzepte, Disziplinen. Stuttgart/Weimar 2014, S. 197–201.

KALTHOFF, H. et al.: Einleitung: Materialität in Kultur und Gesellschaft. In: DERS. et al. (Hg.): Materialität. Herausforderungen für die Sozial- und Kulturwissenschaften. Paderborn 2016, S. 11–41.

KLIE, Th. et al.: Artefakt und Erinnerung. Zur Transformation von Materialität im Trauerkontext. In: DERS. et al. (Hg.): Der Glanz des Lebens. Aschediamant und Erinnerungskörper. Göttingen 2019, S. 8–22.

LATOUR, B.: Eine neue Soziologie für eine neue Gesellschaft. Einführung in die Akteur-Netzwerk-Theorie. Frankfurt a. M. 2010.

LAWTON, J.: The Dying Process. Patients' Experiences of Palliative Care. London/New York 2000.

LUEGER, M./FROSCHAUER, U.: Artefaktanalyse. In: AKREMI, L. et al. (Hg.): Handbuch Interpretativ forschen. Weinheim/Basel 2018, S. 775–801.

MACHO, Th. H.: Todesmetaphern. Zur Logik der Grenzerfahrung. Frankfurt a. M. 1987.

MATHIJSSEN, B.: Transforming bonds. ritualising post-mortem relationships in the Netherlands. In: Mortality 23, 2018, S. 215–230.
MCDOWELL, L.: Working Bodies. Interactive Service Employment and Workplace Identities. Malden 2009.
NEUSER, S./WIRTHMANN, O. (Hg.): Bestattung in Deutschland. Lehrbuch. Düsseldorf [3]2019.
PINK, S.: Doing Sensory Ethnography. Los Angeles u.a. [2]2015.
ROOST VISCHER, L.: Alltägliche Tote. Ethnologische Untersuchungen in einem Bestattungsinstitut und einem Krematorium in der Schweiz. Münster 1999.
SCHEFFER, Th.: Die trans-sequentielle Analyse – und ihre formativen Objekte. In: HÖRSTER, R. et al. (Hg.): Grenzobjekte. Soziale Welten und ihre Übergänge. Wiesbaden 2013, S. 89–114.
DERS.: Neue Materialismen, praxeologisch. In: BEHEMOTH 10, 2017, S. 92–106.
SCHICKTANZ, S./WÖHLKE, S.: Leben im Anderen. Körperanthropologische Deutungsmuster in der Organtransplantation zwischen kulturell Sagbarem und Unsagbarem. In: KAHL, A. et al. (Hg.): Transmortalität. Organspende, Tod und tote Körper in der heutigen Gesellschaft. Weinheim/Basel 2017, S. 75–105.
SCHMIDT, R.: Materiality, Meaning, Social Practices. Remarks on New Materialism. In: TIKVAH KISSMANN, U./VAN LOON, J. (Hg.): Discussing New Materialism. Methodological Implications for the Study of Materialities. Wiesbaden 2019, S. 135–150.
DERS.: Soziologie der Praktiken. Konzeptionelle Studien und empirische Analysen. Berlin 2012.
STETTER, M.: Deutungsmacht und Predigtpraxis. Zur Materialität und Diskursivität rhetorischer Überzeugungskraft. In: KLIE, Th. et al. (Hg.): Machtvergessenheit. Deutungsmachtkonflikte in praktisch-theologischer Perspektive. Berlin/Boston 2021, S. 135–154.
DERS.: Die Macht der Berührung. Bestatten im Zeichen der Pandemie. In: Pastoraltheologie 109, Heft 9, 2020, S. 397–406.
DERS.: Die Sozialität der Trauer. Erfahrungen des Verlusts im Zeichen der Pandemie. In: Wege zum Menschen 73, Heft 5, 2021, S. 390–402.
STRECKEISEN, U.: Der ganz gewöhnliche Tod. Professionelle Strategien rund um das Lebensende. Bern 1995.
SUDNOW, D.: Organisiertes Sterben. Eine soziologische Untersuchung. Frankfurt a. M. 1973.
WACQUANT, L.: Für eine Soziologie aus Fleisch und Blut. In: sub/urban 2, Heft 3, 2014, S. 93–106.

Unter Bäumen

Empirische Analysen zum Wald als Trauer- und Bestattungsort aus der Sicht von Angehörigen, Pastor*innen und freien Ritualbegleiter*innen

Emilia Handke

1. Einleitung

Wald ist ein kollektiver Topos. Jedes Kind verbindet mit dem Wald Bilder und Erfahrungen – und seien sie auch nur kulturell vermittelt durch die Märchen der Gebrüder Grimm. Seine Resonanzsphäre „etabliert sich nicht über kognitive Lernprozesse und rationale Einsichten, sondern sie resultiert aus praktisch-tätigen und emotional bedeutsamen Erfahrungen."[1] Das Sachbuch *Das geheime Leben der Bäume* des Försters Peter Wohlleben schaffte es 2015 auf die vordersten Plätze der Bestsellerlisten, über eine Million Exemplare wurden seither verkauft. Waldkindergärten, FriedWälder und RuheForste haben als „Aufenthaltsorte" Konjunktur. Der Wald ist also weit mehr als eine bloße Naturformation, er ist vielmehr eine „soziale Emotion"[2]. Der Schriftsteller Elias Canetti nannte ihn 1960 darum ein „Massensymbol" und machte in dessen sinnlicher Erscheinung zugleich eine religiöse Dimension kenntlich: „Es gibt kein anderes natürliches Phänomen seiner [und d.h. des Menschen, E.H.] Umgebung, das so beständig über ihm ist und zugleich so nahe und so vielfach."[3] Der Wald sei zum „Vorbild der Andacht" geworden: „Er zwingt den Menschen aufzuschauen [...]. Der Wald baut dem Kirchengefühl vor, dem Stehen vor Gott unter Säulen und Pfeilern."[4] Diese religiöse Dimension manifestiert sich in unterschiedlicher Weise auch bei den im Rahmen eines Marburger DFG-Forschungsprojektes interviewten Angehörigen. Am explizitesten versprachlicht es Frau Meyerink (Jg. 1977), die mittlerweile aus der Kirche ausgetreten ist und auch keine kirchliche Begleitung für den Tod ihrer Mutter wünschte:

> „Also ( ) man man fährt da hin, da da ist dieser wirklich schöne Wald *mit ner ( ) ganz ganz ähm ( ) erhabenen Stimmung*, wenn man da durchgeht, das ist n besonderer Wald. ( ) Klar, man gibt dem selber natürlich auch diesen besonderen Wert durch die ( )

---

1 Rosa, Resonanz, S. 461.

2 Heinzelmann, https://www.goethe.de/ins/co/de/kul/mag/20802194.html; Zugriff 06.11.2021.

3 Canetti, Masse und Macht, S. 97.

4 A.a.O., S. 98.

> durch die Sache an sich, aber ( ) da ist so ne (3) pff ja ich, *( ) da ist so ne heilige Stimmung einfach. Man geht mit so viel Bedacht dadurch.*“[5] [6]

Sowohl bei Canetti als auch bei der interviewten Angehörigen wird ablesbar, wie Räumen in menschlichen Deutungsvorgängen Handlungs- und Wirkmächtigkeit zugeschrieben wird.[7] In der Sprache der Theolog*innen wird diese sog. Agency zur Feststellung, dass Orte „mitpredig[en]“ – hier am Beispiel des Friedhofs:

> „Für mich ist halt das ähm wichtigste Argument, [...] dass ( ) der Friedhof *als Ort mitpredigt* [...], voll ist von Auferstehungssymbolen. Also @pflanzlicher Art@ oder an den Steinen äh auch an den Gräbern, durch die Gestaltung, durch die Kapelle selbstverständlich.“[8]

Orten sind einerseits durch ihre „eingelagerten symbolischen Sinngehalte“[9] Stimmungen *inhärent*, andererseits *evozieren* sie aber auch bestimmte Stimmungen:

> „Der Raum hat seine bestimmte Stimmung, sowohl als Innenraum wie auch als Landschaft. Er kann heiter, leicht, düster, nüchtern, feierlich usw. sein, und dieser Stimmungscharakter überträgt sich dann auf den darin weilenden Menschen. [...] Man spricht ebenso sehr von einer Stimmung des menschlichen Gemüts wie von der Stimmung einer Landschaft [...], und beides sind streng genommen nur zwei Aspekte eines einheitlichen Durchstimmtseins.“[10]

Wer die Waldbestattung wählt, wägt die damit assoziierten Stimmungen gegen die mit dem Friedhof assoziierten Stimmungen ab. Der Friedhof stellt in allen Interviews die Negativfolie von Beklemmung, Schwere und Konfrontation mit dem Tod dar:

> „Also ich hab das gar nicht so richtig, ( ) ich fand die Idee gut, weil ich ähm ( ) das Gefühl hatte, wenn wir sie irgendwo auf m Friedhof begraben, ist das ähm ( ) wär das für mich ein beklemmenderes Gefühl als ( ) zu ihrem Baum zu fahren, *das fühlt sich irgendwie viel (2) viel natürlicher, viel freier* an.“[11]

> „[...] *es ist halt etwas Leichtes* [...]. Und egal zu welcher Jahreszeit auch jetzt als jetzt wenn keine Bäum- Blätter mehr an den Bäumen sind und es regnet und stürmisch ist und grau, *trotzdem hat es ne ganze andere, ein ganz anderes Flair.*“[12]

> „*Auf dem Friedhof hat man immer diesen Hintergedanken, ich sage mal, der Tod.* Also [...] und ( ) ähm das ist im RuheForst auf jeden Fall nicht der Fall, [...] wenn die Sonne

---

5 Eine leere Klammer deutet eine Unterbrechung im Sprechfluss an, die Zahl darin zählt die Sekunden der Stille. Mit einem @-Zeichen eingeschlossene Passagen zeigen an, dass diese Stelle lachend gesprochen worden ist. Zum verwendeten Transkriptionssystem TiQ vgl. PRZYBORSKI und WOHLRAB-SAHR, Qualitative Sozialforschung, S. 164ff. Hervorhebungen jeweils durch E.H.

6 Angehörige Meyerink, 692–697.

7 Vgl. HELFFERICH, Einleitung: Von roten Heringen, Gräben und Brücken, S. 13; 15. Vgl. LATOUR, Soziologie, S. 122f.

8 Pastorin Seydlitz, 157ff.

9 STECK, Praktische Theologie, S. 175.

10 BOLLNOW, Mensch und Raum, S. 231.

11 Angehörige Meyerink, 51–55.

12 Angehörige Nielandt, 66–71.

> oben durch die Bäume scheint, dann schweift man mit den Gedanken, glaube ich, überall […].“[13]
>
> „Die [Leute, die den Wald als Bestattungsort wählen] *finden große Friedhöfe ( ) beängstigend, abstoßend, zu neutral* […] da finden sie einen Wald, wenn es ein schöner Wald ist, *einfach als ein trostreicheren Ort*.“[14]

Zu dieser spezifischen „Anmutungsqualität […]“[15] des Waldes gehört es auch, dass er als Trauer- und Bestattungsort das Verhältnis von Individuum und Gemeinschaft sowie von Natur und Person in einer eigenen Offenheit ordnet und auch die Erinnerungskultur zumindest modifiziert.[16] Ebenso beeinflusst seine sinnliche Anschauung auch die Bildung von Todesdeutungen. Der Wald stellt sich als ein in viele Richtungen offenes Symbol zur Verfügung und hilft dabei, Vorstellungen über Leben und Tod zum Ausdruck zu bringen – und wird so zum Medium „persönlicher Selbsterfahrung“[17]. Dies hat aber auch Kritiker*innen schnell auf den Plan gerufen. Zu den von Thomas Klie in der Einleitung angesprochenen „Risiken und Nebenwirkungen“ gehört sicherlich der Vorwurf einer sog. Naturfrömmigkeit, die bei der Einführung der Waldbestattung schnell zum innerkirchlichen Diskussionsthema wurde.[18] Hier geht es um christliche Geltungsfragen: Was soll und was darf noch versinnbildlicht werden, wenn es Geltung vor dem Hintergrund eines christlichen Deutungsrahmens beanspruchen will? Obwohl Protestant*innen historisch „aus theologisch-dogmatischen Gründen nicht an feste Formen der Bestattung und des Grabes gebunden [sind]“[19] und geradezu als Akteur*innen einer sich immer wieder verändernden Bestattungskultur gelten können, gelang eine Unbefangenheit mit dem „Akteur“[20] Wald nicht jeder Pfarrperson.

Dabei ist die Inanspruchnahme der Natur im Rahmen der Trauer- und Bestattungskultur keineswegs neu. Seit dem 18. Jahrhundert wurden Denkmäler „auf eine neue Weise mit der Natur verbunden“, Begräbnisplätze erhielten dadurch „den Charakter von trostspendenden Erinnerungslandschaften“[21].

Die Sakralisierung übertrug sich von Gott auf die Natur – und damit begann die Geschichte der o.g. „Risiken und Nebenwirkungen“:

> „Der Garten wurde, ebenso wie der Friedhof zum Experimentierfeld für die Inszenierung und Etablierung sozialer, politischer und ästhetischer Normen, zum fiktionalen Spielraum, in dem unter Aufbietung aller Künste eine neue Vermittlung mit dem Leben als Garant für ein Überdauern gesucht wurde.“[22]

13 Bestatter Riethmüller, 298–304.
14 Freier Ritualbegleiter Zimare, 391–395.
15 Klie und Kühn, KasualDinge, S. 11.
16 Die Bestattung im Wald ermöglicht unterschiedliche Vergemeinschaftungsformen an den Bäumen und verändert durch gewisse Restriktionen vor Ort auch die Trauer- und Erinnerungskultur.
17 Steck, Praktische Theologie, 173f.
18 Vgl. dazu Handke, Gotteshimmel, S. 94ff.
19 Happe, Die Geschichte des Friedhofes, S. 271.
20 Vgl. Latour, Soziologie, S. 122f.
21 Dorgerloh, Strategien des Überdauerns, S. 13.
22 A.a.O., S. 14.

Die Sakralisierung bestand darin, der Natur ein tröstendes „Versprechen" zuzuschreiben, nämlich das der „ewige[n] Wiederkehr" und „Erneuerung im Wechsel der Jahreszeiten"[23]. Diese „Wirkmacht"[24] der Natur kann als eine „ästhetisch akzentuierte und emotiv angereicherte Form popularer Religion"[25] angesehen werden.

2. Das religiöse Potenzial des Waldes in der Sprache der Dichtung

Ob Goethes „Wanderers Nachtlied", Heines eigene Grabinschrift „Wo wird einst des Wandermüden letzte Ruhestätte seyn" auf Montmartre in Paris oder Rilkes berühmtes „Herbst"-Gedicht – die Literatur ist voll vom religiösen Potenzial der Bäume. Der Wald „spricht". So schreibt Hermann Hesse von den Bäumen, die ihm „immer die eindringlichsten Prediger gewesen" seien:

> „In ihren Wipfeln rauscht die Welt, ihre Wurzeln ruhen im Unendlichen [...]. Ein Baum spricht: In mir ist ein Kern, ein Funke, ein Gedanke verborgen, ich bin vom ewigen Leben. Einmalig ist der Versuch und Wurf, den die ewige Mutter mit mir gewagt hat, einmalig ist meine Gestalt und das Geäder meiner Haut, einmalig das kleinste Blätterspiel meines Wipfels und die kleinste Narbe meiner Runde. Mein Amt ist es, im ausgeprägten Einmaligen das Ewige zu gestalten und zu zeigen. [...] Ich vertraue, daß Gott in mir ist. Ich vertraue, daß meine Aufgabe heilig ist. [...] Wenn wir traurig sind und das Leben nicht mehr gut ertragen können, dann kann ein Baum zu uns sprechen: Sei still! Sei still! Sieh mich an! Leben ist nicht leicht, Leben ist nicht schwer. Das sind Kindergedanken. Laß Gott in dir reden, so schweigen sie. [...] Jeder Weg führt nach Hause, jeder Schritt ist Geburt, jeder Schritt ist Tod, jedes Grab ist Mutter ..."[26]

Hier scheint alles aufgeboten, was die Religion ins Bild der Bäume zu setzen vermag. Sie handeln nicht nur – sie *verkündigen*. Nichts mehr als dies ist es doch, was den gedanklichen Kernbestand der christlichen Religion bildet: Du bist ein einmaliges Geschöpf Gottes – Hesse selbst spricht freilich etwas freier von der „ewige[n] Mutter". Du sollst ihm dienen, deinem Gott – Hesse selbst spricht freilich etwas freier davon, „im ausgeprägten Einmaligen des Ewige zu gestalten und zu zeigen". Nach deinem Tod kehrst du zu ihm zurück – dafür steht das aufgenommene Symbol des „ewigen Leben[s]". In Zeiten, die karge Gottesferne mit sich bringen können, spricht Hesses Baum davon, dass Gott selbst längst Wohnung in uns genommen habe. In diesem Sinne scheint es wohl auch zu verstehen zu sein, dass dessen „Wurzeln [...] im Unendlichen [ruhen]". Der Theologe Paul Tillich, der einen Gottesbegriff jenseits der gedanklichen Engführungen von Theismus

23 A.a.O., S. 20.
24 Ebd.
25 STECK, Praktische Theologie, S. 175.
26 HESSE, Bäume, S. 9ff.

und Pantheismus zu denken wusste, hätte dieses Unendliche, in dem die Wurzeln des Baumes ruhen, Gottes schöpferisches „Sein-Selbst“[27] genannt.

Im Grunde werden hier alte christliche Traditionsgüter fortgeführt, die zeigen, wie „sprechend“ die Bäume für den Menschen seit jeher gewesen sind: Der Baum des Lebens schmückt Anfang (Gen 2f.) und Ende (Off 22,2) der Bibel, auch der Psalter beginnt mit dem berühmten Vergleich des Gerechten mit einem „Baum, gepflanzt an den Wasserbächen, der seine Frucht bringt zu seiner Zeit, und seine Blätter verwelken nicht“ (Ps 1,3).[28] Jahwe hat sich Mose, Abraham und David in Bäumen offenbart. Nach Dtn 33,16 wohnt Gott selbst in einem Dornbusch, mehrfach erlebte Abraham die Nähe Gottes in Bäumen (Gen 12,6f.; 21,33; 13,18), die wohl religionsgeschichtlich einmal Gott verkörperten.[29] Mit dem Übergang zum Monotheismus entstand ein zunehmender Konflikt zwischen dem zu bekämpfenden Fetisch-Charakter des Baumes und seiner fortwährenden Eindruckskraft. So erhielt man ihn in Allegorien – hier gibt es zahlreiche Beispiele aus den Psalmen. Die Konfliktlinie um eine sog. Naturfrömmigkeit setzt also nicht erst mit dem 18. Jahrhundert ein. „[M]agische[r] Eigensinn“[30] galt schon lange als gefährlich.

3. Der Wald in den Perspektiven der Pastor*innen

Die in den Interviews mit den Pastor*innen aufgefundene Zurückhaltung in der Adaption der Waldsymbolik ist dagegen bemerkenswert und keinesfalls nur auf die o.g. Konfliktlinie zurückzuführen. In der Analyse aller Interviews wird dabei deutlich, dass der Wald als Bestattungsort vor allem Spannungen evoziert und pastorale Identitätskonflikte hervorruft. Diese durch den Raum evozierten Spannungen zeigen sich in verschiedenen Interviews auf unterschiedlichen Ebenen, von denen ich hier nur einige wenige exemplarisch rekonstruieren will.

Zunächst gilt, dass der Wald als Bestattungsraum eine völlig andere Prägung als Friedhof und Kapelle aufweist. Die traditionell-christlich konnotierte Hintergrundmetaphorik fällt weg, vertrautes liturgisches Inventar fehlt. Das eigene pastorale Handeln findet sich nicht mehr integriert in eine traditionell-christlich geprägte Umgebung vor. Auf der Grundlage dieses Wahrnehmungshorizonts wird der Wald als *restringierender Raum für die pastorale Verkündigung* erlebt. In expliziter Prononcierung manifestiert sich dies Pastorin Seydlitz:

27 Vgl. TILLICH, Systematische Theologie, u.a. S. 273.

28 Eine überzeugende Sammlung bietet DEMANDT, Über allen Wipfeln, S. 19–42; S. 165–204; S. 281–312, an dem ich mich hier auch referierend orientiere.

29 Während Kelten, Germanen und Slawen göttliche Bäume verehrten, distanzieren sich die biblischen Schriften von solcherart Riten recht bald.

30 KLIE und KÜHN, KasualDinge, S. 10.

> „Für mich ist halt das ähm wichtigste Argument, dass ähm ( ) mir wichtig ist, dass ( ) der Friedhof als Ort mitpredigt [...], voll ist von Auferstehungssymbolen. Also @ pflanzlicher Art@ oder an den Steinen äh auch an den Gräbern, durch die Gestaltung, durch die Kapelle selbstverständlich. Ähm ( ) und das finde ich ähm ist genau das, was ich verkündigen will. Ich will erzählen, dass ähm mit dem Tod nicht alles vorbei ist ähm sondern, und wir womöglich in einen Naturkreislauf wieder eingehen, was wir körperlich ja tun, aber meine Hoffnung und mein Glaube ist ähm, ( ) dass wir auferstehen werden ( ) bei Gott. Und ( ) das wird auf dem Friedhof ähm ( ) in ganz anderer Weise deutlich, als äh ähm bei einem ( ) kaum gekennzeichneten Grab ähm im Ruheforst."[31]

Der Friedhof mit seiner Kapelle, den Grabsteinen und der Bepflanzung stellt in dieser Perspektive im Gegensatz zum Wald eine anschauliche Stütze der Verkündigung des Auferstehungsglaubens dar („als Ort mitpredigt"; „voll ist von Auferstehungssymbolen [...] und das [...] ist genau das, was ich verkündigen will"; „Und ( ) das wird auf dem Friedhof, ähm, ( ) in ganz anderer Weise deutlich"). Andere Pastor*innen bringen immer wieder zum Ausdruck, dass der Wald durch dessen Ablenkungspozential die eigene Verkündigung jedenfalls einzuschränken vermag, mindestens aber die eigene Homilie verändert:

> „Ja, man kommt dahin und dann kommt die Trauerfamilie und der Weg dahin war schon irgendwie mühsam, ( ) weil matschig und ähm dann regnet es ähm wie irre und man steht da und hält seine Trauerfeier und ( ) *ist irgendwie ganz, ja, auch ein ganzes Stück abgelenkt.* (2) Das ( ) weiß ich nicht. Also alle stehen dann da irgendwie ( ) völlig mitgenommen vom Wetter und ich habe das Gefühl, das (2) *das macht den Zugang irgendwie ( ) nur schwieriger zu den Fragen, die uns in solchen Momenten eigentlich wirklich beschäftigen.* Also wie ist das mit dem Tod und wie ist das mit dem Leben d- ( ) danach und ( ) ähm wie ist das mit der Verkündigung und ( ) so."[32]

Der Wald wird damit zu einem Ort mit einem doppelt versperrendem Zugang – äußerlich und darum auch innerlich. Obwohl dies von ihr selbst zu anderen Jahreszeiten sogar als konträr erlebt werden kann und Pastorin Weisdien dabei an anderer Stelle auch Empfindungen von Berührung und Ehrfurcht einräumt (welche die eigene religiöse Verkündigung im Grunde auch unterstützen könnten), werden auch hierbei erneut Distanzierungsvorbehalte zum Ausdruck gebracht:

> „Also so der Wald im Mai [...] es ist einfach erst mal wahnsinnig schön, so. Also ( ) ich glaube, wenn man ne gewisse Offenheit für Natur mitbringt, ähm dann (2) mhm berührt einen das erst mal und das ähm ist schon, ( ) also das bringen Menschen zum Beispiel auch in Verbindung mit Gott. Also ( ) sehen da Gottes Schöpfung, finden da durchaus auch etwas Göttliches. Ähm so wie einem das auch in der Seelsorge ja durchaus oft berichtet wird. Ich kann ( ) mein @(.)@, also vielleicht passt auch, ist das auch ein bisschen parallel. Ich brauche nicht den Gottesdienst, ich finde ( ) Gott auch in der Natur. Wo ich immer denke: Naja, ( ) ist ja auch schön dann die @Gemeinschaft@ der Christen im Gottesdienst, die gehört nun mal auch irgendwie dazu. Ähm [...] und deshalb ist es ein großer Schritt ähm ( ) auch ein Teil der Identität, so das Gemeinsame, ( ) ähm das Friedhofs-, das traditionelle Friedhofswesen."[33]

---

31 Pastorin Seydlitz, 157–169.
32 Pastorin Weisdien, 93–101.
33 Pastorin Weisdien, 61–73.

Die o.g. Distanzierungsvorhalte, die es ihr schwer machen, den Wald (auch) als verkündigungserweiternd bzw. -bereichernd wahrzunehmen, werden vor allem an den einschränkenden bzw. einräumenden Formulierungen deutlich (u.a. „ähm dann (2) mhm berührt einen das erst mal und das ähm ist schon“). Es fällt ihr offenbar nicht ganz leicht, die geschilderte Schönheit, Berührung und Verbindung zu Gott über die Natur uneingeschränkt in Geltung stehen zu lassen. Diese These erhärtet sich, wenn man den Fortgang der Sequenz analysiert: Die mit einem unsicheren Lachen eingeführte „@Gemeinschaft@ der Christen“ – ob im Gottesdienst oder im traditionellen Friedhofswesen („vielleicht [...] ist das auch ein bisschen parallel“) –, gehört für sie „nun mal auch irgendwie dazu“, ist „ein Teil der Identität“. Der Friedhof repräsentiert für sie im Gegensatz zum Wald eine (christliche oder auch kommunale) Vergemeinschaftungskultur, er stiftet auch gemeindliche bzw. gemeinschaftliche Identität.[34]

Diese Haltung, die den Wald als Bestattungsort tendenziell aus einer Defizitperspektive beschreibt, ist jedoch nicht die einzige Perspektive, die man aus dem Interviewmaterial rekonstruieren kann. Trotz der durch ihn evozierten Spannungen auf der praktisch-pragmatischen Ebene erleben ihn andere in inhaltlicher Hinsicht auch als *Ort der Freiheit*. Dafür sollen zwei Beispielsequenzen genügen:

> „Man ist vielleicht insgesamt fühlt man sich n bisschen freier, weil's n ganz anderer Ort ist und es gibt nicht so die klassischen ( ) Regeln, also es gibt keine Agende für den Wald oder so, ne, [...].“[35]

> „I: Und Sachen, die ( ) gegenüber dem Friedhof auch so Chancen für Sie geboten haben mmh ( ) gab es sowas? (3)

> Leupold: Ich find, das ist äh gibt ein Stück mehr Freiheit auch das so zu machen. Und (6) auf den Friedhöfen ( ) in diesen Kapellen hab ich ganz oft das Gefühl, man muss so auch gegen den Raum ( ) gegen den Raum anpredigen beziehungsweise an- ( ) anbeten, weil er sonst einem ( ) also ich weiß nicht, ob Sie Friedhofskapellen kennen, die sind also ( ) zum Teil so gruselig ( ) [...]. Und ähm ( ) das ist im Wald einfach anders. Da steht man unter nem schönen Baum, der selbst im Winter und das ist, sind ja wirklich schöne alte ( ) große Buchen und Birken und die Leute suchen sich ja ihren Baum aus, ne. Und äh (3) das ist ein völlig anderes Gefühl (2) ( ) von von ( ) Dasein, ( ) auf der Erde sein, am Leben sein, lebendig sein. So. ( ) Und das finde ich, ist so die, das finde ich, ist ne Chance von ( ) von dieser Art von Beisetzung, ne. So.“[36]

Dass eine gewohnte Routine hier nicht greifen kann, erlebt Pastor Finck als Ermöglichung von Freiheitsspielräumen („Man ist vielleicht insgesamt fühlt man sich n bisschen freier, weil's n ganz anderer Ort ist und es gibt nicht so die klassischen ( ) Regeln, also es gibt keine Agende für den Wald oder so“). Dass der Wald als liturgischer Raum so wenig vorgeprägt ist und daher andere liturgische (Beteiligungs-)Formen ermöglicht, ist die eine Seite seiner Konnotation von Freiheit. Die andere Seite konkretisiert sich in den Stimmungen, die dieser im Gegensatz zu manchen Friedhofskapellen, welche, wie bei Pastorin Leupold,

34 Vgl. DEMANDT, Über allen Wipfeln, S. 175ff.; S. 226–233; S. 246–249.
35 Pastor Finck, 100–110.
36 Pastorin Leupold, 314–338.

ebenso als verkündigungsrestringierend erlebt werden können („gegen den Raum anpredigen beziehungsweise an- ( ) anbeten“), freizusetzen vermag („das ist ein völlig anderes Gefühl (2) ( ) von von ( ) Dasein, ( ) auf der Erde sein, am Leben sein, lebendig sein“). Bei Pastor Ahlers heißt es – dies noch in der Erfahrungsintensität verstärkend:

> „Also das ist schon sehr viel ( ) sehr viel intensiver so Erlebnis und erfahrungsintensiver als auf m Friedhof. Und eben die die Theologie schwingt da eben mit. Sehr viel stärker. Also dieses äh besonders ähm dann religiöse Gefühle werden einfach eher angesprochen. [...] Das ist ja für die meisten auch die Motivation, dort hinzugehen. [...] Also ich finde, man man findet dort so, das hört sich jetzt so ( ) merkwürdig an, aber so n bisschen Seelenheil, ja so. Also diese Ruhe, diese Besinnung, Wort Besinnung, Sinn. Also nen Sinn irgendwie, Ausdruck des Lebens so, das schon. Dass man irgendwie so das Gefühl [hat], ja äh das kann man sich gut vorstellen, auch die die dann dort Abschiednehmen so, dass man wieder so zurück zurückkehrt eben in in die Natur, also zu Gott. Also dann die Natur mit Gott identifizieren, ja. ( ) Das kann man da sehr gut äh finden. Ist für mich auch nachvollziehbar. ( ) Erlebe ich selber auch so.“[37]

Diese Verkündigungspotenziale werden allerdings in den Gottesdienstentwürfen, welche mir die interviewten Pastor*innen zugesandt haben, interessanterweise kaum umgesetzt. Als Motiv taucht der Wald lediglich in den Trauerfeiern von Pastorin Leupold explizit auf. Eine sei hier exemplarisch zitiert:

> „Heute begraben wir, was von ihrem irdischen Leib geblieben ist und vertrauen ihre Seele Gottes Liebe an.
>
> Sie haben einen schönen Baum ausgesucht, der zu ihr passt, eine Linde.
>
> Da wollen wir nun hingehen. Gott behüte uns auf diesem Weg.
>
> *Am Baum nach Ansprache und Zitation von 1 Kor 13:*
>
> Die Liebe hört niemals auf und alles, was mit Liebe getan wurde, bleibt in Ihren Herzen lebendig.
>
> Unter dem hohen Himmel, in den die Krone dieses Baumes weist,
>
> in der Erde, zwischen den Wurzeln, die diesen Baum halten,
>
> soll der Platz sein, an dem Ihre Liebe zu Ihrer Mutter, Großmuttern, Urgroßmutter und Freundin ihren Ort findet.
>
> Wir legen, was von ihrem Leib geblieben ist, in Gottes Erde und vertrauen ihre Seele Gottes Liebe an.“[38]

Dabei steht der Baum einerseits symbolisch für die verstorbene Person selbst („Sie haben einen schönen Baum ausgesucht, der zu ihr passt, eine Linde“), andererseits dient er als Verbindungsglied zwischen Himmel und Erde („Unter dem hohen Himmel, in den die Krone dieses Baumes weist, in der Erde, zwischen den Wurzeln, die diesen Baum halten“). Verknüpfungen mit der reichhaltigen biblischen Tradition, die eingangs skizziert wurde, oder weitere Ausdeutungen über die religiöse Valenz des Baumes finden sich hier nicht. Man mag dies als

37 Pastor Ahlers, 679–699.

38 Pastorin Leupold, aus: Trauerfeier für Ida Villmow.

einen inhärenten Konservativismus im Blick auf das rituelle Bilderreservoir der Pastor*innen bezeichnen. Dies stellt sich zumindest in den Interviews der freien Ritualbegleiter*innen anders dar.

4. Der Wald in den Perspektiven der freien Ritualbegleiter*innen

Bei allen freien Ritualbegleiter*innen geht mit einer aufgeschlossenen Grundhaltung gegenüber der Bestattung im Wald ein pragmatischer bis kreativer Umgang mit den möglichen topografischen Herausforderungen einher (Wetter, eigene Positionierung und Arrangement im Raum). Sich an diesen Ort anzupassen, ist für alle selbstverständlicher Teil der Dienstleistung, die an diesem Ort erbracht wird. Gegenüber dem Friedhof ermögliche der Wald als Bestattungsraum ein hohes Maß an (Gestaltungs-)Freiheit – auf Seiten der Angehörigen wie der freien Ritualbegleiter*innen selbst:

> „Ich glaube tatsächlich, dass es im Wald freier ist ( ) auch für mich. (2) Dadurch dass das ( ) noch unbekannter ist und dass da ( ) da ist es auch nicht so rituell ( ) wie auf nem Friedhof, ( ) wo dann wirklich (3) sobald ich, ich finde, sobald man auf diesem Friedhof ist, ist es schon wieder so dieses ( ) so ham wir's aber immer gemacht. Äh (2) da muss ich mich dann immer wieder in dem Moment von frei machen. Also wo ich so denk: Nee komm, das machen w-, wir machen das jetzt aber anders. Und da gibt's auch im Grunde kein Richtig und kein Falsch."[39]

Der Wald steht hier für eine Reduktion von Konventionalität, die im Gegensatz dazu der Friedhof zu verbürgen scheint („da ist es auch nicht so rituell ( ) wie auf nem Friedhof [...] sobald man auf diesem Friedhof ist, ist es schon wieder so dieses ( ) so ham wir's aber immer gemacht"; „Nee komm, das machen w- wir machen das jetzt aber anders. Und da gibt's auch im Grunde kein Richtig und kein Falsch"). Hinter dieser Aufladung des Waldes als Ort der Freiheit verbirgt sich damit auch die bereits angesprochene negativ konnotierte Haltung zu Friedhöfen. Diese fungieren als Gegenkonzept zum Wald. Dies kann stärker die eigene Perspektive der Ritualbegleiter*innen betreffen (Frau Smykalla, s.o.) oder aber stärker durch die Angehörigen vermittelt sein (Herr Zimare):

> „Ähm ( ) und es sind Menschen, die sagen: Das [d.h. der Wald, E.H.] ist so ein schöner Ort, dass ich da hingehen kann, um mich dann an den Verstorbenen zu erinnern. ( ) Ich frag mich immer, warum unsere Friedhöfe das nicht mehr leisten. Ich bin da vielleicht ein Sonderfall, dass ich Friedhöfe sehr schön finde und auch gerne über Friedhöfe spaziere, weil es schöne Parkanlagen sind. Für viele ist das nicht Fall. Die finden große Friedhöfe ( ) beängstigend, abstoßend, zu neutral [...] da finden sie einen Wald, wenn es ein schöner Wald ist, einfach als ein trostreicheren Ort. Das hängt dann allerdings am Wald ab. Entweder hat man da in der Nähe gewohnt ( ) oder es sind Elemente da, die einen irgendwie trösten. Und wir haben zum Beispiel einen RuheForst, der ist direkt am Meer, am Steilufer, da hören Sie die Wellen rauschen und die Wipfel

39 Freie Ritualbegleiterin Smykalla, 675–682.

über sich rauschen und dann fließt da auch noch ein Bach, also da haben Sie dann alles, was sie brauchen, und dann ganz ist auch noch hügelig, also es geht rauf und runter mit tollem Blick und so und das ist für viele, wenn dann die Wipfel rauschen und die Vögel zwitschern, ein ganz trostreicher Moment. So wie es ja ganz erhellende Momente für Menschen auch gibt in ihrem Glauben, wenn sie durch die Natur gehen, also so Gotteserfahrung jetzt mal ganz unspezifisch anhand von Naturerlebnissen, gerade in solchen besonderen Lebenssituationen, das haben die Menschen dann auch, wenn sie Trost suchen, an einem Baum. [...] Das ist ein trostreicher schöner Ort, an den sie gerne wiederkehren möchten, das ist es. Das heißt, sie möchten Erinnerungen bewahren und irgendwie mit dem Ort verbinden."[40]

Interessanterweise werden die oben angesprochenen tröstenden Naturerlebnisse, welche mit Lebendigkeit assoziiert werden („da hören Sie [...] die Wipfel über sich rauschen und dann fließt da auch noch ein Bach, also da haben Sie dann alles, was sie brauchen und dann ganz ist auch noch hügelig, also es geht rauf und runter mit tollem Blick und [...] wenn dann die Wipfel rauschen und die Vögel zwitschern"), ausschließlich dem Wald – nicht aber dem Friedhof als kultureller Institution – zugeschrieben. Dies zeigt sich auch im Interview mit Frau Flacks:

„Auf der anderen Seite gibt's aber auch sehr schöne Momente, weil man, oder ich hab's auch gerade im Wald öfters festgestellt, dass einfach nochmal so ne ( ) Begebenheiten hinzukommen, die einem auch den Verstorbenen noch einmal @näherbringen@. [...] Oder wenn dann, wenn der Tag wolkenverhangen ist und dann aber die Wolken aufbrechen und die Sonne scheint, und dann scheint sie auch noch direkt so auf den Platz mit der Urne, das ist dann eben auch für die Angehörigen sehr schön, die deuten das vielleicht dann auch als Zeichen, dass der Verstorbene einfach nochmal sich auch äh meldet und denen zeigt, dass er da da ist. Also, das hab ich auch schon öfter gehört, dass die (3), dass sie das auch so empfinden. Dass sie sich dann demjenigen auch nochmal, durch eben diese Naturzeichen, nah fühlen."[41]

Die freien Ritualbegleiter*innen nehmen in diesen Naturerlebnissen also durchaus auch eine religiöse Dimension wahr (Lebendigkeit angesichts des Todes, „Naturzeichen"). Um diesen Zusammenhang zu verdeutlichen, ist hier gerade eine Sequenz ausgewählt worden, welche von einer freien Ritualbegleiterin stammt, die nicht konfessionell gebunden ist. Das religiöse Potenzial des Waldes scheint hier sogar noch unbefangener wahrgenommen und in den Ritus integriert werden zu können. Jedenfalls bezeugen die geführten Interviews unter pragmatischen Gesichtspunkten alle eine recht kreative Adaption des Waldes als Bestattungsort. Grundlage für eine aneignende (und mitunter religiöse) Lebens- und Todesdeutung ist das o.g. große Anschaulichkeitspotenzial des Waldes.

Bezieht man nun allerdings die (wenigen) Beispieltrauerfeiern ein, welche die freien Ritualbegleiter*innen zugesandt haben, dann zeigt sich hier allerdings faktisch nur bei Frau Flacks und Herrn Zimare eine sprachliche Aufnahme des Kontexts. Ein Beispiel soll an dieser Stelle genügen:

„Rüdiger Wysocka liebte es, sich in der Natur aufzuhalten. Egal, ob am oder auf dem Wasser, im Wald oder den weiten Wiesenlandschaften. Seine Seele war für die Schät-

40 Freier Ritualbegleiter Zimare, 387–411.
41 Freie Ritualbegleiterin Flacks, 235–249.

ze der Natur empfänglich und so werden seine irdischen Überreste nun Teil dieser. Unter einem Baum, den er sich wohl selbst ausgesucht hat."[42]

5. Der Wald in den Perspektiven der Angehörigen

Die im Rahmen dieses Forschungsprojekts interviewten Angehörigen sind allesamt über Pastor*innen vermittelt worden – hier kommt also nur die Klientel aus Kirchenmitgliedern sowie aus Konfessionslosen zu Wort, die sich für eine christliche Begleitung der Waldbestattung entschieden hat. In allen Interviews spiegelt sich grundsätzlich eine spezifische *Waldverbundenheit* wider, welche sowohl den Toten zugeschrieben als auch von den Angehörigen selbst in Anspruch genommen wird:

> Frau Bräutigam zitiert hier ein Schriftstück ihres verstorbenen Mannes: „Bäume sind mir zeitlebens immer Vertraute gewesen. Vor Bäumen ( ) habe ich Achtung. Wie oft habe ich Stämme umfasst, Wurzeln fotografiert, Bäume gemalt, unter Bäumen gelegen und mich beschützt gefühlt."[43]

Herr Ostertag berichtet hier von einem Gespräch mit seinen Eltern über Bestattungsformen:

> „Ja, wir waren doch auch immer im Wald Pilze suchen. Sagt ich: Ja, stimmt. Also es gab einen gewisse Waldverborgen- Geborg- äh Verbundenheit und äh äh ja also für mich war es erstaunlich, ( ) aber da- das muss der Grund gewesen sein."[44]

> „Wir hatten, *wir hatten ja ne positive Geschichte zum Wald,* ( ) weil wir, ich bin ja vom ( ) äh äh wir wir sind ja aus H., [...] und der S.-Wald, *da waren wir früher oft mit unserer Mutter,* da sind wir Minigolf spielen gegangen und und und. *Es verbindet uns ne schöne Zeit ( ) mit m S.-Wald, ne. Dass unsre Mutter endlich mal Zeit hatte für uns und mit uns dann zum Minigolf ist.* Als Bauernfrau hat man keine Zeit und da hatte sie dann die Zeit *oder wir sind durch den Wald spaziert und wandern gegangen,* hinterher Kaffee trinken und ( ) ne. ( ) War gut. Und es war eben eine *positive Verbindung* dazu."[45]

Der Philosoph Martin Seel macht drei Grundmodelle des menschlichen Gefallens an der Natur kenntlich – in den oben zitierten Sequenzen erscheint die Natur dabei vor allem als „Ort der beglückenden Distanz zum tätigen Handeln", der mit einem „Akt der *kontemplativen Abwendung* von den Geschäften des Lebens"[46] einhergeht („Wie oft habe ich Stämme umfasst, Wurzeln fotografiert, Bäume gemalt, unter Bäumen gelegen"; „im Wald Pilze suchen"; „da sind wir Minigolf spielen gegangen"; „wir sind durch den Wald spaziert und wandern gegangen"). Der Tod wird auf diese Weise mit positiven Erinnerungen aus der eigenen Lebensgeschichte verknüpft.

---

42 Freie Ritualbegleiterin Flacks, aus: Trauerfeier für Rüdiger Wysocka.
43 Angehörige Bräutigam, 572–575.
44 Angehöriger Ostertag, 30–33.
45 Angehörige Göckeritz, 543–551.
46 Seel, Eine Ästhetik der Natur, S. 18 (Hervorhebungen wie im Original).

Daneben ist dem Wald in der Perspektive der Angehörigen aber auch eine *implizite religiöse Dimension* inhärent:

> „I: Und gab es im Wald was, was Sie so besonders berührt hat? (2)
>
> Göckeritz: Das ( ) der Vogel, der gerade zwitscherte im Herbst und ( ) die Sonne, die runterkam in die Lichtung rein. ( ) ( ) Das war schön. ( ) *Da wusste ich, ich bin auf m richtigen Weg.* (2) Das hab nicht nur ich gesehen, [...] mein Sohn hat das auch mitgekriegt, meine Tochter ( ) naja, die sind ja dann auch: ( ) °Hast du gesehen, die Sonne kam durch?° ( ) *Den Moment, wo wir da standen, kam die Sonne ( ) und hat uns gewärmt.*“[47]

> „I: Und ( ) gab‘s irgendwas, wenn Sie sich so erinnern, was Sie besonders schön fanden im Wald oder was Sie besonders berührt hat? (2)
>
> Pietz: @(.)@ Hinterher, also so Momente, wenn man immer, wir gehen ( ) ähm ( ) total verrückt, aber man man ( ) ist natürlich Quatsch, aber wir waren jetzt n paarmal da und immer in den verschiedenen Jahreszeiten ( ) *und einmal hatten wir das Gefühl, da standen wir mit meiner Mutter vor diesem Baum [wo der Vater bestattet ist, E.H.] und das war so windig, das war eher Herbst und dass von unserem Baum irgendwie Massen von Blättern runterkamen, aber nur bei unserem Baum, nicht bei den anderen Bäumen. Also das haben, wir beide sind, standen dann da und haben da: Das kann doch nicht sein, also irgendwie ( ) muss das n Zeichen sein, das macht der [der verstorbene Vater?, E.H.] irgendwie.*“[48]

Die Sphäre des Waldes wird für die Angehörigen zum Mitteilungs- und Darstellungsmedium für Zeichen „von anderwärts her“[49] („wo wir da standen, kam die Sonne ( ) und hat uns gewärmt“; „Das kann doch nicht sein, also irgendwie ( ) muss das n Zeichen sein, das macht der irgendwie“) – er eignet sich „für Imaginationen des Übersinnlichen“[50]. Zugleich bietet der Wald den anschaulichen Rahmen für eine – aus theologischer Perspektive gesprochen – säkularisierte Form der Auferstehungshoffnung, die sich im Kreislauf der Natur manifestiert:

> „I: Mh ( ) wie wie ist das heute für Sie, wenn Sie jetzt wissen, ( ) mh meine Mutter ist jetzt dort, das ist ihre letzte Ruhestätte im Wald? (2)
>
> Hänsel-Nielandt: Das ( ) ist gut. Mhm. ( ) Weil ich's auch so wollte, ne. (2) Find das gut. ( ) Also ( ) weil sie äh ( ) in der Natur ist da. Na gut n Friedhof ist auch in der Natur, aber (2) man sagt doch immer hier, man ( ) man wird wieder zu Erde quasi und das ist ein Baum da *und selbst wenn der Baum mal ( ) durch nen Blitz oder so äh eingehen würde, wird immer wieder ein neuer gepflanzt an derselben Stelle. Also das wird immer so sein, ne, dass da n Baum steht. Und äh (2) für mich ist das ( ) gutes Gefühl so ( ) auch so, dass sie (2) den Baum über sich hat. ( ) Und die ( ) der Baum sich immer verändert im Laufe der Jahreszeiten. Mal ist er hellgrün, mal ist er bunt [...].*“[51]

Obwohl diese Angehörige keinen wie auch immer gearteten Glauben an ein Leben nach dem Tod hegt, verleiht ihr die Garantie des gepflanzten Baumes eine emotionale Sicherheit („für mich ist das ( ) gutes Gefühl so“), dass etwas *bleibt* („Also das wird immer so sein, ne, dass da n Baum steht“). Das sich verändernde Antlitz des Baumes wird ausdrücklich erwähnt („Mal ist er hellgrün, mal ist er

---

47 Angehörige Göckeritz, 700–707.
48 Angehörige Pietz, 317–327.
49 SCHLEIERMACHER, Der christliche Glaube, S. 25 (§ 4.2a).
50 HAPPE, Die Geschichte des Friedhofes, S. 267.
51 Angehörige Hänsel-Nielandt, 1064–1075.

bunt"), kann aber in der Sprache der Hoffnung nicht weiter ausgedeutet werden. Es bleibt ein „gutes Gefühl" – und damit eine wesentliche Komponente jeder Trauerarbeit. Dieser Zusammenhang zeigt sich auch bei Frau Pietz:

> „Also auch diese verschiedenen Jahreszeiten zu sehen, wie der Baum sich verändert und wie der wächst und der ist auch schon viel dicker geworden und ( ) ähm ich mach dann immer von jeder Jahreszeit so Fotos von denen, auch mit den Kindern dran und der Baum und ( ) ähm ( ) ja. Oder oft ähm ( ) schreiben wir was noch dahin aus Tannenzapfen oder sowas oder ( ) legen da was hin oder so und dann ( ) wollte ich mal so ne Collage machen mit den ( ) schönen Jahreszeiten und den Bäumen, genau. Auch mein Hintergrundbild ist auch der Baum, also immer gewesen auf meinem Telefon ähm so im Frühling, wenn alles so richtig schöne Blätter ( ) hat. (2) So, das ist irgendwie ganz schön."[52]

Die ästhetische Kraft des Waldes scheint jedenfalls emotional zu stabilisieren und auch ein Gefühl der Anwesenheit der Toten hervorzurufen. Jedenfalls gewinnen die Verstorbenen auf diese Weise wieder Gestalt – im Symbol des Baumes:

> „I: Und ähm was würden Sie sagen, wo ist jetzt Ihr Vater? (2)
>
> Pietz: Hach, das kann man ja so schwer @(.)@ schlecht sagen, wo wo er ist. Also ähm ( ) wo er ist, weiß ich auch nicht, *ich sag den Kindern immer: Der ist jetzt ( ) ähm ( ) @im Baum@, die Wurzeln haben Opa mit aufgenommen und ähm ( ) sozusagen über die Erde hat der Baum die ( ) hat Opa sozusagen aufgenommen und die Seele ist im Himmel.* ( ) So das, das ist das, was ich den Kindern sage und ( ) das versuch ich für mich auch irgendwie zu denken, obwohl man natürlich nicht weiß, was danach kommt oder ist und ( ) ähm ( ) ja. ( ) So, dass er da natürlich nicht mehr ist, aber so ist mir ja irgendwie schon klar, aber ähm ( ) nur dass er ja nicht mehr da ist, aber ( ) ähm so sag ich das meinen Kindern und ähm daran glaub ich dann auch irgendwie n bisschen."[53]

> „Das ist, ( ) sieht nicht künstlich aus, das sieht ( ) organisch aus. Sie haben sofort den Eindruck, ( ) was ja auch stimmt, dass diese ( ) sterblichen Überreste, also es sind ja Mineralien [...], dass die äh im Rahmen des Stoffwechsels des Baumes aufgesogen werden und *Sie haben sofort das Gefühl, sie werden ein Teil des Baumes und des Waldes. Da muss man gar nicht viel nachdenken, man muss nur einmal das sehen, dann äh wissen Sie intuitiv, dass das so ist.* Das kann ich nachvollziehen."[54]

Die von Annette Dorgerloh seit dem 18. Jahrhundert beobachtete Sakralisierung der Natur, die darin bestand, der Natur ein tröstendes „Versprechen" zuzuschreiben, nämlich das einer „ewige[n] Wiederkehr" und „Erneuerung im Wechsel der Jahreszeiten"[55], scheint auch hier als Trost im Hintergrund zu stehen. Obwohl Herr Ostertag daran glaubt, dass der Vater jetzt bei Gott sei, versteht er dessen „Mineralien" als Teil des Naturganzen:

> „[...] er ist ein Teil des Baumes. Ist aber transformiert. ( ) Mein Vater ist bei Gott. (6) Also die Mineralien sind da im Baum noch. Vielleicht ist da sein Wesen im Baum, darüber hab ich noch nicht nachgedacht."[56]

---

52 Angehörige Pietz, 329–338.
53 Angehörige Pietz, 410–422.
54 Angehöriger Ostertag, 52–58.
55 DORGERLOH, Strategien des Überdauerns, S. 20.
56 Angehöriger Ostertag, 870–873.

Wie auch immer man diesen Zusammenhang bezeichnen mag – ob als säkularisierte Auferstehungshoffnung (s.o.) oder als „materialistische[n] Metaphysik“[57] – deutlich wird, dass der Wald eine sinnliche Anschaulichkeit und Offenheit mit sich führt, die sich für die Todesdeutungen der Angehörigen als produktives Bilderreservoir erweist.

Die pastorale Zurückhaltung gegenüber der Aufnahme des Kontexts in die liturgische Gestaltung des Abschieds stößt in den Interviews mit den Angehörigen auf einen *autonomen Umgang mit dem Wald als Trauer- und Bestattungsort.* Dies betrifft zum einen die eigene Mitgestaltung des Bestattungsritus. Eine *rituelle Produktivität* der Angehörigen manifestiert sich an unterschiedlichen Beispielen – zwei seien hier abgedruckt:

> „[...] und die Urne ( ) stand da, ne kleine weiße Urne (2) *und dann ( ) hatte ich Laternen besorgt für die Urenkel und den beiden großen hab ich gesagt: Ihr habt jetzt Aufgabe, die Urne von Uroma zu begleiten mit dem Licht.* [...] Und der kleine Hans hat dann auch die Laterne genommen und ähm ( ) mein Enkel @lag ja im Babywagen@, da war die @ Laterne an der Seite rein und die hing dann so über dem Kinderwagen@ ( ) und wir sind alle, ich mit Gehwagen und der Kinderwagen wir sind alle hinter der Urne her.“[58]

> „[...] mein Sohn war so n bisschen ( ) auch gekränkt, als wir da ankamen und er war ganz still bei der Beerdigung *und der hat dann das Grab zugeschaufelt* ( ) und ähm hinterher [...] auf dem Rückweg ist er, ist er gesprungen und gehüpft, das war wie so ne Befreiung für ihn irgendwie. Also er hat dann ganz vorsichtig ( ) *und noch was gesammelt und er hatte, glaub ich, ( ) Kastanien dabei oder was gebastelt aus Papier und das hat er, so n Brief hat er ihm dann irgendwie so sich auf den Boden gelegt, ganz vorsichtig da unten mit reingelegt und dann hat er das hinter zugeschüttet* und das war so das Gefühl, dass es so ( ) befreiend war für ihn. Das war ganz ( ) beeindruckend das zu sehen und es war auch wichtig, dass er ja, dass er da mit war.“[59]

Prinzipiell sind natürlich sowohl das Weggeleit mit Laternen als auch das Schließen eines Grabes, die Grabbeigaben sowie die Mitgestaltung der musikalischen Dramaturgie (die in anderen Interviews auftaucht) auch bei einer Bestattung auf dem Friedhof eine Option. Offenbar ermöglicht der Wald hier jedoch aus Sicht der Angehörigen einen anderen Gestaltungs*spielraum*. Diese fühlen sich sowohl den Bestatter*innen als auch den Pastor*innen gegenüber in einer aktiveren Rolle. Dies mag auch damit zusammenhängen, dass der Ablauf einer Waldbestattung in den Augen der Angehörigen – auch durch die Kommunikation der Pastor*innen und Bestatter*innen bedingt – noch keiner (festgefügten offiziellen liturgischen) Tradition unterliegt, sondern sich eher im Modus der Exploration befindet. Insbesondere auf Seiten der Bestatter*innen zeigen sich dabei unterschiedliche Strategien: Während die einen die Angehörigen aktiv zur Mitgestaltung auffordern, delegieren andere die rituelle Gestaltung ausschließlich an die geistlichen Vertreter*innen. Diese Mitgestaltung setzt jedoch auf Seiten der Angehörigen offenbar heilsame Trauerprozesse in Gang („das war so das Gefühl, dass es so ( ) befreiend war für ihn“). Die Pastor*innen rücken dabei eher

57 Happe, Die Geschichte des Friedhofes, S. 267.

58 Angehörige Göckeritz, 395–404.

59 Angehörige Pietz, 147–156.

in die Rolle ritueller Moderator*innen, deren konkrete Anteile im Rahmen der Waldbestattung sowie deren inhaltliche Akzentuierungen bei der Rede teilweise erst ausgehandelt werden:

> „Wir [konfessionslose Mutter und Tochter, E.H.] *waren uns über die Grundsätze einig, also dass das jetzt bitte nicht in ein extremen Gottesdienst ausartet hier, in einen schwer katholischen Gottesdienst.* Äh da waren wir uns einig, weil das sind wir einfach nicht, so sind wir auch nicht groß geworden, auch meine Mutter schon nicht mehr und ( ) ich erst recht nicht. *Ähm aber ähm ( ) dass es trotzdem diesen diesen diesen ( ) ich sag mal, (2) Segen, ne, dass der Pastor da irgendwie sie segnet und so, das ist schon wichtig gewesen irgendwie, das gehörte irgendwie bei Oma dazu und ähm da war, hab ich drauf vertraut, dass die Details dann ( ) ne also dass da jetzt kein Lobgesang gemacht wird auf äh ( ) wie es ja manchmal dann so ist, ne, was sie für ein tolles Leben gehabt hat und so, weil das hatte sie einfach nicht.* Ähm und das hat auch gepasst. Also das, was er dann gesprochen hat, das war super schön. Also das hat gepasst von vorne bis hinten und ( ) *das hat Mutti offensichtlich mit ihm @gut abgesprochen@.* Das passte gut. [...] Das hat er schön gemacht. An an ich kann mich nicht an jedes einzelne Wort erinnern, ( ) ähm (2) aber die Rede und sowas, das haben wir ja alles, ( ) *ähm ( ) aber ( ) ich ich hab jetzt nicht gedacht zwischendurch so: Mh jetzt reicht's. Jetzt hör auf.*“[60]

> „Und diese Elemente [Ostpreußen-Lied; What a wonderful World; Halleluja von Cohen; Großer Gott, wir loben dich] mussten vorkommen *und den Rest äh ( ) hat Johannes [der Pastor, E.H.] dann umrahmt, weil der ja auch äh was sagen muss rituell, ( ) dann haben wir daraus n Ablauf gemacht, wie das gehen könnte. ( ) Das haben wir so im Vorwege gemacht.* [...] *Und von Johannes wusste ich genau, der der redet nicht so viel dazwischen. Also weil @ (.)@ der der würde jetzt nicht so ( ) besserwisserisch äh versuchen irgendwelche Linien durchzu- äh z- ( ) halten, die mir jetzt nicht gefallen würden oder mir untersagen würden was zu machen, so, das wusste ich, dass das, dass das so geht.* ( ) Weiß nicht, ob Louis Armstrong-Stücke, ob das jeder Pfarrer gemacht hätte, hätte. ( ) Nö war schon so, war persönlich. ( ) Und wenn die beiden nicht gekonnt, B. K. oder er, dann hätt ich (2) ich bin Teil der äh des Männerforums, das ist, der N., da gibt's genügend Pfarrer. Ich hätte irgendeinen Bruder gefragt, @(.)@ das ist @(.)@ so so wär ich vorgegangen. [...] *Dass wir das selber organisiert haben und auch meine Schwester hatte ihren Teil. Also das waren ja nicht ich allein ( ) und dass ähm ( ) Johannes uns gelassen hat, mh hat das Ganze rund gemacht, es war nicht von oben ( ) bestimmt, sondern es war uns angemessen.* [...] Das ist gut, da hat uns nichts aufgezwängt. (2) Und wir konnten das richtig bewältigen.“[61]

Zwar könnte man einwenden, dass diese Aushandlungsprozesse weniger mit dem konkreten Format der Waldbestattung als vielmehr mit dem spezifischen Milieu der Angehörigen zu tun haben, allerdings lässt sich dies, streng genommen, auch nicht einfach trennen: Es sind ja *diese* Angehörigen, die sich für eine solche Bestattungsform entschieden haben und das eigene Gestaltungsbegehren eben gerade nicht auf dem Friedhof als Bestattungsort ausagieren. Mit Dorothea Lüddeckens wäre hier von einer „religiöse[n] Selbstermächtigung der Laien“ zu sprechen: „Diese beanspruchen selbst den rituellen Umgang mit den Verstorbenen bestimmen zu wollen und zu können.“[62] Die Gestaltungsmacht liegt gegenwärtig also keinesfalls – wie vielfach angenommen – allein auf Seiten der Bestatter*innen.

---

60 Angehörige Nielandt, 1090–1111.

61 Angehöriger Ostertag, 272–275; 366–375; 906–912.

62 LÜDDECKENS, Trauerrituale in der alternativen Trauer- und Bestattungskultur, S. 217.

6. Fazit

Auffällig ist, dass das symbolische Kapital, welches die religiösen Dichter*innen ins Wort zu heben wussten, von den interviewten Pastor*innen weder gedanklich noch liturgisch abgeschöpft wird. Sie erscheinen in den Interviews eher als Generalist*innen, die liturgisch und homiletisch in hohem Maße aus der Routine des Berufs leben. Selbst da, wo die Atmosphäre des Waldes als eigener religiöser Gewinn erfahren wird, schweigen die Gottesdienstentwürfe darüber weitgehend. Es ist auf der Grundlage der empirischen Forschungsanstrengungen wohl von einer Art liturgischem Pragmatismus bei den pastoralen Akteur*innen zu sprechen. Für die Angehörigen setzt der Wald als Trauer- und Bestattungsraum jedoch ein hohes Trost- und Aktivitätspotenzial frei – das spiegelt sich auch in den Interviews mit den freien Ritualbegleiter*innen und der Bestatter*innen wider. Er wird im Grunde genommen zum eigentlichen Tröster und übernimmt damit eine Funktion der Seelsorge.

Zugleich verändert der Wald das rituelle Rollengefüge der bei der Bestattung beteiligten Personen. Hier ist auffällig, dass auf Seiten der Angehörigen Aktivitätspotenziale freigesetzt werden, welche interessanterweise nicht durch die Pfarrperson selbst angeregt werden. Der Wald ermöglicht und fordert zugleich offenbar alle dazu heraus, die eigene Rolle in diesem spezifischen Bestattungskontext (neu) zu finden und zu interpretieren. Für die pastoralen Akteur*innen warten jedenfalls an fremden Kontexten neue Kommunikations- und Selbstbehauptungsherausforderungen – dafür ist die Waldbestattung sicher nur ein besonders signifikantes Beispiel. Es stellt sich ihnen u.a. die Aufgabe einer „kontextsensible[n ...] liturgische[n] Arbeit mit den Beteiligten“[63] und damit die Herausforderung einer neuen Form der Ritualpädagogik.

Zwar zeigen die freien Ritualbegleiter*innen im Interview gegenüber dem Kontext eine viel stärkere Affinität zur Adaption, allerdings muss angesichts des Befunds in deren Bestattungszeremonien zumindest die Frage festgehalten werden, inwiefern es sich im Hinblick auf die kontextuellen Adaptionen bei den freien Ritualbegleiter*innen nicht auch um eine bestimmte Selbstinszenierung bzw. ein bestimmtes Narrativ des eigenen Bestattungsagierens handelt, welche(s) die Bezugnahme auf den Verstorbenen und seinen Bestattungskontext zum eigenen Proprium erheben will – faktisch aber nur teilweise eingelöst wird. Das große symbolische Potenzial des Waldes zur Lebens- und zur Todesdeutung nehmen jedenfalls auch sie lediglich am Rande auf.

---

63 Klie et.al. (Hg.), Einleitung: Praktische Theologie der Bestattung, S. 6.

Literaturverzeichnis

BOLLNOW, O. F.: Mensch und Raum. Stuttgart 1963.

CANETTI, E.: Masse und Macht. Hamburg [5]1960.

DEMANDT, A.: Über allen Wipfeln. Der Baum in der Kulturgeschichte. Köln 2002.

DORGERLOH, A.: Strategien des Überdauerns. Das Grab- und Erinnerungsmal im frühen deutschen Landschaftsgarten. Düsseldorf 2012.

HANDKE, E.: „Immerhin mich wird umgeben Gotteshimmel, dort wie hier ...“. Waldbestattungen als Herausforderungen für Theologie und Kirche. Einige Anmerkungen im Anschluss an Paul Tillich. In: PTh 104, Heft 3, 2015, S. 91–105.

HAPPE, B.: Die Geschichte des Friedhofes. In: KLIE, Th. et al. (Hg.): Praktische Theologie der Bestattung. Berlin/Boston/München 2015, S. 253–271.

HELFFERICH, C.: Einleitung: Von roten Heringen, Gräben und Brücken. Versuch einer Kartierung von Agency-Konzepten. In: BETHMANN, S. et al. (Hg.): Agency. Qualitative Rekonstruktionen und gesellschaftstheoretische Bezüge von Handlungsmächtigkeit. Weinheim und Basel 2012, S. 9–39.

HESSE, H.: Bäume. Berlin 2014.

KLIE, Th. et al.: Einleitung: Praktische Theologie der Bestattung – eine Einführung. In: DERS. et al. (Hg.): Praktische Theologie der Bestattung. Berlin/Boston/München 2015, S. 1–12.

LATOUR, B.: Eine neue Soziologie für eine neue Gesellschaft. Einführung in die Akteur-Netzwerk-Theorie. Frankfurt a. M. 2007.

LÜDDECKENS, D.: Trauerrituale in der alternativen Trauer- und Bestattungskultur. In: KLIE, Th. et al. (Hg.): Praktische Theologie der Bestattung. Berlin/Boston/München 2015, S. 207–227.

PRZYBORSKI, A./WOHLRAB-SAHR, M.: Qualitative Sozialforschung. Ein Arbeitsbuch. München [3]2010.

ROSA, H.: Resonanz. Eine Soziologie der Weltbeziehung. Berlin [2]2016.

SCHLEIERMACHER, F.: Der christliche Glaube nach den Grundsätzen der evangelischen Kirche im Zusammenhange dargestellt, Bd. 1. Berlin [7]1960.

SEEL, M.: Eine Ästhetik der Natur. Frankfurt a. M. 1991.

STECK, W.: Praktische Theologie. Horizonte der Religion – Konturen des neuzeitlichen Christentums – Strukturen der religiösen Lebenswelt, Bd. 2. Stuttgart 2011.

TILLICH, P.: Systematische Theologie, Bd. 1. Stuttgart 1956.

Die Kasualrede und ihre Dinglichkeit

Artefaktorientierte Überlegungen zu einem Praxisphänomen der Homiletik

Jakob Kühn

1. Einleitung: Das homiletische Kunstwerk als kasuelles Giveaway

Die Kasualrede ist wie die Sonntagspredigt von einer eigentümlichen Doppelgestalt geprägt. Zum einen konstituiert sie sich als ein schriftliches Phänomen. Als „Manu-skript"[1] ist sie gewissermaßen von Hand geschrieben und nimmt so die Form des schriftlich gestalteten Textes an. Ausgedruckt und in die schwarze Ringmappe einsortiert ist die Rede zuhanden. Zum anderen realisiert sie sich als homiletisches Stück erst in ihrer Performanz. Der mündliche Predigtvollzug vollendet sich in den eigenständigen Verstehensbemühungen der Hörenden – „dem Auredit"[2] – einer vernommenen, nachvollzogenen und erinnerten Rede. Das zentrale Medium der Predigt ist die Sprache, auch wenn freilich weitere Wirkfaktoren die mediale Präsentation komplettieren.[3]

Vor diesem Hintergrund ist es nicht verwunderlich, dass die Predigt besonders in ihrer Ereignishaftigkeit als ein zeitlich begrenztes Geschehen theoretisiert wird.[4] Dabei ist die Kommunikation des Evangeliums mit dem Predigtakt weder beendet noch auf diesen begrenzt. Die über den Predigtakt hinausgehende Bedeutsamkeit kommt in ihrer wirklichkeitsverändernden Wirksamkeit in den Blick.[5]

Die Frage nach der *Dinglichkeit* der Kasualrede steht dabei nicht im Vordergrund des homiletischen Diskurses.[6] Und es wäre naheliegend, die Frage nach der Dinglichkeit der Rede auf das mit dem Predigtausarbeitungsprozess verbundene Manuskript zu fokussieren bzw. auf die mitpredigenden Gegenstände (z.B.

---

1 ENGEMANN, Einführung, S. 34.

2 Ebd.

3 Vgl. Ebd. Dazu dürften weitere Zeichen wie bspw. Mimik und Gestik, Kleidung oder auch Gegenstände wie die Kanzel oder das „obligatorische" schwarze Ringbuch gehören. Zudem Faktoren wie Hall, Nebengeräusche, räumliche Bedingungen u.v.m. Die Liste ließe sich erweitern.

4 Im Hinblick auf den „Ereignischarakter der Predigt" vgl. die Einführungen zu den Beiträgen von M. Nicol und H. Weinrich in ENGEMANN und LÜTZE (Hg.), Grundfragen der Predigt. Zudem vgl. ENGEMANN, Verkündigung.

5 Vgl. STETTER, Predigt als Praxis.

6 Vgl. KÜHN, „Mitspielen".

Kanzel, Talar, Mikrophon, Kanzelbibel).[7] Wird jedoch das kasualhomiletische Geschehen in Gänze wahrgenommen, kommt ein Praxisphänomen in den Blick, welches eine besondere Affinität zur der Frage nach der Dinglichkeit der Rede aufweist: die *Mitgabe ausgedruckter Kasualreden* im Anschluss an einen Kasualgottesdienst. Durch diese Gabe wird das homiletische Kunstwerk zu einem kasuellen Giveaway bzw. zu einer Zu-Gabe.

2. Methodische Vorbemerkungen und Forschungsstand

Im Horizont eines Selbstverständnisses der Praktischen Theologie als Wahrnehmungswissenschaft, die als „Theorie der Praxis“[8] sich der „sozialkulturellen Lebenswelt christlicher Religion“[9] zuwendet, verstehen sich die folgenden Ausführungen als explorativ angelegter Diskursbeitrag.[10] Dieser stützt sich im weitesten Sinne auf einen empirischen Zugriff, versteht sich jedoch vielmehr als eine „phänomenologisch [orientierte] Beschreibung“[11] religiöser Lebenspraxis.[12] Zwei Aspekte seien dazu herausgestellt: Zum einen ist das hier beschriebene Phänomen der Mitgabe von Kasualreden empirisch noch völlig unerforscht.[13] Die folgenden Ausführungen stützen sich mangels gesicherter Daten zwar auf zahlreiche, dazu extra geführte Gespräche mit Pfarrpersonen aus dem deutschsprachigem Raum (Schweiz/Österreich/Deutschland).[14] Ihnen kommt jedoch im Sinne der empirischen bzw. qualitativen Forschung weder in der Erhebung noch in der Auswertung der Status einer methodisch gesicherten Datengrundlage zu, noch können entsprechende Gütekriterien in Anspruch genommen werden. Dennoch zeigen die Ergebnisse gewisse Tendenzen an.

Der hier markierte Forschungsstand ist insofern forschungsgeschichtlich plausibel, als der „material turn“ der Geistes- und Kulturwissenschaften erst in den vergangenen Jahren sich auch im praktisch-theologischen Diskurs erkenn-

7 Unter den Dingen werden hier im Anschluss an Sonja Beckmayer „ganz allgemein physische Gegenstände der menschlichen Umwelt, unabhängig von ihrem Hersteller, dem Herstellungsprozess oder ihren spezifischen Materialeigenschaften“ verstanden. Artefakte hingegen sind „industriell, in großer Stückzahl, mit einer ähnlichen Ausstattung und mit einer intendierten Funktion produziert“, auch wenn der tatsächliche Gebrauch sich unterscheiden kann (BECKMAYER, Die Bibel als Buch, S. 38–39, hier S. 39). Im Folgenden wird anlässlich des Bandes „Ding“ als Überbegriff genutzt und synonym dazu der Begriff Gegenstand.

8 SCHLEIERMACHER, Die praktische Theologie, S. 12.

9 DREHSEN, Neuzeitliche Konstitutionsbedingungen.

10 Vgl. zudem SCHRÖDER, Absicht.

11 HEIMBROCK, Alltag, hier S. 89.

12 Vgl. STECK, Horizonte, S. 14–23.

13 Nach Kenntnisstand des Verfassers liegen dazu keine validen Daten vor (Stand 05.2022).

14 Die folgenden Beispiele aus der Praxis beziehen sich auf diese Gespräche.

bar niederschlägt.[15] Während Inken Mädler, rückblickend betrachtet vor ihrer Zeit, 2006 eine praktisch-theologische Perspektive auf die materielle Kultur von „Transfigurationen“[16] entwarf, zeigen jüngere Arbeiten, dass dieser Diskursstrang bisher weniger beachtete Facetten aufnehmen kann. So wählt Sonja Beckmeyer 2018 „Die Bibel als Buch“[17] als Ausgangspunkt für artefaktorientierte Untersuchungen, die den Gegenstand Bibel im pastoralen Gebrauch wahrnimmt und die daraus ableitbaren Bedeutungszuschreibungen auslotet. Insbesondere die funerale Praxis ist von einer Vielzahl an Dingen und einer Vielfältigkeit des Dinggebrauchs geprägt, wie der 2020 erschienene Sammelband „Die Dinge, die bleiben“[18] aufzuzeigen vermag. Religiöse Textilien werden zum exemplarischen Gegenstand der materiellen Kultur in liturgischer Perspektive, wenn sie als „FeinStoff“[19] (2021) auf ihre Anmutungen und Logiken hin untersucht werden. Und die Vielfalt der religiösen Praxis und deren materielle Bedingungen werden kenntlich, wenn „Die religiöse Positionierung der Dinge“[20] (2021) in den Blick gerät. Ähnliches gilt, wenn in der Festschrift für Thomas Klie „Dinge zum Sprechen bringen“[21] praktisch-theologische Perspektiven zur Performanz der Materialität eingenommen und entworfen werden.

3. Der Phänomenbereich und sein Kontext

Wird die Frage nach der Dinglichkeit der Rede auf die *Mitgabe von Kasualreden* eingegrenzt, sind sowohl der Kontext als auch die Gründe der Eingrenzung kenntlich zu machen.

Das Phänomen der Mitgabe von Kasualreden steht im weitesten Sinne im Zusammenhang mit der Verfügbarkeit von Predigten *nach* dem mündlichen Predigtakt. Und die Verfügbarkeit steht hier im Dienst potenzieller bzw. faktischer Hörer:innen (oder Leser:innen) – es geht also weniger um das private Predigtarchiv von Pfarrpersonen, auch wenn dies ebenfalls eine Leerstelle in der empirischen Predigtforschung markiert.[22] Die Digitalisierung hat Möglichkeiten von leicht zugänglichen Predigtdatenbänken geschaffen wie auch von jederzeit abrufbaren Video- oder Podcastformaten. Gleiches gilt für Tonmitschnitte für den gemeindeinternen Gebrauch. In der Regel handelt es sich jedoch um Sonntags-

15 Vgl. zu den theologiegeschichtlichen Gründen, die zu einer „stillschweigenden Exkommunikation der Dinge“ geführt haben, Klie, Kasualdinge, hier S. 180. Programmatisch vgl. Beckmayer, Artefakte. Zudem vgl. Dies., Materielle Kulturforschung.

16 Mädler, Transfigurationen.

17 Beckmayer, Die Bibel als Buch.

18 Klie und Kühn (Hg.), Die Dinge, die bleiben.

19 Dies. (Hg.), FeinStoff.

20 Roth und Gilly (Hg.), Die religiöse Positionierung der Dinge.

21 Kumlehn et al. (Hg.), Dinge zum Sprechen bringen.

22 In diesem Artikel wird die gendergerechte Schreibweise mit Doppelpunkt verwendet und folgt so den Empfehlungen des Vielfaltsmanagements der Universität.

predigten, die von den Pfarrpersonen selbst ins Netz eingestellt werden oder in Mediatheken (ggf. YouTube) verfügbar sind. Eine Sonderstellung nehmen gedruckte Predigtsammlungen ein. Ihnen ist jedoch mit den digitalen Datenbänken gemein, dass keine Interaktion mit der Pfarrperson erfolgt, um die Rede zu erhalten. Und Predigthilfen wie bspw. die „Göttinger Predigtmeditationen" sind weniger für Predigthörer:innen als für professionelle Prediger:innen ausgelegt.

Wie es die Eigenart der Praxis ist, sind den hier getätigten Einschätzungen immer auch entsprechende Gegenbeispiele entgegenzusetzen. Ein Praxisbeispiel vermag dies aufzuzeigen. So ist es mitunter in der Schweiz üblich, dass am Ende des Sonntagsgottesdienstes die Predigt ausgedruckt am Ausgang zur Mitnahme bereitliegt. So können nicht nur verhinderte Gemeindemitglieder am Predigtgeschehen anteilnehmen – insbesondere vor dem Hintergrund der lectio continua. Mit der ausgedruckten Sonntagsrede manifestiert sich gewissermaßen eine Form der Gemeindekommunikation bzw. -entwicklung.

Im Unterschied zu dem hier skizzierten Kontext scheint die Mitgabe von Kasualreden fast ausschließlich auf Anfrage von Kasualteilnehmenden zu erfolgen. Die wahrnehmbare Zurückhaltung der Pfarrpersonen im Blick auf die Mitgabe ihres Predigtmanuskripts dürfte vor allem darin begründet sein, dass die individuellen und persönlichen Bezugnahmen in der Kasualrede seitens der Pfarrpersonen als schützenswert erachtet und somit nur ungern veröffentlicht werden.[23] Es dürften die aufgenommenen lebensgeschichtlichen Bezüge und eröffnenden Perspektiven sein, die die Rede für die Kasualteilnehmenden wie auch für die Kasualbegehrenden in besonderer Weise bedeutsam werden lassen.[24] Auch wenn das Anfragen nach Ausfertigung einer Kasualrede quantitativ ein randständiges Phänomen zu sein scheint, berichten Pfarrer:innen übereinstimmend, dass sich diese fast ausschließlich auf ihre Kasualreden beziehen. Der biographische Anlass weckt offenbar entsprechende Begehrlichkeiten.

Weniger eindeutig scheint die Art der Übermittlung zu sein: Ob spontan das Predigtmanuskript mitgegeben wird, ob per Mail verschickt, oder etwas bedachter – extra ausgedruckt und in einem Briefumschlag überreicht –, die formale Gestalt der (Über-)Gabe scheint vielfältig zu sein.

Freilich lassen sich auch exponierte Formen der Mitgabe von Kasualrede auffinden. So berichtet ein Pfarrer aus dem Raum der Nordkirche, dass bei Trauungen und Bestattungen die Kasualrede ausgedruckt auf besonderem Papier mit einer ausgewählten Schriftart den Kasualbegehrenden in einer ästhetisch ansprechenden Mappe am darauffolgenden Sonntag übergeben wird. So entsteht eine weitere Kontaktmöglichkeit und die Anbindung zur gemeindlichen Praxis ist höher.

23 Es gibt jedoch durchaus gemeindliche Konventionen, Kasualreden in Gemeindebriefen abzudrucken. Dies erinnert an die Praxis der gedruckten Leichenreden aus dem 16. und 17. Jh. (vgl. KÜHN, Kleine Theoriegeschichte).

24 Zu der hier verwendeten Terminologie: Während Kasualteilnehmende alle Personen umfasst, die an der Kasualie teilnehmen, sind Kasualbegehrende diejenigen Personen, die selbst (z.B. Brautpaar) oder unmittelbar (z.B. Eltern, Angehörige) eine Kasualie in Anspruch nehmen.

Für die Mitgabe von Kasualreden sind also drei Aspekte von Bedeutung: Zum einen scheint es ein Phänomen zu sein, das in erster Linie Kasualreden und weniger Sonntagspredigten betrifft. Zum anderen erfolgt die Mitgabe in der Regel auf Anfrage der Kasualbegehrenden. Darüber hinaus geschieht dies sowohl digital als auch materialiter in Papierform.

So weit wie sich anhand dieser Wahrnehmungen die pastorale Praxis nachzeichnen und systematisieren lässt, bleiben jedoch die sich anschließenden Umgangsweisen mit den mitgegebenen Kasualreden unbekannt. Alle konsultierten Pfarrer:innen konnten bezeichnenderweise *keine* gesicherte Auskunft darüber geben, was mit den ausgehändigten Reden nach der Übergabe passiert. Dies ist insofern nicht überraschend, als der Umgang mit den ausgedruckten (oder per Mail verschickten) Kasualreden in den Bereich des Privaten fällt. Jedoch dürften sich gerade hier wichtige Schlüsse ziehen lassen, die besonders für die Reflexion der pastoralen Praxis von Bedeutung sein können.

4. Materialität und Dinglichkeit der Kasualrede

Die Frage nach der Dinglichkeit der Kasualrede ist insofern eine Perspektiverweiterung der Homiletik, wenn die Rede bzw. das Redemanuskript weniger im hinsichtlich des Entstehungs- und Aufführungskontextes betrachtet wird, sondern auch im Hinblick auf das nachgeordnete Geschehen (Anfrage, Gabe, Archivierung). Kommt die Rede in diesem Sinne als Gegenstand oder Ding in den Blick, ist zunächst zu klären, vor welchem theoretischen Hintergrund dieser Zugriff erfolgt.

Der Ethnologe Hans Peter Hahn betont den „Eigensinn der Dinge“[25]. Damit ist insofern eine spezifische Eigenschaft von Dingen herausgestellt, wie diese zu einer methodologischen Grundeinsicht führt: Kulturwissenschaftliche Betrachtungen haben von einer vorschnellen Fixierung der Dinge in ihren Kontexten abzusehen. Die Polysemie und Mehrdeutigkeit der Dinge als Voraussetzung ist „der beste Zugang zum Verstehen der vielen Einbettungsformen von Dingen im Alltag.“[26] Daraus folgt, dass zum einen im synchronen Sinne sowohl die auffälligen wie auch die unauffälligen bzw. stillgestellten Dinge bzw. Dingbedeutsamkeiten wahrgenommen werden müssen. Zum anderen sind im diachronen Sinne die Dingkarrieren zu beachten, d.h. der mit Bedeutungsvariationen einhergehende Auf- und Abstieg bzw. – in den Extremen – die Fetischisierung und Zerstörung. Darüber hinaus ist der Polysemie in der Weise Rechnung zu tragen, dass die Aspekte, die auf den ersten Blick unterhalb der Wahrnehmungsschwelle zu liegen scheinen oder ganz beiläufig zur Geltung kommen, nicht exkludiert werden. Schließlich ist die Gleichzeitigkeit der Dinge von Bedeutung, wie sie in ihrem mehr oder weniger ausgeprägten Zusammenhang als Assemblagen ver-

25 Den folgenden Ausführungen liegen zugrunde: HAHN, Einleitung.
26 Ebd., S. 38.

ortet sind. Auch hier müssen sich die Dingrelationen nicht unmittelbar erschließen oder bestimmbar sein. Denn: „Sehr viele Dinge unterliegen gleichzeitig ganz unterschiedlichen Bewertungen, je nachdem, welche Personen mit ihren Perspektiven dafür in Betracht gezogen werden.“[27]

Mit Eigensinn ist somit nicht an ein Auflehnen der Dinge im eigenmächtigen Sinne gedacht, auch wenn sie zweifelsohne großen Einfluss auf ein Subjekt und dessen Lebenswelt haben können. Vielmehr sind mit dieser Formulierung die Grenzen des Zugriffs angezeigt: Die Beachtung und Betrachtung führen zu einer Aufwertung der Dinge, was eine Verengung bzw. Verschleierung der Bedeutungspotenziale zur Folge haben kann. Jedoch ist eine Beschreibung nie vollständig, die Bewertungen unabgeschlossen und die Vielzahl an Bedeutungsmöglichkeiten nicht engzuführen, da nicht zuletzt Widersprüche inkludiert sein können. Nur vor diesem Hintergrund – so ließe sich mit Hahn sagen – können Perspektiven auf die Welt des Materiellen entworfen werden: „Aus einem Objekt eine Entität mit einem eindeutigen und begrenzten Vorrat an Eigenschaften zu machen, ist eine Reduktion, man könnte sogar sagen, es ist eine Verstümmelung, die das spezifische Potential materieller Kultur abschneidet oder wenigstens vernachlässigt.“[28]

Somit wird hinsichtlich des Phänomens der ausgedruckten mitgegebenen bzw. archivierten Kasualreden ein Spannungsverhältnis kenntlich: Als papierener Gegenstand können Kasualreden einerseits permanent potenziell neue Dingbedeutsamkeiten ausbilden. Andererseits kommt der Kasualrede als im privaten Kontext verfügbares lesbares Textdokument eine gewisse Kontinuität in ihrer Dingbedeutsamkeit und Materialität zu. Dieser spezifische Gebrauchssinn soll im Folgenden – als eine potenzielle Möglichkeit – genauer betrachtet werden.

Darin sind zwei Aspekte aufgerufen, die es genauer zu betrachten gilt. Erstens stellt sich die Frage, inwiefern das Kasualredemanuskript überhaupt zu einem (Alltags-)Gegenstand werden kann bzw. als solcher zu verstehen ist. Zweitens ist auszuloten, inwieweit die vergegenständlichte Rede im Auf und Ab der Dingbedeutungen in Alltagskontexten einen eigenen Platz einnimmt und so Bedeutungen in den Vordergrund treten.

5. Die Kasualrede: Vom Ereignis zum Gegenstand

Die materielle Gegebenheit von Dingen wird in kulturwissenschaftlichen Forschungsansätzen in der Regel vorausgesetzt. So *gibt* es Autos, Bücher, Kanzeln u.v.m. und die Bedeutsamkeit dieser Dinge kann sich in der Vielzahl der Zugänge in gleichbleibenden Kontexten verändern wie auch durch Kontextverschiebungen.

27 Ebd., S. 36.
28 DERS., Der Eigensinn der Dinge, S. 14, Sp. 2.

Die Kasualrede hingegen ist als ausgedrucktes, seltener als digitales, Manuskript zuallererst den Pfarrpersonen zugänglich. Erst aufgrund einer Anfrage zur Aushändigung findet der papierene Text-Gegenstand Eingang in den privaten Gebrauch und öffnet (und verschließt zugleich) sich einem erweiterten Nutzer:innenkreis. Das Anfrageverhalten zeugt davon, dass Kasualreden in der Regel nicht zur Mitgabe ausgedruckt bereitliegen oder eine derartige Praxis bekannt ist.[29] Und mit einer Anfrage zur Aushändigung zeichnet sich eine Umwertung des Predigtmanuskripts ab. Dieses wird in seiner funktionellen Ausrichtung – als Stütze für den situativ geprägten Predigtakt – dekontextualisiert. Das bedruckte Papier ist dann nicht mehr nur Grundlage für ein homiletisches Sprachereignis, sondern Zeugnis dessen und Alltagsgegenstand bspw. für Lektürevollzüge. Diese Verschiebung spiegelt sich nicht zuletzt darin, dass Pfarrpersonen davon berichten, dass sie vor der Aushändigung kleine Veränderungen an der Rede vornehmen. Die Mitgabe von Kasualreden ist also nicht ausreichend durch einen Kontextwechsel des Manuskripts beschrieben. Das Schriftstück wird mitunter für den sich wandelnden Nutzungskontext angepasst, indem bspw. Stichpunkte, Hervorhebungen oder auch Formulierungen gelöscht oder abgewandelt werden. Es schließen sich Formen der unmittelbaren (das ausgedruckte Manuskript wird direkt nach der Kasualie weitergegeben), zeitversetzten (das Manuskript wird mit einigem zeitlichen Abstand zur Kasualie weitergegeben, in der Regel ohne Überarbeitungen) oder vorbereiteten (die Rede wird für die Mitgabe gestaltet z.B. besonderes Papier, ansprechende Formatierungen, u.v.m.) Mitgabe an.

In diesem Sinne ist von einem Herausbildungszusammenhang der Kasualrede als Gegenstand auszugehen. Dinge unterliegen eben nicht nur Bedeutsamkeitsvariationen, sondern aufgrund von sich wandelnden Bedeutsamkeitszuschreibungen werden Dinge gewissermaßen (neu) hervorgebracht. Der naheliegende Grund für diesen Herausbildungszusammenhang der Kasualrede als Gegenstand dürfte in der Eigenart der kasualhomiletischen Praxis liegen.

Dieser ist es zu eigen, dass oftmals bei Kasualien einzelne Personen im Vordergrund stehen (der Täufling, ggf. die Taufeltern, das Brautpaar, die verstorbene Person bzw. die Hinterbliebenen, der:die Ordinierte). Die Thematisierung der Lebensgeschichte und deren theologische Deutung machen einen konstitutiven Bestandteil der Kasualrede aus. In der Regel werden die lebensgeschichtlichen Bezüge der Rede zuvor in Kasualvorgesprächen verbalisiert.[30] Den dort zur Sprache gebrachten Erinnerungen der (eigenen) Vergangenheit kommt der Status

29 Dieser Aspekt weist darauf hin, dass die literaturtheoretisch orientierten Verstehensbemühungen von Predigt, die ausloten inwieweit und inwiefern die Rede als literarischer Text zu verstehen ist, insofern zu erweitern sind, dass das hier im Hintergrund stehende Praxisphänomen mit einbezogen ist. Die Rede ist nicht nur im Rahmen eines Sprachereignisses als Text zu verstehen, sondern wird zu einem vormals gepredigten, jedoch der individuellen Lektüre bereitgestellten Text. Von Relevanz für den homiletischen Diskurs ist dies insofern, als dass sich Fragen zur Definition der Kasualrede wie auch der Predigt noch einmal stellen. Und auch predigtdidaktisch wären Überlegungen anzustellen, inwieweit Predigtausarbeitungsprozesse zu konzipieren sind, die nicht nur eine Rede, sondern auch einen Lesetext komponieren.

30 Vgl. KÜHN, Bestattungsgespräch.

eines Zeugnisses zu. Sie sind autobiographisch verbürgte Erzählungen, d.h. die Urheber:innen nehmen in Anspruch, dass Geschehnisse und ihre Umstände tatsächlich und in der dargestellten Weise stattgefunden haben. Der individuelle Erfahrungshintergrund beglaubigt bzw. verbürgt die Geschichte. In dem Maße, wie die Kasualrede diese Erzählungen aufnimmt und wiedergibt, wird die Oralität des Zeugnisses überführt in die Schriftlichkeit des Redemanuskripts und damit materialiter gebunden. Darüber hinaus wird die vormals mündliche – eher private – Aussage öffentlich in der Rede kundgetan. Den Kasualbegehrenden wird die eigene Geschichte in einem theologischen Deutungskontext gewissermaßen neu bzw. (wieder-)erzählt.

Es zeigt sich, dass die mitgegebene Kasualrede in ihrer Gegenständlichkeit eine eigene „(Vor-)Geschichte“ hat. Und als Gegenstand zeichnet sich die mitgegebene Kasualrede darin aus, dass sie – zumindest im Horizont ihrer gegenwartskulturellen Kontexte – nicht nur über ihre papierene Materialität, sondern auch über ihre textuelle Gestalt bedeutsam ist. Mit der Weitergabe der Kasualrede erfolgt ein nicht zu übergehender Statuswechsel: Einerseits indem sie in ihrer Dinghaftigkeit vom Manuskript zur Literatur und in ihrer materiellen Manifestation deponier- und archivierbar wird und andererseits, indem die textgebundenen Gehalte (wieder) in den privaten Kontext überführt werden.

6. Die Kasualrede und ihr Kontext: Dingassemblagen

Die Vielzahl optionaler Umgangsweisen mit der mitgegebenen Kasualrede dürfte sich zwischen dem Entsorgen und Aufbewahren einordnen lassen. Für die hier verfolgte Fragestellung ist jedoch das angenommene Dingumfeld der mitgegebenen und in den privaten Kontext überführten, nicht entsorgten Kasualrede von Bedeutung.

Im Folgenden soll exemplarisch ein Verwendungszusammenhang untersucht werden, der als naheliegende Vermutung von vielen Pfarrer:innen geäußert wurde: Die mitgegebene Kasualrede wird aufbewahrt. Man kann davon ausgehen, dass der Gegenstand Kasualrede in der Weise Eingang in den privaten Kontext findet, dass diese als bedrucktes Papierstück abgelegt bzw. abgeheftet wird.

> Eine Pfarrperson äußerte im Hinblick auf die Umgangsweisen mit weitergegebenen Kasualreden die Vermutung, dass diese nicht „irgendwo“ abgelegt oder abgeheftet werden. Vielmehr dürften sie an einen Ort kommen, an dem auch andere wichtige Dokumente wie bspw. die Tauf- oder Trauurkunde aufbewahrt werden.

Folgt man der Annahme, dass Kasualreden mit anderen wichtigen Dokumenten wie bspw. Urkunden in Mappen oder Ordnern sortiert, ggf. von Klarsichtfolien geschützt, aufbewahrt werden, rückt dieses spezifische Dinge-Ensemble in den Fokus. Derartige Formen der Zusammenstellung von heterogenen Dingen können als *Objektassemblagen* aufgefasst werden. Für sie gilt, dass sie unabhängig davon, ob sie zufällig oder ganz bewusst zusammengestellt worden sind, in ihrem Zusammenhang nicht notwendigerweise konsensuell sein müssen. Vielmehr können Dinge als Versammlung, so Bruno Latour, auch als „Streitsachen“[31] verstanden werden. Für den hier angenommenen Fall gilt, dass das bloße Aufbewahren der Kasualrede mit anderen Dingen, die Wichtigkeit dieser Unterlagen zum Ausdruck bringt. Diese Objektassemblagen sind weniger von einem Widerstreit ihrer Einzelteile gekennzeichnet, als vielmehr von einer gegenseitigen Verstärkung. Aufbewahrungswürdige Unterlagen werden zusammen verortet.

Gleichwohl besteht in der Perspektive artefaktorientierter Diskurse in dem Zugriff der Dinge als Versammlungen die Gefahr, dass mit der Betonung ihrer Bezüge „das Dingliche an ihnen zu vergessen und sie auf bloße Knotenpunkte zu reduzieren, in denen die Relationen zusammenlaufen.“[32] Denn, so Roßler weiter, Dinge verharren gewissermaßen, dauern an bzw. stehen einfach da und können auch stören, wenn eine menschliche Umgangsform variiert wird bzw. von den Assemblagen absieht und sich anderem zuwendet.[33] Dabei gilt für Dinge wie auch für Dingassemblagen, dass sich mit einem Bedeutungsnachlass für Personen oder Personengruppen die Vervieldeutigungspotenziale stärker in den Vordergrund treten. Umgekehrt gilt aber auch, dass mit einem Bedeutungsgewinn in der Regel Vereindeutigungstendenzen einhergehen. Der Auf- und Abstieg von Dingbedeutsamkeiten ist nicht zuletzt an Aufmerksamkeitsaspekte geknüpft.[34]

Die aufbewahrte Kasualrede und ihr assemblageartiger Dingkontext legen nahe, dass die Bedeutsamkeit weniger in dem alltäglichen Gebrauch, sondern vielmehr in dem Potenzial der Ingebrauchnahme liegt. Der Auf- und Abstieg von Dingbedeutsamkeiten unterliegt bei archivierten Dokumenten und Zeugnissen einer deutlich geringeren Dynamik als es Dingen des alltäglichen Gebrauchs zukommen mag. Es muss um sie gewusst werden und ein Zugang geschaffen sein. Dieser Status kommt auch dem mit anderen Dokumenten aufbewahrten Stück Papier „Kasualrede“ zu, da es als Textdokument gewissermaßen schriftliches Zeugnis von lebensgeschichtlich bedeutsamen und individuell verbürgten Erzählungen ist. Solange sich der private Kontext dieser Dingassemblagen nicht auflöst, dürfte die Zusammenstellung im Sinne einer Vereindeutigungstendenz zu verstehen sein. Der dokumentarische bzw. zeugnishafte Charakter der archivierten Kasualrede verweist auf eine Eingrenzung in funktionaler Hinsicht. Die Kasualrede in ihrer Gegenständlichkeit, so die These, wird als Erinnerungsgarant in Anspruch genommen, um den zwar gewusst, auf den jedoch nicht im alltäglichen Gebrauch zurückgegriffen wird.

---

31 LATOUR, Realpolitik, S. 32.

32 ROSSLER, Anteil, S. 167.

33 Vgl. ebd.

34 Das Kriterium der Aufmerksamkeit ist hier als niederschwellige Form anzusehen: „Es geht darum, daß überhaupt etwas in der Erfahrung auftritt, daß gerade dieses und solches auftritt und nicht vielmehr anderes und daß es in einem bestimmten Zusammenhang auftritt.“ (WALDENFELS, Aufmerksamkeit, S. 16 (Hervorhebungen im Original)). Ähnlich Georg Franck, der festhält: „Wir erleben nicht einfach, was uns die Umwelt oder die Hintergrundtätigkeit der Assoziation präsentieren; wir erleben, worauf wir achten beziehungsweise zu achten gelernt haben.“ (FRANCK, Ökonomie, S. 58).

7. Die Kasualrede als Erinnerungsgarant: Das archivierte Dokument und die Spur

Das Aufbewahren von Kasualreden zusammen mit anderen Kasualartefakten (Grußkarten, Kondolenzlisten, Urkunden etc.) dürfte nicht allein in dem bloßen Erhalt des Schriftstücks liegen. Zwischen vergangener Lebensgeschichte und rekonstruierendem Erinnern erscheint die materielle Dingkultur gegen das Vergessen in Gebrauch genommen werden zu können. Im Rahmen seiner Phänomenologie des Gedächtnisses und seiner geschichtsphilosophischen Überlegungen bietet Ricoeur Systematisierungen, die im Hinblick auf das Phänomen der Mitgabe und des Aufbewahrens von Kasualreden klärend herangezogen werden können.[35]

Die historiographische Operation, d.h. das Hervorbringen von Geschichte, lässt sich idealtypisch in drei Phasen unterteilen.[36] Die dokumentarische Phase erstreckt sich „von den Aussagen der Augenzeugen bis zur Konstitution der Archive."[37] Die erklärende bzw. verstehende Phase versucht aufzuzeigen, wie und warum sich Dinge abgespielt haben, wohingegen die dritte, die repräsentierende Phase, die der „literarische[n] oder skripturale[n] Formgebung"[38] ist. Mitgabe und Aufbewahrung sind der ersten Phase zuzuordnen und werden im Folgenden vorrangig betrachtet.[39]

Es zeigte sich bereits, dass – zumindest bei Kasualien mit Kasualvorgespräch – den Aussagen der Kasualbegehrenden Zeugnischarakter zukommt. Das Ausgesprochene wechselt „aus dem Feld der Oralität in jenes Feld der Schrift"[40], es erfolgt gewissermaßen eine „Ablösung der Geschichte vom Gedächtnis."[41] Die zur Refiguration bereitgestellte Kasualrede wird durch die Weitergabe nicht nur vergegenständlicht und so möglichen Lektüreakten zur Verfügung gestellt, sondern ebenso zu einem Dokument. Im historiographischen Sinne erfolgt eine Einschreibung, „eine Fixierung der oralen Ausdrücke des Diskurses auf einem ma-

35 Dabei handelt es sich nicht um eine schlichte Übertragung, sondern es wird auszuloten sein, inwieweit und inwiefern die Überlegungen Ricoeurs anzulegen und in Anspruch zu nehmen sind.

36 RICOEUR, Gedächtnis, S. 210.

37 Ebd., S. 211.

38 Ebd.

39 Gleichwohl ist darauf hinzuweisen, dass es sich mit dieser Zuordnung um eine Vereinfachung handelt: Denn die Konfiguration der Kasualrede beruht zu einem wesentlichen Teil darauf, die Lebensgeschichte zu rekonstruieren (= Phase 2, verstehen und erklären, was geschehen ist) und kann in ihrer manuskripthaften Gestalt zu bestimmten (und hier aus Platzgründen nicht ausgeführten) Bedingungen als literarische Form einer historiographischen Operation verstanden werden. Über dieses Kasualgeschehen hinaus besteht selbstverständlich die Möglichkeit des Zugriffs auf die archivierte Rede von Personen, die nicht unmittelbar mit dem Geschehen verbunden sind. Diese Möglichkeit wird ebenfalls nicht weiter betrachtet, ließe sich jedoch m.E. mit den folgenden Bezugnahmen erklären.

40 RICOEUR, Gedächtnis, S. 223.

41 Ebd.

teriellen Träger“[42], die als Stütze für das Gedächtnis in seiner Erinnerungsarbeit dient. Das Dokument als der materielle Träger verbürgt eine Vergangenheit, es hat „[...] die Funktion des Belegs, des Garanten für eine Geschichte, Erzählung oder Debatte.“[43] Die Kasualrede vollzieht dies in dem Maße, wie sie Lebensgeschichte rekonstruiert, schriftlich fixiert und theologisch deutet. Mit der Anfrage auf die Aushändigung der Kasualrede und ihrer Aufbewahrung im privaten Kontext ist somit eine geschichtstreibende Tätigkeit wahrzunehmen, die eng an die Vergegenständlichung der Rede gebunden ist. Als Ding, das mit Schrift bedrucktes Papier, kommt der Rede mit zunehmendem zeitlichen Abstand zum Predigtakt der Charakter eines Dokuments zu. Sie ist darin insofern ein Garant, sie verbürgt, dass die Rede in ihrer Zeit mit ihren inhaltlichen Aussagen tatsächlich so gehalten wurde.[44]

Die Kasualrede als Dokument verweist nicht nur auf den Predigtakt, sondern bringt auch die darin thematisierten Lebensgeschichten und -entwürfe zur Darstellung. Mit diesem Übergang, vom gesprochenen Wort zur Schrift und dem Ablegen und Aufbewahren der Rede, geht eine Tätigkeit einher, die ebenfalls der dokumentarischen Phase zuzuordnen ist: die der Archivierung. Während im Rahmen geschichtstheoretischer Überlegungen für Ricoeur das Archiv als eine Summe von ausgewählten Dokumenten durch Institutionen oder Personen zur Aufbewahrung, zum Erhalt und ggf. Zugang in den Blick kommt,[45] ist die Aufbewahrung der Kasualrede – möglicherweise in einem spezifischen assemblageartigen Dingkontext – im Ansatz als Privatarchiv zu verstehen. Diesem kommt weder die öffentliche Zugänglichkeit noch die institutionelle Absicherung zu. Vielmehr ist die archivierende Ablage der Rede davon geprägt, dass die archivierende(n) Person(en) und die auf das Archiv zugreifende(n) Person(en) vermutlich aus dem familiären Kontext stammen.[46] Dennoch erfolgt mit der Tätigkeit der Archivierung der Kasualrede ein Bruch zum erinnernden Hörensagen, zur Oralität des Zeugnisses. Es ist als Initiative zu verstehen, die „den Akt des Geschichte-Treibens“[47] inauguriert.

Gleichwohl dürfte der Sinn der Aufbewahrung nicht allein im dokumentarischen Charakter des Redestücks liegen. Denn die Rede rekonstruiert einerseits nie die Lebensgeschichte in Gänze und produziert andererseits im Idealfall einen sinngenerierenden Deutungsüberschuss, der sich im Entwurfcharakter der Rede niederschlägt.

Im archivierten Dokument hinterlässt die Vergangenheit eine Spur, die über den dokumentarischen Gehalt des Gegenstands hinausgeht. Mit ihr wird etwas

42 Ebd., S. 225.

43 DERS., ZuE III, S. 181 (Hervorhebungen im Original).

44 „Diese Garantenrolle macht das Wesen des Beweises [...] aus, der verbürgt, daß sich die Ereignisse wirklich so abgespielt haben, wie berichtet wird. Wenn die Historie eine wahre Erzählung ist, bilden die Dokumente ihr letztes Beweismittel; der Anspruch der Geschichte, auf Fakten zu basieren, lebt letztlich von diesem materiellen Beweis.“ (Ebd.).

45 Vgl. ebd., S. 185ff.

46 Zu Ricoeurs Verständnis des Archivs vgl. zudem DERS., Gedächtnis, S. 255ff.

47 Ebd., S. 259.

„angezeigt, ohne daß gezeigt würde, ohne daß sichtbar gemacht würde, was dort vorüberging.“[48] Als materieller Abdruck – und es ist durchaus an die Spur bspw. eines Tieres zu denken – kann die Spur zu einer Vergangenheit führen.[49] An der Spur, die für Ricoeurs Überlegungen zu Geschichte, Erzählung, Gedächtnis und Zeit von hoher Bedeutung ist, wird der Zusammenhang von Materialität und erinnerter Geschichte besonders deutlich:

> „Das Markieren nämlich setzt eine Materie voraus, die härter und dauerhafter ist als die vorübergehende Tätigkeit des Menschen: Vor allem deshalb, weil die Menschen den Stein, den Knochen, gebrannte Tontäfelchen, den Papyrus, das Papier, das Tonband, die Diskette bearbeitet haben, ihnen ihr Schaffen anvertraut haben, überleben ihre Werke ihren Schaffensprozeß; die Menschen gehen vorüber, die Werke bleiben. Dieser dinghafte Charakter jedoch ist wichtig für unsere Untersuchung: er begründet zwischen markierendem und markiertem Etwas ein Verhältnis von Ursache und Wirkung. Folglich vereinigt die Spur eine Signifikanzbeziehung, die sich leichter an dem Gedanken eines Spuren hinterlassenden Vorübergehens ablesen läßt mit einer Kausalitätsbeziehung, die sich aus der Dinglichkeit der Markierung ergibt. Die Spur ist Zeichen und Wirkung in eins.“[50]

Zentral für die hier verfolgte Fragestellung ist die Betonung Ricoeurs einer sich durch die materielle Markierung ergebende Dauerhaftigkeit der Spur. So wie sie Folge eines in der Vergangenheit vollzogenen Geschehens ist, signifiziert sie zugleich auf etwas nicht mehr Anwesendes. Speichermedien, ob nun bearbeitetes Tontäfelchen oder bedrucktes Papier, verweisen – als Spur verstanden – auf eine von ihnen nicht dokumentierte Welt. Die archivierte Kasualrede bietet somit nicht nur Zugang zu einer schriftlich fixierten, zum Zeitpunkt der Performanz der Rede entworfenen möglichen Welt, die so nie oder nur zu Teilen oder auch tatsächlich wirklich geworden ist. Die gedruckte Rede als Gegenstand ist gewissermaßen auch die Tür zu einer Welt, die in der homiletischen Verdichtung nicht in Gänze aufgehen konnte. Denn zur Hervorbringung der Rede wird zwangsläufig auf Reduktionen zurückgegriffen, das gelebte vergangene Leben ist bzw. war reichhaltiger. Als Spur – und damit ist immer die Gegenständlichkeit mitgeführt – ist sie Garant für die Möglichkeit des Erinnerns, welches sich nicht auf das Wiedererinnern (d.h., dass man sich auch erinnern kann) oder auf das unvorhergesehene Auftauchen von Erinnerungen verlassen will.[51] Der letzte Haftpunkt zu einer vergangenen (Lebens-)Geschichte ist dann verloren gegangen, wenn das mühsame Erinnern zwar um das zu Erinnernde weiß, dieses jedoch nicht mehr erinnern kann. Gegen diese Form, nur noch das Vergessen erinnern zu können, vermag die Spur eine valide Alternative zu sein. Die Ambi-

48 DERS., ZuE III, S. 191 (Hervorhebungen im Original).

49 „Die Spur zeigt somit hier, im Raum, und jetzt, in der Gegenwart, das Vorübergegangensein lebendiger Wesen an; sie weist die Jagd, der Suche, der Untersuchung und Forschung die Richtung. All dies jedoch ist die Geschichte. Wenn man sie eine Erkenntnis durch Spuren nennt, appelliert man in letzter Instanz an die Signifikanz einer vollendeten Vergangenheit, die gleichwohl erhalten bleibt in ihren Überresten und Spuren.“ (Ebd., S. 192 (Hervorhebungen im Original)).

50 Ebd., S. 193.

51 Vgl. DERS., Gedächtnis, S. 55ff.

valenz besteht freilich darin, dass die mitgegebene und aufbewahrte Kasualrede die Erinnerung an eine Vergangenheit nur bedingt hervorzubringen vermag. In diesem Sinne erinnert sie als Gegenstand immer auch an das Vergessen.

Die Kasualrede ist somit insofern eine Spur zu einer vergangenen Lebenswirklichkeit, wie sie über ihre textlich gebundenen Weltrekonstruktionen und -entwürfe auf diese verweist und in ihrer Dinglichkeit dem Vergessen entgegenzuwirken scheint.

8. Resümee: Dinghafte Kontinuität gegen das Vergessen

Die Kasualrede ist als Gegenstand ein Souvenir aus einer vergangenen Gegenwart (der Kasualie). Die mitgegebene und archivierte Kasualrede bringt in ihrer papierenen Materialität und textuellen Gestalt im Auf und Ab der Dingbedeutsamkeiten eine Kontinuität zum Ausdruck. Die zentrale Funktion der Dinglichkeit der Kasualrede dürfte darin liegen, aufgrund der Vergegenständlichung die Möglichkeit zu erwecken, das Erinnern abzusichern. Als gegenständliche Spur, als Dokument, als Text kann die abgelegte Kasualrede Erinnerungen an vergangene Erfahrungsräume und Erwartungshorizonte der individuellen Lebensgeschichte eröffnen, die das je eigene Selbst- und Weltverständnis ehemals prägten und so auch gegenwärtig prägen.[52]

Sie scheint als dinglicher Garant für das (Wieder-)Erinnern an die Kasualinszenierung und darüber hinaus an die Ereignisse, die sich an dieses Geschehen angegliedert haben, in Anspruch genommen zu werden. Die spezifische Eigenart dieses bedruckten Papierstücks ist es einerseits, dass es als Textdokument eine erzählte Welt bereithält, die durch die Lektüre nachvollzogen und damit (immer wieder) neu entstehen kann. Denn die Rede ist darin eine eigenständige Konfiguration, wie sie nicht nur Lebensgeschichte(n) rekonstruiert, sondern diese auch in einen theologischen Deutungshorizont einstellt und so als „Skizze einer neuen Form des In-der-Welt-Seins“[53] entwirft.

Andererseits ist die archivierte Rede eine Spur zu einer Vergangenheit, die über den schriftlich fixierten und materiell gebundenen Gehalt hinausgeht. Sie verweist auf eine vergangene und damit abwesende Wirklichkeit, der man sich zwar erinnern kann, jedoch der Gefahr des Vergessens unterliegt. Die Kasualrede in ihrer Dinglichkeit vermag diesem zu widerstreben, erinnert zugleich aber immer auch an das Vergessen. Die aufbewahrte Kasualrede – auch in ihrem Zusammenhang mit anderen Kasualdingen – repräsentiert eine nicht vergangene Gegenwart und erhält die Suggestion bzw. Möglichkeit aufrecht, diese erinnernd aufleben zu lassen.

52 Vgl. KOSELLECK, Vergangene Zukunft.

53 RICOEUR, Der Text als Modell, hier S. 259.

Literaturverzeichnis

BECKMAYER, S.: Artefakte in der Praktischen Theologie. Artefaktorientierung als Potenzial der empirischen Religionsforschung. In: PTh 53, Heft 4, 2018, S. 234–241.

DIES.: Die Bibel als Buch. Eine artefaktorientierte Untersuchung zu Gebrauch und Bedeutung der Bibel als Gegenstand. Stuttgart 2018.

DIES.: Materielle Kulturforschung und Praktische Theologie. In: ROTH, U./GILLY, A. (Hg.): Die religiöse Positionierung der Dinge. Zur Materialität und Performativität religiöser Praxis. Stuttgart 2021, S. 37–46.

DREHSEN, V.: Neuzeitliche Konstitutionsbedingungen der praktischen Theologie. Aspekte der theologischen Wende zur sozialkulturellen Lebenswelt christlicher Religion. Tübingen 1988.

ENGEMANN, W.: Die Verkündigung als transaktionales Ereignis zwischen Prediger und Hörer. Eine Studie zur Anwendbarkeit der Transaktionsanalyse auf homiletische Fragehinsichten – Relevanzen und Probleme, Diss. A. Univ. Rostock 1984.

DERS.: Einführung in die Homiletik. Tübingen [3]2020.

FRANCK, G.: Ökonomie der Aufmerksamkeit. München 1998.

HAHN, H. P.: Der Eigensinn der Dinge – Einleitung. In: DERS. (Hg.): Vom Eigensinn der Dinge. Für eine neue Perspektive auf die Welt des Materiellen. Berlin 2015, S. 9–56.

DERS.: Der Eigensinn der Dinge. Warum sich Objekte in bestimmten Momenten anders verhalten, als sie es sollten. In: helden. heroes. héros. 4, Heft 1, 2016, S. 9–15.

HEIMBROCK, H. G.: Alltag, Außeralltäglichkeit, kreative Wahrnehmung. In: BIZER, CH. et al. (Hg.): Theologisches geschenkt. Festschrift für Manfred Josuttis. Bovenden 1996, S. 85–92.

KLIE, TH.: Kasualdinge. Wenn die Sachen mithandeln. In: BECKMAYER, S./MULIA, CH. (Hg.): Volkskirche in postsäkularer Zeit. Erkundungsgänge und theologische Perspektiven. Stuttgart 2021, S. 179–188.

DERS./KÜHN, J. (Hg.): Die Dinge, die bleiben. Reliquien im interdisziplinären Diskurs. Bielefeld 2020.

DIES.: FeinStoff. Anmutungen und Logiken religiöser Textilien. Stuttgart 2021.

KOSELLECK, R.: Vergangene Zukunft. Zur Semantik geschichtlicher Zeiten. Frankfurt a.M. 1988.

KÜHN, J.: Das Bestattungsgespräch in homiletischer Perspektive. Beobachtungen und Anmerkungen zu „Reden angesichts des Todes“. In: BÜHLER, M. et al. (Hg.): Kasualgespräche im Wandel. Eine kirchliche Praxis im Spannungsfeld von Tradition und gesellschaftlichem Umbruch. Berlin 2020, S. 321–334.

DERS.: Kleine Theoriegeschichte der Kasualrede. In: KLIE, TH. et al. (Hg.): On Demand. Kasualkultur der Gegenwart. Leipzig 2017, S. 87–108.

DERS.: Vom „Mitspielen“ und „Mitsprechen“ der Dinge. Die Kasualrede und ihre Bezüge zu den Dingen. In: KUMLEHN, M. et al. (Hg.): Dinge zum Sprechen bringen. Performanz der Materialität. Festschrift für Thomas Klie. Berlin/Boston 2022, S. 151–164.

KUMLEHN, M. et al. (Hg.): Dinge zum Sprechen bringen. Performanz der Materialität. Festschrift für Thomas Klie. Berlin/Boston 2022.

LATOUR, B.: Von der Realpolitik zur Dingpolitik oder Wie man Dinge öffentlich macht. Berlin 2005.

MÄDLER, I.: Transfigurationen. Materielle Kultur in praktisch-theologischer Perspektive. Gütersloh 2006.

NICOL, M./WEINRICH, H.: Einleitung. Der Ereignischarakter der Predigt. In: ENGEMANN, W./ LÜTZE, F. (Hg.): Grundfragen der Predigt. Ein Studienbuch. Leipzig [2]2009, S. 231–234.

RICOEUR, P.: Der Text als Modell. Hermeneutisches Verstehen. In: BÜHL, W. L. (Hg.): Verstehende Soziologie. Grundzüge und Entwicklungstendenzen. München 1972, S. 252–283.

DERS.: Gedächtnis, Geschichte, Vergessen. München 2004.

DERS.: Zeit und Erzählung, Bd. III: Die erzählte Zeit. München 1991.

Rossler, G.: Der Anteil der Dinge an der Gesellschaft. Sozialität – Kognition – Netzwerke. Bielefeld 2015.

Roth, U./Gilly, A. (Hg.): Die religiöse Positionierung der Dinge. Zur Materialität und Performativität religiöser Praxis. Stuttgart 2021.

Schleiermacher, F.: Die praktische Theologie nach den Grundsätzen der evangelischen Kirche im Zusammenhang dargestellt. Aus Schleiermachers handschriftlichem Nachlasse und nachgeschriebenen Vorlesungen herausgegeben von Jacob Frerichs (Friedrich Schleiermachers Sämmtliche Werke. Erste Abtheilung: Zur Theologie, Bd. 13). Berlin 1850.

Schröder, B.: In welcher Absicht nimmt die Praktische Theologie auf Praxis Bezug? Überlegungen zur Aufgabenbestimmung einer theologischen Disziplin. In: ZThK 98, Heft 1, 2001, S. 101–130.

Steck, W.: Praktische Theologie. Horizonte der Religion – Konturen des neuzeitlichen Christentums – Strukturen der religiösen Lebenswelt, Bd. 1. Stuttgart 2000.

Stetter, M.: Die Predigt als Praxis der Veränderung. Ein Beitrag zur Grundlegung der Homiletik. Göttingen 2018.

Waldenfels, B.: Phänomenologie der Aufmerksamkeit. Frankfurt a.M. [3]2015.

Autorinnen und Autoren

Dr. Sonja Beckmayer ist Wissenschaftliche Mitarbeiterin am Seminar für Praktische Theologie der Universität Mainz und Buchwissenschaftlerin (M.A.).

Dr. Kristian Fechtner ist Professor für Praktische Theologie an der evangelisch-theologischen Fakultät der Universität Mainz.

Dr. Christian Grethlein ist em. Professor für Praktische Theologie an der evangelisch-theologischen Fakultät der Universität Münster.

Dr. Hans Peter Hahn ist Professor für Ethnologie an der Goethe-Universität Frankfurt am Main.

Dr. Emilia Handke ist Pastorin der evangelisch-lutherischen Kirche in Norddeutschland, Leiterin der Arbeitsstelle „Kirche im Dialog"/Hamburg sowie Lehrbeauftragte am Fachbereich Evangelische Theologie der Universität Hamburg.

Dr. Thomas Klie ist Professor für Praktische Theologie an der Universität Rostock.

Dipl. Theol. Jakob Kühn ist Wissenschaftlicher Mitarbeiter am Lehrstuhl für Praktische Theologie der Universität Rostock.

Dr. Gustav Roßler studierte in Berlin und Paris Philosophie, Soziologie und Psychologie und wurde 2014 am Institut für Soziologie der Technischen Universität Berlin promoviert. Er ist freier Übersetzer (u.a. von Paul Virilio, Gilles Deleuze, Andrew Pickering, Bruno Latour) und Publizist.

Dr. Manuel Stetter ist Wissenschaftlicher Mitarbeiter am Lehrstuhl für Praktische Theologie der Universität Tübingen.